Família e mitos

Dados Internacionais de Catalogação na Publicação (CIP)
(Câmara Brasileira do Livro, SP, Brasil)

Krom, Marilene.
   Família e mitos : prevenção e terapia : resgatando histórias
/ Marilene Krom. – São Paulo: Summus, 2000.

   Bibliografia.
   ISBN 978-85-323-0678-4

   1. Família – Aspectos psicológicos 2. Família – Mitologia
3. Mito 4. Psicoterapia de família. I. Título.

00-3083

CDD-616.89156
NLM-WM 430

Índice para catálogo sistemático:

1. Família e mitos : Psicoterapia de família   616.89156

Compre em lugar de fotocopiar.
Cada real que você dá por um livro recompensa seus autores
e os convida a produzir mais sobre o tema;
incentiva seus editores a encomendar, traduzir e publicar
outras obras sobre o assunto;
e paga aos livreiros por estocar e levar até você livros
para a sua informação e o seu entretenimento.
Cada real que você dá pela fotocópia não autorizada de um livro
financia o crime
e ajuda a matar a produção intelectual de seu país.

Família e mitos

Prevenção e terapia: resgatando histórias

Marilene Krom

summus editorial

FAMÍLIA E MITOS
Prevenção e terapia: resgatando histórias
Copyright© 2000 by Marilene Krom
Direitos desta edição reservados por Summus Editorial

Capa: **Teresa Yamashita**
Editoração e fotolitos: **Join Bureau de Editoração**

Summus Editorial
Departamento editorial:
Rua Itapicuru, 613 – 7º andar
05006-000 – São Paulo – SP
Fone: (11) 3872-3322
Fax: (11) 3872-7476
http://www.summus.com.br
e-mail: summus@summus.com.br

Atendimento ao consumidor:
Summus Editorial
Fone: (11) 3865-9890

Vendas por atacado:
Fone: (11) 3873-8638
Fax: (11) 3873-7085
e-mail: vendas@summus.com.br

Impresso no Brasil

Em Reverência...
À todas as Deidades e
Mitos que representam
As forças construtivas do Universo.

Em oferecimento:
À meus pais
Maria e Advino (in memorium)
Cujo amor foi a semente na qual
Germinou a minha vida.

À meus filhos Alessandra
Leonardo e Guilherme
Que em seu existir,
Me permitam frutificar.

Ao Bazilio
Que me acalenta em flor.

À convivência com os colegas de trabalho, o carinhoso apoio dos amigos e o aconchego do meu irmão e cunhada. A orientação das minhas teses realizada pela Dra. Rosa Maria S. de Macedo, a participação no meu Curso de Aprimoramento em Terapia Familiar, da amiga Dra. Maria Luiza P. Munhóz, o estímulo constante proporcionado pelos meus alunos para ensinar. Ao Centro de Psicologia Aplicada, onde muitos dos atendimentos relatados foram feitos. Principalmente às pessoas, casais e famílias que me ofereceram a oportunidade de poder acompanhar e participar de suas vidas, de ouvir tantas histórias. De contribuir e aprender sempre mais...

Sumário

Prefácio 9
Introdução 11

1. As influências que percorrem as gerações.................... 15
2. O mito como o sentido na família.......................... 25
3. No ciclo de vida da família: a formação de expectativas e os momentos cruciais míticos............................. 35
4. A figura mítica e os guardiães dos mitos familiares............ 46
5. Um olhar mítico sobre a família e o casamento............... 52
6. Modelos de casamento importantes para os mitos............. 59
7. O encaixe dos mitos na construção do casamento............. 71
8. A história de Sílvio e Lúcia............................... 75
9. A história de Alves e Eloísa.............................. 107
10. A história de Walter e Suzana............................ 135
11. A história de Tadeu e Célia.............................. 167
12. A formação e a repetição dos problemas na família........... 200
13. O poder preventivo e terapêutico dos mitos................. 209

Roteiro para a prevenção e a terapia 214
Anexo A: Roteiro para entrevista............................. 216
Anexo B: Símbolos utilizados nos genogramas.................. 219
Anexo C: Esboço para execução do ciclograma.................. 221
Anexo D: Apresentação do genograma 223
Bibliografia recomendada 225

Prefácio

"Conhecer os mitos é aprender o segredo da origem das coisas. A função soberana do mito é revelar os modelos exemplares de todos os ritos, de todas as atividades humanas significativas: alimentação, casamento, trabalho. [...] O mito é um elemento essencial da civilização humana. — [...] ao contrário de ser uma fabulação é uma realidade viva à qual constantemente se recorre; [...] é um codificação dos valores da ordem moral da religião primitiva e da sabedoria prática..." Mircea Eliade (*Myth and Reality*).

É inquestionável a presença dos mitos na vida do homem.

Se é importante conhecer os mitos para compreender a história do homem, sua cultura, suas crenças e valores, neste livro vamos encontrar uma maneira de conhecer a cultura e os padrões familiares, mediante seus mitos.

No processo de autoconhecimento, o mito teve um lugar de destaque: na psicanálise, sobretudo pela importância do conhecimento das origens e das relações primtivas; na psicologia analítica pelo papel central dos arquétipos na psicoterapia. Na terapia familiar também o mito tem demonstrado ser de grande utilidade, sobretudo quando se trabalha com ênfase na abordagem intergeracional. No casamento tal conhecimento é de extrema importância. Nele se dá o encontro de dois sistemas de crenças, resultantes, por sua vez, de quatro outros, na expectativa de criar ainda um novo sistema, cujo sucesso está em relação íntima com o conhecimento e a compreensão dos conteúdos implícitos nos anteriores. Tal compreensão com os mitos que envolve, torna possível a harmonização das diferentes visões de mundo de cada família e o respeito à saga que tem vivido ao longo dos tempos.

Utilizando técnicas de terapia familiar e baseada na abordagem intergeracional, Marilene criou um método de trabalho com famílias e casais que permite visualizar a transmissão dos mitos entre as gerações. A partir daí desenvolve-se a compreensão de um sem-número de conteúdos que estão na base tanto dos padrões familiares quanto dos problemas que apresentam, o que conseqüentemente auxilia os envolvidos, quer na atribuição de significados às suas experiências, quer numa rápida mobilização na direção de mudanças, as quais, por sua vez, facilitam a resolução dos problemas. A atribuição de significado às experiências que marcam a trajetória vivida desde os antepassados dá um sentido próprio à história de cada um em sua experiência pessoal de pertencer e se identificar com o grupo familiar, sendo sobretudo importantes para dar sentido às escolhas conjugais. A autora mostra como num casal os mitos se encaixam e as conseqüências disso se dar de uma forma melhor ou pior, fornecendo uma orientação útil, prática, com farto material clínico para o trabalho psicológico com famílias e casais.

De leitura agradável é recomendável tanto para profissionais, estudantes, bem como para todos aqueles que se interessam por questões de casamento e família, que aqui são apresentados segundo uma nova visão.

Dra. Rosa Maria S. de Macedo
Coordenadora do Núcleo de Família e Comunidade — PUC-SP

Introdução

As influências que atravessam as gerações em nossa família atuam poderosamente na nossa vida; por não nos darmos conta disso, não conseguimos reconhecê-las ou identificá-las. Torna-se, portanto, imprescindível tal tarefa. Este livro possibilita uma maneira de realizá-la.

Com essa preocupação presente em nosso percurso profissional, conseguimos identificar e compreender vários conteúdos. Dentre eles, o mais abrangente na família, chamamos de mitos familiares, vistos como o sentido na família, que pode envolver todos os outros, organizá-los e direcioná-los.

De acordo com nossos estudos, realizados por meio de atendimentos de casos e pesquisas científicas, conseguimos construir o que chamamos de "uma leitura instrumental mítica", um corpo teórico consistente que será apresentado e que permite tanto identificar e reconhecer os mitos quanto trabalhar preventiva e terapeuticamente com eles.

O sentido imputado à vida, à família e aos relacionamentos tem sua origem na própria família. Mediante a reconstrução de muitas histórias familiares vamos ver as famílias atribuindo determinados significados aos acontecimentos, que fortalecem ou não o sentido que já trazem de suas famílias anteriores passado pela vivência em família.

O termo mito foi emprestado de outro domínio do conhecimento humano, refletimos à respeito. Verificamos o mito envolvendo tudo, são conteúdos que se entrelaçam, se organizam, determinando forças que dão origem aos sentidos na família, em que os mitos culturais influenciam a formação dos mitos familiares, que influenciam diretamente os mitos individuais.

Vamos lançar um olhar mítico sobre a família e o casamento. Há o reconhecimento de que a família em si já é um mito. Pois a família como é vista atualmente, ou seja, significado que lhe é referido se construiu progressivamente no passado.

Podemos verificar que as famílias, de acordo com seu percurso de gerações na história e das influências culturais, incorporam determinados mitos, que podem ser diferenciados tal como o mito da união presente e visível nos rituais das famílias italianas, ou o Mito da Autoridade nas famílias japonesas.

Vamos reconhecer mais de um mito em uma família, pois as famílias vão se formando; quando as pessoas se casam trazem várias vezes mitos diferentes, que necessitam de ajuste entre as pessoas em suas concepções de mundo. Tal como em alguns casos que vamos relatar o Mito da Conquista e o Mito da União.

Diferenciamos o mito que chamamos Espinha Dorsal, que tem um papel mais importante na família porque determina sua estrutura e o maior número de pautas ou formas de agir na família, de outros mitos que podem adquirir o lugar de mitos auxiliares; ou seja como em muitos casos; O Mito da União se fortalece com o Mito de determinada Religião.

Existem muitos aspectos que vamos considerar; as pessoas em seu ciclo de vida passam por determinados momentos cruciais em que a força destes mitos são testados. Nestes momentos cruciais míticos, esta força, dependendo dos acontecimentos, são maximizadas ou são minimizadas e buscam-se no arcabouço do sentido de família outros mitos, ou geram-se expectativas em relação à determinados mitos. Propomos um instrumento o ciclograma que permite uma rápida gestalt das influências no ciclo de vida familiar.

Existem pessoas que vamos destacar que exercem poderosa influência na família, tal como a Figura Mítica na Família, e os Guardiães do Mito, que demarcam um caminho a ser seguido, mostram-se fonte de poderosos recursos para as pessoas em momentos de crise e dificuldade pessoais e familiares.

Quando as pessoas se casam ocorre o ajuste entre os mitos familiares que vêm de diferentes famílias de origem. Procurando compreender o que ocorre com os mitos na construção do casamento, inicialmente fazemos um caminho através de vários modelos de casamento importantes para o olhar mítico.

A seguir vamos participar da história de quatro casais em pelo menos três gerações, identificando os mitos que fazem de suas famílias de origem, acompanhando-os na construção de seus casamentos em um período em média de três anos.

Utilizando um modelo que propomos dos períodos de encaixe mítico que permite acompanhar o que acontece com os mitos familiares no transcorrer do tempo, do encaixe ao ajuste mítico, podemos verificar como o casal desenvolve uma concepção própria e um estilo pessoal de relacionamento.

Os mitos que podem ser identificados em uma família podem ser identificados em mitos construtivos ou mitos nocivos ou desorganizadores na medida em que possibilitam condições para aumentar o estresse familiar, provocam ansiedade, rupturas, coalições, distanciamentos físicos, condutas depressivas, de alienação e drogadição, entre outras. Com freqüência criam condições para o estabelecimento de estigmas e profecias familiares.

A partir do momento que usamos a óptica intergerencial tivemos a oportunidade de acompanhar muitas famílias através de suas histórias por aproximadamente 80 a 120 anos. Esta nova compreensão de suas vidas fez com que nos deparássemos com a amplitude e diversidade de conflitos e problemas que se repetem através das gerações.

Vamos encontrar nos relatos o que já é conhecido; as dificuldades no relacionamento entre pais e filhos, maridos e esposas e com as famílias de origem próprias e do cônjuge que se perpetuam no tempo. Além dessas, outras se somam, tais como: a repetição das várias modalidades que vão desde a violência doméstica, drogadição e depressão.

Outros comportamentos típicos podem ser repetidos tais como a gravidez na adolescência ou a exposição freqüente a fatores de risco, o que tem ocasionado várias mortes trágicas; podemos nos deparar com a repetição de doenças tais como câncer, alopécia e psoríase entre outras.

Utilizando esta leitura podemos fazer o reconhecimento e a identificação destes conteúdos que existem na vida interna da família. Propomos um método preventivo e terapêutico que vai permitir que as pessoas e famílias reconstruam suas histórias e trabalhem com estes conteúdos reconhecendo-os e resgatando os seus mitos, usando todo o seu potencial neste reencontro de seu próprio lugar no tempo.

Marilene Krom

As influências que percorrem as gerações

Estes...
Fragmentos esparsos, perdidos no tempo
Da minha memória...

Uma pergunta que durante muito tempo e em diferentes momentos me acompanhou relaciona-se às expectativas que alimentamos. De onde estas se originam, como podemos avaliar a sua força, quais conteúdos as estão acionando e nos determinam a ir em busca de suas realizações.

Em muitos períodos da nossa vida as expectativas parecem estar adormecidas, mas, tão logo são tocadas em alguns pontos sensíveis, mostram-se revigoradas. Parecem gigantes adormecidos que se levantam cambaleantes de sono, mas logo partem em busca de seus desejos longamente acalentados.

Se apurarmos o nosso olhar, reconheceremos que, mesmo antes de vir ao mundo, já recebíamos a projeção de muitas expectativas e, mesmo, de várias delegações de nossos familiares. Em nossa própria história, na maneira como ela se desenrolou, podemos identificar algumas expectativas e como elas foram sendo conduzidas, acalentadas, relegadas, esquecidas ou até repudiadas. Podemos pensar: "Que relação pode ter tido o sentido que estamos atribuindo à nossa vida no momento com o que sucedeu com essas expectativas que herdamos?". Isto é o que vamos procurar entender agora.

O certo é afirmar que a família nos fornece o sentido de pertencimento e de diferenciação.[1] Portanto, é nesse bojo de relacionamentos e de conteúdos que perpassam as gerações; é respirando esse ar e dançando ao fluxo dessas emoções, que vivemos os processos psicológicos apontados pela psicologia do desenvolvimento, tão importantes para a construção do nosso *self*.

Lembro-me dos primeiros anos de minha formação profissional, quando trabalhava com Júnior, um menino brejeiro, de nove anos de idade, de olhinhos pequenos e inquietantes. Júnior apresentava algumas dificuldades escolares e parava muitas vezes no meio da tarefa que deveria realizar, pois queria conversar. Em uma dessas ocasiões, olhou demoradamente para meus olhos e perguntou: "Você sabe me dizer por que uma criança tem de levar o nome do pai?".

A pergunta interessante daquele garoto pairou em meus questionamentos e foi conduzida durante uma longa jornada de meu aprimoramento profissional. Não me lembro exatamente de como devo ter respondido, mas deve ter sido algo como: "É costume as pessoas agirem assim", ou "faz parte da tradição", isto é, sem maior aprofundamento. Mas algo ficou pontuado. O nome que as pessoas tinham recebido ou passaram a receber dali para a frente passou a ser objeto mais cuidadoso da minha atenção.

Descobri que o meu próprio nome me havia sido atribuído na expectativa de agradar às minhas duas avós que, respectivamente, se chamavam Helena e Maria. Sem dúvida, vim a saber, mais tarde, que esse desejo fora acionado pelo próprio sentido de união presente nas duas famílias.

Assim, podemos perceber que o que nos foi legado influencia de maneira poderosa toda a nossa vida. Esses conteúdos já identificados como *lealdades invisíveis*[2] referem-se à existência de expectativas estruturadas, diante das quais todas as pessoas na família assumem compromissos. É possível representá-las metaforicamente com a imagem de um grande livro com as bordas rotas e escrita envelhecida de arabescos antigos, no qual se contabilizam os créditos e os débitos familiares, estabelecendo conexões firmes entre as gerações passadas e futuras, criando as expectativas que nos influenciam.

---

1. Minuchim, S. *Famílias, funcionamento e tratamento*. Tradução: Jurema A. Cunha. Porto Alegre, Artes Médicas, 1988.
2. Borzormeny-Nagy e Spark, G. M. Invisible Loyalties: Reciprocity. In: *Intergeracional Family Therapy*. Nova York, Harper & Row, Publishers, 1973.

À medida que as pessoas nascem nessas famílias, ocupam determinado lugar; recebem expectativas que as acionam a dar cumprimento a esses mandatos. Essa afirmação me faz lembrar do senhor Albertino, um homem com o rosto de traços marcados pelo sol, de aproximadamente setenta anos de idade, que me dizia com seu jeito firme: "Esta terra era do meu avô. Meu pai passou a vida cuidando dela; minha mãe sempre o ajudou. Não podemos de jeito nenhum deixar de cuidar desta propriedade". Do outro lado da sala, em outra cadeira, o seu filho caçula de 17 anos com o qual conversávamos, buscava desesperadamente outras saídas, pois, como dizia com voz trêmula: "Existem tantas outras coisas pra eu fazer", debatendo-se contra essa forma tão rígida de responder às lealdades na família.

As lealdades invisíveis abarcam em si muitos determinantes em sua configuração, que se referem à natureza da relação pais e filhos à intensidade e a profundidade desses laços.

Em nossa experiência, apesar de muitas vezes distanciadas de suas famílias de origem, as pessoas raramente abandonam os seus pais, e os pais tampouco abandonam seus filhos.

A história mostra que, antigamente, o tema da lealdade e de endividamento era discutido mais diretamente entre as pessoas. No caso do rei e do senhor feudal, os detentores do poder, era bem evidente a maneira como os súditos pagavam o tributo a esses nobres por sua proteção, sendo este sinal reconhecido de ambos os lados como representativo de obrigação, aliança e respeito.

Eu me lembro de Lúcia, uma jovem senhora, me contando as histórias de seus familiares: "Quando minha avó ficou doente todos nós fomos morar com ela. Minha mãe assumiu o cuidado dos irmãos menores e, quando os negócios dos meus avós ficaram ruins, fomos trabalhar todos juntos para ajudar. Afinal, eles sempre tinham cuidado de nós". Isso mostra a força, a presença e a perpetuação da lealdade na família.

Nas famílias extensas, e em muitas culturas, por norma familiar, era destinado ao homem de mais idade, o primogênito, todos os deveres de propriedade, cuidados e obrigações. Ele devia deter a lealdade incondicional a todos os outros membros da família.

Os fatores econômicos e de proteção mostram-se importantes nas lealdades, mas o fator mais significativo são os vínculos psicológicos. Quando se negam esses vínculos, ou não se atribui a eles importância de maneira aberta, as pessoas se mostram comprometidas de modo inalterável e profundo com a compensação pelos benefícios recebidos, permanecendo vinculados com seus parentes consanguíneos, numa perpetuação de endividamento e de reciprocidade.

Certa vez, Sakit, um advogado bem-sucedido, conversando comigo sobre os motivos que o levaram a escolher sua profissão, reportou-se à sua história familiar: "Quando meu pai veio do Japão para o Brasil, foi chamado para trabalhar com o meu tio que havia emigrado anos antes. Combinaram que meu pai ficaria com parte das terras. Então, toda a família trabalhou duro, de sol a sol. Quando estava tudo plantado, meu tio colocou a gente na rua da amargura; disse que as terras eram dele. Eu até fui em um advogado com o meu pai, mas ele disse que não tinha mais jeito. Foi aí que eu resolvi; afinal, alguém tinha de fazer alguma coisa por esta família".

É interessante pensar como acolhemos essas expectativas, que significado atribuímos a essas experiências, como as elaboramos, e qual será o eixo organizador de que lançamos mão para realizar tal façanha.

Dependendo desse eixo, do sentido que já existe nessas famílias, as lealdades invisíveis são direcionadas diferentemente para realizações mais específicas, tal como vimos: para a família do sr. Albertino, era a manutenção do desvelo e do cuidado com a terra: para Lúcia era o cuidado e a ajuda aos familiares; e, para Sakit, estavam diretamente relacionadas ao resgate da justiça familiar.

De outra maneira já estudada, as próprias lealdades geram determinados movimentos na família, e estas podem ligar seus membros em um caminho recíproco, facilitar intensas alianças e promover rompimentos que enfraquecem os vínculos familiares. Esse fato foi confirmado no relato de Marta, mulher sofrida e excessivamente preocupada com seu filho adolescente, que passava por problemas comuns dessa faixa etária: "A minha mãe ficou doente e eu e minha irmã cuidamos dela, enquanto os outros debandaram, não querendo saber de nada, só da própria vida. Assim, a gente se sobrecarrega... mas também não queremos mais saber deles".

Quando alguns membros da família não correspondem às expectativas de lealdades, a família pode ficar contaminada por esse clima emocional, que sobrecarrega os relacionamentos e enfraquece os sentidos que as lealdades atribuem à própria vida. É possível, portanto, encontrar nas famílias diversos sentidos organizadores, que movimentam e dirigem as lealdades diferentemente.

Um dos grandes desafios que a vida nos apresenta consiste em equilibrar as antigas relações com as novas, integrar de forma continuada os nossos relacionamentos, rever a importância de cada um e dar continuidade ao nosso envolvimento e ao compromisso assumido com as nossas relações atuais.

Torna-se claro que, dependendo da maneira como identificamos as influências que recebemos, como trabalhamos com as nossas expectativas, teremos ou não recursos para gerenciar essa tarefa.

Em muitas circunstâncias, encontramos *segredos*,[3] os quais envolvem informações que são ocultas ou partilhadas diferentemente entre as pessoas. Quando presentes na família, podem ser compartilhados por pais e filhos por várias gerações, podem sugerir a formação de alianças ou divisões visando à manutenção e ao sigilo dessas informações.

É possível que um fato real seja mantido em segredo, mas também que as fantasias ligadas a ele determinem o comportamento da família, assegurando possivelmente os tipos e as formas de ocultamento e influenciando a maneira de lidar com essas informações.

Isso nos faz lembrar do caso de uma família. Os pais haviam trazido duas adolescentes para tratamento. Uma delas, com 14 anos, tinha crises de choro e ameaçava arrancar os próprios cabelos. A outra, uma jovem de 17 anos, estava, segundo a mãe, colocando a casa em "polvorosa", pois discutia com o pai, a mãe e a avó constantemente a respeito de suas opiniões.

Ao investigar a intrincada trama de relacionamentos familiares, deparamos com muitos segredos, nos quais fomos inseridos. Havia o segredo da traição do pai, que sustentava uma amante havia muitos anos, informação essa que era do conhecimento das filhas, mas que estes escondiam dos outros familiares. O segredo da mãe, de um relacionamento anterior ao próprio casamento, paixão que ainda acalentava silenciosamente. O segredo da avó materna das jovens, que tivera um filho do seu primeiro casamento e o oferecera para adoção. Supostamente, "ninguém sabia" ou questionava tais conteúdos.

Uma das perguntas que nos fizemos logo de início, ao depararmos com esses conteúdos, foi: "Por que essas pessoas reagem dessa maneira? Onde poderia se situar a raiz de dificuldade tão grande para

---

3. Karpel, A. M. *Family Secrets. Family Process*, v. 19, pp. 295-306, 1980.

lidar com essas questões?". Isso nos fez investigar detalhamente a família, utilizando a óptica intergeracional.

A partir daí, foi possível encontrar o sentido da autoridade presente na história. A família havia emigrado do Japão, na época do Império, em que se devia obediência cega ao imperador e se pagava alto tributo à coroa. Ao chegar ao Brasil, atravessa uma saga de muito sofrimento, lutando pela sobrevivência, o que fortalece a fala: "Devíamos ficar juntos para sobreviver", nas condições difíceis da época, mas respeitando sempre os mais velhos e suas determinações. "Devíamos sempre obedecer aos mais velhos, mesmo se eles não estivessem tão certos."

Foi possível ampliar a compreensão a respeito dessa situação, pois como eixos norteadores de todas as questões encontrava-se sempre presente o sentido da autoridade e da união, evidenciado pela maneira como lidavam com os segredos, havendo uma certa cristalização e rigidez nos relacionamentos.

Apresentava-se clara a dificuldade de a família lidar com a adolescência das filhas e com as questões comuns a essa fase do ciclo vital, como: a necessidade de os jovens se diferenciarem de suas famílias de origem e os conflitos com a autoridade, nos quais se questionava a forma de agir dos próprios pais.

Podemos verificar como as informações ocultas foram compartilhadas diferentemente pela família, estabelecendo-se alianças entre os filhos, ao saber da traição do pai, pois aparecem divisões, isto é, eles se afastaram das pessoas "perigosas" para a manutenção dessas informações, fechando-se em si mesmos.

Esse movimento diante do segredo torna-se responsável pela dificuldade de revelação de conteúdos nocivos, os quais muitas vezes colocam as pessoas em risco, tais como: os que encontramos nas famílias em que ocorre violência doméstica, onde as pessoas vitimizadas se unem para a manutenção do segredo, favorecendo a perpetuação da própria violência.

Os segredos podem ter várias naturezas. Podem ser de caráter individual, em que a pessoa envolvida diz "Eu fiz, não quero contar, é só meu"; podem envolver uma ou mais pessoas, que mantêm um segredo de outra, ou de pessoas da família, e se manifestam na fala: "Ela está sendo traída. É tão difícil, ela vem sempre desabafar comigo".

Os segredos podem estar relacionados com o sentimento de culpa, o que sobrecarrega o clima familiar, principalmente quando aponta relação com a transgressão de uma lei ou norma familiar: "O meu avô teve um passado duvidoso. Parece que ele matou alguém". Essa moça, após sua formação como psicóloga, escolheu preferencialmente como local de trabalho a comarca da cidade.

A família percorre o *seu ciclo de vida*[4] como um todo orgânico, pois o pai, a mãe e as crianças constituem a família que não pode ser encontrada em "um membro separadamente", mas, sim, na interação, na articulação dos vários componentes, movimentando-se, em constante transformação, pois os filhos crescem, as exigências e as tarefas se diferenciam e a família tem de se adaptar às novas solicitações que se apresentam.

As solicitações sociais também influem poderosamente na família, em seus momentos históricos. Podemos citar aqui o papel contemporâneo da mulher na sociedade, que detém em si exigências novas e específicas.

Ao imaginarmos uma linha de tempo veremos a família caminhar horizontalmente, atravessando determinados momentos em seu ciclo de vida, que pode ser pontuado por etapas em que ocorrem o casamento, o nascimento dos filhos, o ingresso dos filhos na vida escolar, a adolescência, a saída dos jovens de casa, o casamento deles, a aposentadoria dos pais e a morte dos avós, entre outros. Ao mesmo tempo a família recebe pressões internas provenientes do próprio desenvolvimento e da necessidade de diferenciação dos filhos.

Esses momentos, que podemos chamar de transicionais, são muito importantes porque pontuam o tempo familiar, aglutinam expectativas, facilitam a passagem dos conteúdos intergeracionais, sejam eles determinados pelas lealdades familiares, como no caso da escolha do nome de um filho, "Dei a ele o nome do meu avô, que foi uma pessoa muito importante na minha vida" sejam, então, pelos conflitos e questões não resolvidos na família.

O aumento da ansiedade[5] na família pode caminhar em duas direções: na vertical — que inclui tabus, mitos, segredos e expectativas — movendo-se para a próxima geração; e na horizontal, na qual

---

4. McGoldrick, M., e Carter E. *The Family Life Cicle. A framework for family therapy*. Nova York, Gardner Press, 1980. (Teoria na qual a família é vista como um todo orgânico atravessando o seu ciclo de vida.)

5. Kramer R. J. *Family Interfaces. Transgerational Patterns*. Nova York, Brunner/Mazel, 1985. Teoria da Ansiedade cita também em McGoldrick e Carter.

ocorrem as transições evolutivas esperadas no ciclo de vida da família. A habilidade para manejar essas transições pode ser afetada pelo grau de ansiedade proveniente de ambos os lados, provocando crises e muitas vezes paralisando a família que não reconhece muitas dessas questões, as quais dificilmente são identificáveis.

Um dia, uma profissional amiga nos pediu ajuda para a compreensão da família de uma adolescente de 13 anos, que estava em psicodiagnóstico;[6] a jovem mostrava-se com inteligência limítrofe e apresentava dificuldades escolares. Convidamos a família para realizar um trabalho com as suas histórias familiares em busca do seu sentido de vida.[7]

Foi possível encontrar, entre outros conteúdos, pelo menos em três gerações, a ocorrência de doença mental — que se manifestava na adolescência de alguns dos filhos — o que torna compreensível a ansiedade, quando a família depara com a adolescência dessa filha, causada pela dificuldade de diferenciar entre o problema dela e a doença mental dos outros filhos, evidenciando como os pontos de transição no ciclo de vida podem ser momentos de concentração tanto das tensões atuais quanto das intergeracionais.

A família vista pela óptica da teoria dos sistemas[8] está em constante transformação. Com o passar do tempo, cumprindo suas funções e suas tarefas, ela vai garantir o desenvolvimento e a diferenciação de seus membros.

Algumas outras movimentações também podem ocorrer na família. Os *cortes bruscos*[9] são freqüentemente dramáticos e referem-se a um distanciamento emocional. Podem ocorrer várias situações, as pessoas deixam as famílias, saem do lugar ou rompem os vínculos. Essa é uma situação muito comum com proprietários rurais, cujos filhos ao sair de casa, "fogem da lida". "O meu tio Antonio foi trabalhar em São Paulo e nunca mais voltou". Ou o rompimento: "Nunca mais

---

6. Psicodiagnóstico: etapa inicial de um tratamento psicológico no qual se estabelece o eixo do trabalho a ser realizado.
7. Trabalho de reconstrução da história, de pelo menos, três gerações na família, conforme delineamos em nossa obra citada anteriormente.
8. Ludwing von Bertalanffy define um sistema como "um complexo de elementos em interação." *General System Theory*. Nova York, George Baziller, 1968.
9. Conceito delineado por Bowen, M. *Family therapy in clinical practice*. Nova York, 1978.

falaram com ela porque ela ficou grávida do meu pai e a sua família nunca perdoou isso".

Uma imagem que podemos usar é a da paralisação desses conteúdos emocionais, os quais perduram na família como questões não-resolvidas, as quais podem direcionar determinadas delegações: "O filho do meu tio Antonio, depois de 26 anos, veio conhecer a família". Podemos observar que os caminhos entre as pessoas são bloqueados.

A comunicação e a troca de sentimentos e experiências são tolhidos ou ficam circunscritos a determinadas áreas: "Depois da briga... daí pra frente ele só vê a família dele na doença e nos velórios". Em muitos casos, a amizade permanece com apenas uma ou outra pessoa da família e formam-se duplas alianças: "Ela (a mãe) só fala com a irmã dela. É a única que a entende", tornando rígidas as formas de agir.

A família deve permitir que os seus membros se diferenciem como indivíduos, pois, apesar do aspecto de pertencimento a um grupo, "os Souza" ou "os Silva", eles são a "Maria" e o "José", ou seja, as pessoas devem ganhar um espaço dentro da família suficiente para que se desenvolvam de forma independente, se descubram como seres criativos e potenciais capazes de escolher, palmilhar seu próprio caminho, contando com o apoio e o refúgio da família.

Muitas vezes isso não ocorre, os conflitos se repetem sistematicamente e essas formas ficam claras no relacionamento entre pais e filhos. Como Lúcia, mulher bonita e independente, que, num desabafo, relatou o que sentia em relação à filha adolescente: "Não consigo agradar minha filha. Eu gosto dela, mas esse negócio de pegar não é comigo, e eu fui criada assim, a minha mãe nunca teve esses dengos...". Vemos aí a dificuldade das trocas afetivas e de mudança de padrões de relacionamento.

Um problema que se repete na família, com muita freqüência, refere-se aos conflitos conjugais. Essa afirmação me faz recordar a história triste de Dirce que, ao procurar ajuda para seu relacionamento conjugal, disse: "O meu avô nunca viveu bem com a minha avó e era visível como se detestavam. A minha mãe suportou as traições do meu pai durante toda a vida. Ela vivia de fachada. E eu, até agora, agi do mesmo jeito".

Podemos verificar como em três gerações, em que se desencadearam diferentes problemas, o mesmo tipo de conflito se estabeleceu. Em comum havia o esfriamento afetivo, o distanciamento emocional e a dificuldade de comunicação e de enfrentamento na resolução de problemas.

Dirce corajosamente tentava romper com a situação, indo buscar alternativas para lidar com questões antigas, pois é comum a repetição de modelo na maneira como as pessoas lidam com os problemas.

À medida que esses conteúdos se repetem e vão influenciando sucessivamente as gerações, podemos encontrar um eixo organizador de conteúdos. A nosso ver, a maneira como a família se organiza está diretamente relacionada, como já assinalamos, ao sentido que ela atribui à própria vida.

Torna-se evidente que esse sentido que perpassa as gerações é transmitido intergeracionalmente e permeia todas as estruturas relacionais na família. Vai dando origem aos significados atribuídos às experiências e determinam as hierarquias de valores, influenciando a maneira como a família vê o mundo e o sentido que as pessoas atribuem às suas vidas.

O mito como o sentido na família

O nosso interesse pelos mitos perde-se em nossa memória. Foi preservado durante anos nos livros gastos de contos de fadas que povoaram a nossa infância. Em nossa adolescência e juventude, as biografias de várias figuras míticas da humanidade iluminaram o nosso caminhar, nortearam os nossos sonhos e delinearam os nossos ideais.

Em nosso trabalho psicoterapêutico individual e famílias, chamou nossa atenção a força que estas demonstravam em algumas convicções, presentes no sentido que atribuíam às suas próprias vidas.

Ao identificarmos agora o sentido que a família atribui à sua vida e a relação com a direção que as pessoas tomam em suas vidas, sentimos a importância e a abrangência desse tema.

Nos conteúdos de igual magnitude na humanidade, encontramos a *concepção do mito* vinda de outros domínios do conhecimento humano. A fim de ampliar nossa compreensão a respeito, vamos fazer rapidamente um percurso por essas várias dimensões.

Nesses passos, a origem dos mitos é encontrada primeiramente no pensamento do filósofo Ernest Cassirer[1] que, com uma postura kantiana, dedica-se aos estudos da filosofia do simbolismo e traça conexões firmes entre linguagem e mito.

Mitologia aí significa o poder que a linguagem exerce sobre o pensamento, em todas as esferas possíveis da atividade espiritual, sendo este mundo compreendido como o mundo das representações e dos significados. Para Cassirer, a construção do mito está diretamente

---

1. Cassirer, E. *Linguagem e mito*. São Paulo, Perspectiva, 1972.

ligada à linguagem, enriquecendo-se à medida que a própria linguagem foi se tornando mais complexa.

Na organização das sociedades primitivas, o mito tinha origem nas próprias histórias, contadas como verdadeiras, porque se referiam a realidades: o mito cosmogônico é verdadeiro porque o mundo aí está para prová-lo; o mito da origem da morte é verdadeiro porque é provado pela mortalidade do homem, e assim por diante. Adquiriam, assim, um caráter sagrado e forneciam a base dessas sociedades. Estudiosos[2] enfatizam essa afirmação e apontam os mitos como reveladores dos modelos exemplares de todos os ritos e de todas as atividades humanas. Assim como tornar sagradas as histórias e praticar seus ritos possibilita a perpetuação dessas mitologias.

Alguns antropólogos acentuam o caráter organizador nos mitos culturais[3] para fornecer a base da estrutura dessas sociedades, assim como sua função,[4] para revelar os modelos exemplares de todos os ritos e de todas as atividades humanas significativos: a alimentação, o casamento, o trabalho, a educação, a arte, a sabedoria, sendo assim considerados ingredientes vitais da civilização humana.

Em minhas aulas, quando falo a respeito dessas citações, costumo convidar os meus alunos a fazerem um exercício com a imaginação; ir a uma ilha distante, talvez perdida no Pacífico. Encontraremos aí uma civilização com características muito raras. Então, pergunto a eles: "Como poderemos compreender essas pessoas de costumes tão estranhos?". Um bom caminho seria ouvirmos suas histórias, isto é, irmos ao encontro de suas mitologias. Aí encontraremos os eixos da organização e da estrutura dessa sociedade e, provavelmente, a explicação para as suas singularidades.

Campbell,[5, 6, 7] um profundo estudioso contemporâneo da mitologia universal, vê a criação do mito ligada às fases transicionais do

---

2. Kirk, S. G. *El mito: su significado y funciones en las distintas culturas.* Trad. Antonio Pigrau Rodrigues. Barcelona, Barral Editores, 1970.
3. Eliade, M. Mito e realidade. Trad. Pola Civelli. São Paulo, Perspectiva, 1989.
4. Kirk, S. G., 1970, *opus cit.*
5. Campbell, J. *The hero with a thousand faces.* 2ª ed. Princeton, Princeton University Press, 1968.
6. Idem, O *poder do mito.* Trad. Carlos Felipe Moisés. São Paulo, Palas Athena, 1990
7. Idem, *As transformações do mito através do tempo.* Trad. Heloisa de Lima Dantas. São Paulo, Cultrix, 1992.

desenvolvimento do ser humano. Em diferentes momentos históricos, reconhece o mito como metáfora da potencialidade espiritual do ser humano, que se apresenta como um canal de comunicação que está além do próprio conceito de realidade, transcendendo todo pensamento. Assemelha-se, segundo ele, à música das esferas.

O pensamento de Campbell abrange a dimensão da cosmogonia e se estende à mitologia comparada, o que o faz distinguir, em sociedades distintas, diferentes mitos. Observa também a origem da figura mítica ou do herói, e aponta a sua transformação, visto como o homem que supera as suas próprias limitações, morrendo como homem normal e renascendo como homem eterno e universal.

Ao assinalar o homem em sua evolução espiritual, esse profundo estudioso o aborda em seu potencial mítico. Ao comparar mitologias de sociedades específicas, afirma que os grupos geram mitologias específicas de temas que podem ser universais, como as fases de transição no ciclo de vida. Assim, existem mitos que falam do nascimento, da adolescência, do casamento e da morte.

O conhecimento de sua obra é enriquecedor e torna-se necessário à medida que pretendemos uma compreensão mais profunda a respeito da história das civilizações que nos precederam, assim como visualizar as expectativas que ainda estão presentes e vivas permeando as nossas visões de mundo.

Muitos psicoterapeutas têm-se dedicado ao estudo da mitologia comungando desse interesse na terapia familiar. O primeiro olhar ao mito foi dirigido por Ferreira,[8] que o reconhece em uma função defensiva na família, verificando-o na homeostase e na estabilidade das relações, e o define como crenças, que são sistematizadas e compartilhadas por todos os membros da família. Segundo este conceito, tais crenças não são contestadas por nenhuma das pessoas interessadas, apesar de incluir distorções evidentes da realidade.

A mesma posição é defendida[9] na Escola de Milão, pois, a partir de estudos em famílias com um membro psicótico ou anoréxico, pesquisadores concluem que o mito pode ser visto como um fenômeno

---

8. Ferreira, A. J. *et al.* Mitos familiares. *Interacíon familiar...* Buenos Aires, Tiempo Contemporaneo, 1971, pp. 154-63.

9. Palazzoli, S. M. *et all. Paradoja y contraparadoja: un nuevo modelo en la terapia de la família a transaccion esquizofrênica.* Buenos Aires, Editorial A. C. E., 1982.

sistêmico, que mantém a homeostase do grupo que o produziu. Assinalam o aspecto da transmissão intergeracional do mito, ao verificar que ele se transmite, modelando os filhos que nascem desse grupo ao longo das gerações.

É necessário fazer algumas considerações. A homeostase[10] refere-se à família vista como um sistema mantido por um equilíbrio interno, pois, em todos os seres vivos, há uma tendência de resistência às mudanças. Essa afirmação nos faz recordar um atendimento realizado com uma família cuja filha adolescente, Márcia, garota inteligente e questionadora, se insurgia contra as determinações da mãe. Essa situação fazia com que as duas se debatessem diante das rígidas regras familiares determinantes: desde o tipo de diversão recomendado à filha até os horários de retorno para casa quando esta saía com amigos ou com o namorado.

Vera, a mãe, era mulher ainda jovem, determinada e bem-sucedida profissionalmente. Num desabafo, ela disse: "Mas eu não me conformo, comigo funcionou assim e com a minha mãe também. Por que agora eu tenho de mudar? Eu entendo, mas não me conformo".

Outro ponto a considerar refere-se ao não-questionamento de algumas crenças que permeiam a família e são visualizadas em algumas formas de agir, que não se modificam com o passar dos anos, mesmo que muitas vezes tragam problemas sérios de relacionamento. Alessandro, um garoto de 14 anos, havia abandonado a escola, mostrava-se muito "nervoso" e era um sério motivo de preocupação para sua mãe. Ermínia, mulher simples, funcionária de uma escola pública, era quem sustentava a família com o seu salário, pois seu marido era "doente".

O marido não "podia" comparecer aos atendimentos, pois sua doença não lhe permitia. Ele era alcoolista e não trabalhava havia dez anos. Ermínia não fazia queixas, mas justificava a doença do marido.

Ao investigarmos a história trigeracional dessa família, encontramos a história de imigrantes italianos que, ao se localizarem no estado de São Paulo, fixaram residência em lugares distantes de qualquer vilarejo. As famílias conviviam entre si, com muita união e proximidade, e tinham como característica almoçar juntos nos finais de semana, ocasião em que a bebida era obrigatória e uma pauta

---

10. Jackson, D. Interacíon familiar, homeostasis y psicoterapia familiar conjunta. In: Interaccíon familiar. Buenos Aires, Tiempo Contemporâneo, 1980.

comum, mantida de geração a geração. Os homens comiam e bebiam até cair no sono, enquanto cabia às mulheres cozinhar para eles.

Nas três gerações encontramos o alcoolismo, que se repetia na família, e era tolerado e justificado pelas mulheres. Somente depois de o próprio filho ter questionado esse comportamento é que Ermínia conseguiu avaliar de forma diferente a situação com a qual já convivera durante tantos anos. Finalmente, viabilizou esforços para a mudança.

Ao investigar a forma como os mitos são configurados, o psicanalista Stierling,[11] em seu trabalho com famílias, já os via como fenômenos psíquicos e transacionais; como verdades que servem para negar ou encobrir a facticidade das relações familiares passadas ou presentes. Ele acreditava na articulação desses conteúdos como inconsistentes ou solidamente tecidos, que cumpriam funções essenciais de defesa e proteção. As de defesa se dão no seio da família, e as de proteção ocorrem no meio externo.

O terapeuta italiano Maurizio Andolfi[12] olha o mito em sua concepção transformadora e o considera um conjunto de realidades em que coexistem elementos reais e de fantasia, o que o faz servir à família de acordo com a sua realidade e atribuir a cada membro um papel e destino bem precisos. Em determinadas circunstâncias, algumas atitudes são justificadas para ser entendidas. Como no caso de uma família contando o suicídio de um parente: "Provavelmente ele se matou porque ia perder a terra"; "A terra sempre foi a vida da gente". Essa explicação, dada pela família, pode servir para fortalecer o sentido que já se atribui à vida.

Ao dar continuidade ao nosso percurso em busca das várias conceituações de mito familiar presentes na literatura, elegemos esse recorte rápido apenas para fazer algumas considerações que acreditamos essenciais ao nosso pensamento.

Podemos verificar que as diferentes conceituações abarcam determinados aspectos, vistos de pontos diferenciados, e são norteados pela função que o mito representa para o autor. Ou seja, a conceituação vai abranger os aspectos do mito que, segundo o parecer desses pesquisadores, servem a esta ou aquela função.

---

11. Stierling, H. *Psicoanálisis y terapia de familias*. Trad. Pedro Madrigal. Barcelona, Icaria Editorial, 1979.

12. Andolfi, M. Angelo C. *Tempo e mito em psicoterapia familiar*. Trad. Fiorangela Desidério. Porto Alegre, Artes Médicas, 1989.

A mesma postura podemos verificar nas conceituações de Ferreira e Stierling, para quem o mito aparece em uma função defensiva. Esse aspecto é corroborado pela Escola de Milão, que relaciona o nascimento, a permanência e a reativação do mito à homeostase familiar, já exemplificada. A nosso ver, quando algumas pautas se mostram enrijecidas, isso certamente favorece a formação de problemas.

Para Andolfi, entretanto, o mito serve à família de acordo com a sua realidade. Sua concepção, atenta para a evolução e a transformação da malha mítica, está mais condizente com o olhar que temos agora diante do mito.

Alguns aspectos específicos das relações entre as pessoas que servem para a manutenção do mito são compartilhados por todos os membros de uma família, promovem *rituais*, e áreas específicas de acordo automático. Podemos pensar nas festas e almoços obrigatórios do Mito da União.

Os rituais podem se apresentar como uma série de atos e comportamentos estritamente codificados na família, que se repetem no tempo e dos quais participam todos ou uma parte de seus membros, tendo sobretudo na família a tarefa de transmitir a cada participante valores, atitudes e modalidades comportamentos relativos a situações específicas ou vivências emocionais a eles ligados.

No momento em que se executam os rituais, freqüentemente a memória familiar é resgatada e se contam histórias, validam-se a experiência de estar juntos. Acentua-se também o aspecto de transformações sucessivas, que servem de apoio aos significados que cada pessoa lhes atribui, se enriquecendo de novas valências ao longo do tempo.

Os ritos são moldados pelas regras estabelecidas pela família. Os hábitos são exteriorizados por meio dos ritos e definidos pelas regras. Podemos observar os rituais no cotidiano das pessoas; as demonstrações de afeto, as atividades de acordar, dormir, festejar ou ainda como cultuar os mortos.

Em nossos estudos notamos a presença das falas repetitivas que atuam como elos visíveis e representativos dos próprios rituais e da malha mítica, a nosso ver como elementos estruturais dos próprios rituais: "Nós vivemos pela terra"; "O mais importante nesta família é a ajuda".

Os rituais proporcionam marcos de expectativas, nos quais, por meio do uso da repetição, da familiaridade e da transformação do que já se sabe podem produzir-se novas condutas, ações e significados, em que se acentua a capacidade de modificação dos próprios rituais.

Além da ação, os rituais têm à sua disposição a densidade e a polivalência dos símbolos que são a unidade mínima do ritual. Podem ter múltiplos significados e também a possibilidade de descrever o que não podem expressar em palavras, acentuando o potencial dos recursos simbólicos que os rituais contêm, assim como as suas possíveis possibilidades transformadoras

O ritual pode ser um sistema de intercomunicação, visto desde seu interior simbólico, e não do seu exterior funcionalista. O ritual pode ser considerado um sistema de intercomunicação simbólica entre o nível do pensamento cultural e complexos significados culturais por um lado, e a ação social e o acontecimento imediato por outro. Ele pode sofrer transformações, pois, à medida que transmite um significado ao longo das gerações, oferece a oportunidade de se criar novas metáforas, possibilitando a formação de novas concepções de mundo. A capacidade do ritual de funcionar como um sistema de intercomunicação entre estrutura e significado lhe confere vigorosas possibilidades de transformação, uma vez que há a possibilidade de o ritual combinar a comunicação analógica e digital e fornecer a oportunidade de expressar e experimentar o que não se pode colocar em palavras. "O ritual pode facilitar a comunicação entre indivíduos, famílias e comunidades, entre passado, presente e futuro".[13] Dessa forma, favorece a reorganização de pautas de funcionamento, as quais podem colaborar para a modificação de aspectos ligados à mitologia familiar.

Durante aproximadamente vinte anos de trabalho como psicoterapeuta temos nos interessado pelas histórias das pessoas, porém, nos últimos 12 anos, temos trabalhado com famílias e pesquisado sistematicamente as influências intergeracionais e pudemos concluir que o conteúdo mais abrangente na família, que pode envolver todos os outros, organizá-los e direcioná-los é o que chamamos de mitos familiares.

Ao procurar sentidos e valores que dão rumo à vida das pessoas, deparamos com uma mitologia transmitida ao longo das gerações, que é comum e compartilhada, e pode ser encontrada quando são resgatadas as histórias das suas famílias de origem, como temos feito.

---

13. Imer-Black, E., Roberto J.; Writing, R. A. *Rituales Terapeuticos Y Ritos en la Familia*. Editorial Gediva, Barcelona, Espanha, 1991.

Ao iniciarmos nossos trabalhos de atendimento e de pesquisa, cujo objetivo imediato era finalizar o nosso curso de mestrado, nessa época influenciados pelo olhar dirigido para a disfunção, seguimos olhando inicialmente para os problemas que os adolescentes apresentavam, buscando relacioná-los com os mitos familiares.

Nessa oportunidade, à medida que trabalhávamos e nos aprofundávamos nesses conteúdos, surgia a clara impressão de que existiam vários sentidos na família, o que, posteriormente, chamaríamos de núcleos de sentido,[14] os quais, ao ganharem identidade própria, podiam ser reconhecidos como mitos familiares; a partir daí foi possível, então, começar a estabelecer uma leitura e diferenciação entre os diversos mitos pertencentes à mesma família.

E por isso tornou-se primordial definir uma conceituação básica com a qual pudéssemos trabalhar para reconhecer os mitos;[15] *"O mito constitui em sua essência a concepção de mundo própria da família, onde se cria a realidade familiar e o mapa do mundo individual"*.

Um mito encontrado com muita freqüência nas famílias com as quais trabalhamos é o da União, que tem determinada configuração, com o objetivo de assegurar o pertencimento e a manutenção dos padrões afetivos na família. Muitas vezes ele toma algumas características singulares de acordo com a história das famílias, visíveis na fala das pessoas: "O importante nessa família é estar junto", "A gente sempre quer saber um do outro", presente nos rituais dos almoços de domingo e nas festas de final de ano das quais todos devem participar: "Não deve faltar ninguém".

Foi possível perceber que em muitas famílias encontravam-se vários mitos, e estes se organizavam com o uso de uma imagem metafórica. Fizemos algumas diferenciações: Mito Espinha Dorsal — aquele que norteia a estrutura e o funcionamento da família e determina o maior número de pautas[16] e de regras familiares. Já os

---

14. Os núcleos de sentido se formam a partir dos significados comuns que são atribuídos às experiências da vida individual ou familiar. Conceito teórico que faz parte do que chamamos de uma "Leitura Instrumental Mítica", que vai ser discutida no decorrer deste livro, e que teve sua origem num trabalho de pesquisa denominado "O encaixe dos mitos na construção do casamento", tese de doutorado. Pontifícia Universidade Católica de São Paulo, 1997.

15. Krom Paccola, M. *Leitura e diferenciação do mito familiar. Histórias de adolescentes com problemas*. São Paulo, Summus, 1994.

16. *Pauta* — forma de agir na família.

outros mitos encontrados foram considerados Mitos Auxiliares — aqueles que se delineiam com o passar do tempo, que se ajustam ao Mito Espinha Dorsal, determinando pautas complementares.

Em uma família com o sentido presente da união como Mito Espinha Dorsal podemos verificar que sua organização tem como eixo esse sentido que atribui à própria vida. As pessoas são próximas, as trocas afetivas ocorrem de maneira rotineira e o fluxo de comunicação é constante; isso pode ser verificado entre pais e filhos, entre os pais e entre os irmãos.

Muitas vezes, surgem outros mitos, que se configuram inicialmente como núcleos de sentido e, mais tarde, ganham identidade própria, como o da Religião, que fortalece e mantém o Mito da União: "A nossa família toda é evangélica"; "Eu sou de família espírita". As religiões ocidentais, em sua maioria, pregam a manutenção dos padrões evangélicos que, seguramente, auxiliam e fortalecem as formas de união na família.

O primeiro uso prático dessa nova compreensão do mito foi realizada com a família de adolescentes com problemas.[17] Foi proposta a reconstrução da história familiar para averiguar os conteúdos intergeracionais e a relação com a problemática apresentada pelas famílias, que procuravam ajuda para seus filhos.

Foi possível verificar a falta de flexibilidade e a dificuldade na negociação em relação às mudanças que se faziam necessárias nesta fase do ciclo vital da família, ou seja, a adolescência dos filhos. Vários casos são descritos e discutidos em nosso livro anterior,[18] tais como o de uma família com as pautas enrijecidas do Mito da Propriedade, que tinha muita dificuldade em lidar com a maneira como os filhos se afastavam da terra, e não davam à propriedade o mesmo valor que os pais lhe atribuíam: "Pois a gente vivia para a terra, pra manter o que tinha, e agora eles não querem saber da fazenda". Essa dificuldade se acentua na adolescência, quando os filhos querem ter autonomia na decisão da escolha de uma profissão.

Vários autores apontam a ligação do mito com as forças homeostáticas, como uma das primeiras funções reconhecidas nas forças míticas. A experiência mostra que essa relação com o mito ocorre na mesma

---

17. Paccola Krom, M. "O mito nas histórias familiares de adolescentes com problemas". São Paulo, PUC, 1992. Tese de mestrado.

18. Idem, *opus cit.*, 1994.

proporção que o mito tem com todo o sistema, isto é, a família pode ser vista pela óptica do sistema.[19, 20]

Acreditamos que alguns tipos de mitos, por sua configuração, podem se aproximar mais estreitamente das forças homeostáticas, por suas pautas serem assim determinadas e definidas, como no Mito da União, mas a maneira como essas pautas vão ser organizadas vai ser direcionada pela história familiar.

Outros aspectos ligados à explicação do que ocorre com as forças míticas na família devem ser investigados. Pode-se verificar a complementaridade numa família com o Mito da Propriedade como Mito Espinha Dorsal, tendo em sua configuração a União e a Autoridade como auxiliares, pois, para a manutenção da propriedade é necessário que a família trabalhe unida e que todos respeitem uma hierarquia de autoridade. Essa complementaridade foi a base de uma proposta de trabalho na continuidade de nosso percurso profissional, em busca de maior compreensão a respeito dos mitos familiares, que pode ser observada no estudo de casais não-clínicos. Verificamos duas pessoas, de famílias com diferentes mitologias, na construção desse casamento, se encaixarem e se ajustarem em suas concepções a respeito da realidade.[21]

Assim, foi possível construir o que chamamos de "Uma Leitura Instrumental Mítica", um corpo teórico consistente que permite identificar os mitos, aprofundar a compreensão a esse respeito e trabalhar preventiva e terapeuticamente com eles.

---

19. "A Teoria Sistêmica permite olhar o ser vivo como uma ordem dinâmica de partes e processos em mútua interação, vai situar o mundo em termos de relações e integração, permite a visão de contexto". Ver mais em...

20. Bertalanffy, L. V. *Teoria geral dos sistemas*. Petrópolis, Vozes, 1973.

21. Krom Paccola, M. "O encaixe dos mitos na construção do casamento", São Paulo, PUC, 1997, tese de doutorado.

No ciclo de vida da família: a formação de expectativas e os momentos crucias míticos

Minhas dores, minhas perdas, o meu segredo.
Todas as minhas riquezas.
Neste espaço compartilho com você.

Ao palmilharmos nossa vida observando os acontecimentos que ocorrem a cada dia, sabemos que muitos já são esperados, com tempo previsível para acontecer. Pontuados como as estações, eventos que certamente sucederão,[1] assinalados com certas expectativas tais como o nascimento dos filhos, a idade escolar, a adolescência, o apaixonar-se, a constituição de uma nova família, a provável saída de casa, a aposentadoria, a temerosa perda de nossos pais e tantos outros que sabemos que certamente virão.

Eventos para os quais, de uma maneira ou de outra, estamos nos preparando para viver e os quais vamos atravessar suavemente, promovendo as mudanças necessárias, suportando as perdas e assegurando ganhos da experiência para a nossa vida.

Na trajetória familiar, determinados momentos do ciclo vital podem ganhar significado e importância sob a óptica mítica, ou seja, os acontecimentos podem desvendar e clarificar os mitos familiares presentes.

Um evento importante no ciclo de vida é *o nascimento de um filho*, como afirma Sérgio, um colega de profissão: "Nós tivemos de

---

1. McGoldrick, M. e Carter, E. *The family life cycle. A framework for family therapy.* Nova York, Gardner Press, 1980.

fazer muitas mudanças depois que nossa filha nasceu; tivemos de rever nossa vida e ver o que era realmente importante". Isto é, exige-se o acréscimo de outros padrões na relação. O casal passa a ser pai e mãe, e assume outra função. A criança ocupa um espaço e apresenta necessidades que devem ser satisfeitas. É preciso avaliar a situação, o cotidiano nessa reorganização de valores em que preponderam os elementos míticos.

O nascimento de um filho oferece a oportunidade de se observar a estrutura de lealdade na família, muitas vezes evidenciada pelo nome escolhido para ele. Notamos a repetição do nome de pessoas significativas da família, como o do pai ou dos avós, ou, então, a predominância de nomes de santos de devoção, fornecendo fortes indícios do sentido religioso que se encontra presente. Outro aspecto que pode ser observado é a aproximação da família de origem, visando à participação na ajuda e no cuidado às crianças, quando este sentido é um forte eixo familiar.

A morte gera muitos movimentos míticos. As forças da família são acionadas, a estrutura familiar fica a descoberto, as pessoas se mobilizam para preencher o lugar vazio ou para direcionar ajuda e cuidado aos que ficaram, visando dar cumprimento às funções anteriormente exercidas pela pessoa que morreu.

Um jovem empresário descreve alguns desses movimentos. Tadeu diz: "Meu pai ficou doente. Quando soubemos, o caso já estava bem grave. Em dois anos nós o perdemos". As tensões se concentram em virtude da ameaça de morte. A família se reorganiza: "Nós tínhamos de tocar a firma pra frente. Eu assumi o lugar do meu pai". A família se une e prossegue auxiliando-se mutuamente para dar continuidade e garantir o funcionamento dos negócios.

Outra circunstância que pode ser observada nas famílias nos foi relatada por moradores de uma pequena cidade do interior de São Paulo: o sr. Adão morreu; sua prole era numerosa. Após sua perda, todo domingo os filhos visitam a avó, levam-lhe pequenos presentes, tentando minorar o seu sofrimento. Assim, eles se revezam para atender às suas pequenas necessidades.

Uma situação com proprietários rurais foi relatada: "O meu avô morreu de repente, o irmão dele veio cuidar da fazenda até os filhos dele ficarem mais velhos e poderem dar conta da propriedade sozinhos".

O que igualmente pode ser verificado quando, em situação trágica, Otávio, cuja vida foi relatada por sua filha Lúcia, perde a esposa e fica com as filhas pequenas. A avó materna se mobiliza e vem morar junto com a família para preencher esse vazio deixado e "acaba criando a todos".

Esses acontecimentos mostram a força dos mitos influenciando diretamente na reorganização da família, que vai servir de eixo para a manutenção da empresa da família, a ajuda e o cuidado, a lealdade aos próprios pais, a manutenção da propriedade rural ou a união e a afetividade na família.

A escolha profissional também é um momento muito importante tanto para o ciclo de vida individual quanto para o da família. É um momento em que o jovem decide que profissão vai seguir e preponderam poderosamente as influências intergeracionais.

A escolha profissional mostra-se direcionada por fortes modelos familiares que servem ao jovem para reflexão a respeito das suas próprias habilidades e expectativas de realização pessoal. Tal escolha é fortemente determinada e construída por forças míticas, uma vez que ele vai responder diretamente às expectativas individuais e familiares.

Suzana, uma jovem vestibulanda diz: "Na minha família tudo é muito junto, nós sempre estamos nos agradando e cuidando um do outro". Ela decidiu ser assistente social, profissão essa com pautas determinadas de ajuda e cuidado.

O jovem empresário ao qual me referi escolheu a mesma profissão paterna, respondendo às suas próprias determinações e às determinações da família com o objetivo de manter a empresa familiar.

Célia, uma jovem que conhecemos há muito tempo, questionava a sua própria escolha, e dizia a respeito de sua mãe: "Quando minha mãe se casou, foi morar na casa da minha avó paterna. Ajudou a cuidar do meu avô doente. Depois cuidou da minha avó; logo depois minha avó materna adoeceu, e foi ela quem cuidou dela. Depois de meu avô. Agora meu pai... foi assim a vida toda". Após algum tempo ela se decidiu pela profissão de farmacêutica, que lhe permite prolongar as pautas dos mitos familiares, das tarefas implícitas na própria profissão escolhida.

Podemos diferenciar também outro tipo de influência intergeracional na escolha da profissão em razão das expectativas que se formam durante o ciclo de vida da família. Recordo-me de uma família cujo avô, dono de uma prole numerosa, ainda jovem, foi envenenado, sem ninguém jamais ter sido responsabilizado por isso. A família, vivendo essa perda, sofre muitas dificuldades. A mãe, com os filhos pequenos, fica impossibilitada de cuidar das terras e acaba perdendo boa parte da propriedade. Os filhos crescem na pobreza. Ao verificar as escolhas profissionais na segunda e na terceira geração, observamos que os filhos homens direcionaram-se para a carreira militar.

Podemos pensar em fortes expectativas que foram se formando, de resgate da justiça familiar, as quais tenham provavelmente direcionado a formação de determinado núcleo de sentido que pode ter influenciado essas decisões em busca da profissão escolhida.

Durante muitos anos, na finalização de uma disciplina por nós ministrada na universidade, que fornecia os subsídios teóricos para tanto, sugeríamos aos alunos um trabalho com o título: "Em busca dos seus mitos familiares". Por meio de conversas com familiares, eles reconstruíam suas histórias em pelo menos três gerações. Esse trabalho tornou-se marca registrada do nosso curso. Todos participavam com prazer. No final, os alunos faziam uma reflexão pessoal a respeito dos conteúdos que puderam identificar, relacionando-os à escolha profissional, isto é, à profissão de psicólogo, e eram acompanhados e supervisionados para tal empreendimento.

Essa experiência mostrou-se extremamente proveitosa tanto para os alunos quanto para nós. Desenvolvemos alguns outros trabalhos de pesquisa[2] e de orientação de monografias[3] que confirmaram essas afirmações. Com muita freqüência vimos a presença de psicólogos relacionando os Mitos de União, Ajuda e Cuidado a essa escolha: "Eu sempre fui a conselheira de casa". Ao mesmo tempo, encontramos a presença de filhos primogênitos e caçulas que recebem maior quantidade de projeção das expectativas familiares.

Na escolha da área de humanas, dependendo da história, geram-se determinadas expectativas de resgate da saúde ou do equilíbrio na família. Maria Lúcia comenta em seu trabalho "Eu não agüentava tanta gente que se alcoolizava na família; eu queria entender isso". Com muita freqüência, encontramos a repetição tanto da depen-

---

2. Trabalho apresentado no I Congresso de Terapia Familiar "A relação dos mitos familiares com a escolha profissional".

3. Orientação da monografia, "as influências intergeracionais presentes no momento da escolha profissional e sua relação com os sintomas psicossomáticos do vestibulando". Peraçoli, N. C. K. Finalização Curso Psicossomática no Instituto Brasileiro de Estudos Homeopáticos — UNAERP.

dência quanto como de alguns tipos de doenças mentais, além da presença de desorganização familiar, as quais os jovens respondem com a profissão.

No *ciclo de vida*, além dos momentos já previstos, diante dos quais temos expectativas determinadas pela nossa história e influenciados pelas passagens daqueles que viveram antes de nós, somos freqüentemente surpreendidos por situações inesperadas,[4] imprevisíveis, que nos assolam e muitas vezes se tornam cruciais para os mitos que trazemos de nossas famílias de origem.

Alguns momentos de nossa existência se tornam marcantes, pois vivemos experiências intensas ou drásticas que, além de marcar "a ferro em brasa" um tempo, servem para testar as forças presentes nos mitos individuais e nos mitos familiares.

As forças familiares são colocadas em teste e mobilizadas para direcionar ou fortalecer determinadas condutas. Com muita freqüência, essas situações são demarcadas por juras ou decisões que alcançam poderoso significado na vida pessoal. Os mitos já presentes nessas famílias podem ser maximizados ou minimizados, criando possibilidades para a reorganização e para a transformação da malha mítica.

Certa ocasião, quando estávamos trabalhando com Walter, um homem de aproximadamente 48 anos, de traços fortes e gestos decididos, ele nos relatava lembranças de sua infância: suas mãos se crisparam na cadeira e seus olhos se turvaram de lágrimas: "Era Natal. Eu era pequeno, tinha 9 anos e estava junto com o meu irmão menorzinho, aguardando a minha mãe chegar do trabalho, com fome e sozinhos... Me aproximei daquela casa em que as pessoas faziam barulho e comiam. Eu me lembro do frio da grade e da sensação de fome. Não pedi nada... mas eles me mandaram embora... então, eu jurei que ia ter tudo aquilo... jurei, e hoje eu não passo um mês sem comprar alguma coisa nova. Eu consegui, tenho tudo aquilo".

Com o transcorrer do trabalho, à medida que pudemos participar mais da história de Walter, tomei conhecimento de que, apesar da desorganização temporária que se instalara nesta família, ela trazia conteúdos importantes, em sua memória familiar, de situações de coragem e de conquista. Esse momento serviu para essa

---

4. Kramer, R. J. *Family Interfaces. Transgerational Patterns.* Nova York, Publishers, Brunner/Mazel, 1985.

criança que vislumbramos resgatar esses elementos, maximizá-los e determiná-los como eixo primordial de sua construção mítica O Mito da Conquista.

Uma outra experiência pode ser verificada quando Alves, filho caçula de uma família de prósperos negociantes, relatou um momento decisivo na sua vida para a tomada de uma decisão que encaminhou todas as suas futuras escolhas profissionais e pessoais. O jovem estava dirigindo o caminhão da empresa do seu pai, ajudando nas tarefas cotidianas com o objetivo de manutenção dos ganhos e da propriedade quando, por distração, ocorreu um acidente, comprometendo a carga e provocando vultoso prejuízo. Nesse momento ele sentiu que "não dava para negociar" e, a partir daí, decidiu investir em sua formação, voltar a estudar, percorrer um caminho antes não palmilhado pela família para buscar o sucesso. Fez a sua própria via para atingir as metas familiares, modificando o Mito da Propriedade, de bens materiais, para a aquisição de bens intelectuais. Torna-se um incentivador da família, dos parentes e dos sobrinhos para juntos percorrerem esse novo caminho.

Notamos, nesses dois exemplos, que os mitos, tanto da conquista quanto da propriedade e do sucesso, já existiam nessas famílias, pontuados nas histórias escritas no tempo pelos familiares que os antecederam, mas foram reorganizados numa nova hierarquia de valores, possibilitando tanto a Walter quanto a Alves que pudessem rever e delinear o seu próprio caminho para atingir as suas metas.

Conheci Diva em uma situação especial, quando ela trouxe um adolescente para tratamento. O rapaz alegava não possuir dificuldade nenhuma: "Eu acho que quem tem problemas é a minha mãe". Solicitamos que ela viesse para conversarmos, e deparamos com uma mulher miúda, de gestos rápidos e nervosos, dona de uma fala apressada e um olhar vivo e inquieto.

Ao perguntar se ela gostaria de nos contar algo a respeito de sua história, ela nos disse: "Tenho de falar mesmo o tanto que eu tenho lutado", e começou a descrever sua vida: filha de uma família simples, de descendência cigana, que diz detestar, pois a avó que assim se caracterizava, e de quem ela herdou o nome, era alcoolista; sua mãe morreu jovem, vítima de alcoolismo; o pai sempre se manteve periférico em relação aos cuidados com as três meninas — ela e as duas irmãs. Após a morte da mãe, ele levou as meninas até a "capital" para tentar conseguir uma colocação para as filhas.

Depois de algumas tentativas infrutíferas, o pai abandonou as filhas na casa de pessoas pouco conhecidas em São Paulo, e Diva, a mais velha delas, assumiu a responsabilidade de encaminhar as irmãs: "Lutei muito para não me tornar prostituta ou cair no destino que me era reservado. Consegui empregar minhas irmãs e voltei para minha cidade. Consegui me casar, estudar e construir uma vida, mas nunca parei de lutar".

No seu percurso Diva consegue constituir uma família e adquirir bens materiais. Hoje tem dois empregos e está sempre comprando coisas novas, mas conserva uma compulsividade. Vai à luta querendo que todos da família participem disso, tornando-se uma pessoa dominadora e controladora, de difícil relacionamento com os familiares.

Notamos que nessa família o sofrimento pontuado nesses momentos foram cruciais para as forças míticas. O "Mito da Luta pela Sobrevivência" foi resgatado em toda a sua força para derrotar as adversidades, mas tornou-se compulsivo, dificultando o equilíbrio necessário.

Após ser proposto um trabalho familiar com as histórias familiares e promover um trabalho de reflexão a respeito dos mitos familiares e dos conteúdos presentes nessa família, foi possível reconstruir os vínculos familiares e estabelecer negociações que se mostraram frutíferas; a família se reorganizou e, mais tarde, Diva solicitou o encaminhamento para a terapia individual a fim de lidar com questões que ainda acreditava ter de rever.

Os momentos que podem ser considerados cruciais são episódios que ocorrem no ciclo de vida da família, tanto do ponto de vista individual, isto é, o indivíduo na família, quanto a família pode ser vista em si mesma como unidade.

Na vida da família, os *cortes bruscos*[5] dão origem a muito sofrimento. Vimos isso ocorrer numa mesma família, em duas gerações. Na Itália, uma moça fica grávida, o pai força a jovem Pilar a se casar com um conhecido da família que iria emigrar para o Brasil, e abandona o casal logo após. No Brasil, nasce uma criança, Firmino, que, ao se tornar jovem, se enamora de uma moça que vive em melhores condições econômicas e sociais. A família dela não aceita a união.

---

5. Murray Bowen refere-se a cortes bruscos como um distanciamento emocional, em que podem ser usados vários tipos de mecanismos, como a fuga ou o não falar. In: *Family therapy in clinical practive*. Nova York, Jason Aronson, 1978.

A jovem, filha de um major, engravida e a família força o casamento e abandona o casal logo em seguida, rompendo totalmente qualquer ligação afetiva com o jovem casal.

Duas situações que deram origem a muito sofrimento, sentimentos de perda, abandono e culpa, causaram enfraquecimento das mitologias familiares, determinaram mais tarde que essa família convivesse com graves problemas, dificuldades econômicas e conflitos conjugais. O suicídio de Pilar, jovem que foi obrigada a se casar na Itália, na família de origem marca e pontua os conflitos presentes.

Essas ocorrências repercutem diretamente nos filhos, em especial nos primogênitos. Firmino, filho de Pilar, torna-se uma pessoa impulsiva e violenta, de difícil relacionamento familiar. Mais tarde, Lucas, o primeiro filho de seu casamento com a filha do major, convivendo com o pai de forma difícil e atribulada, ao se tornar jovem toma a decisão pessoal de sair de casa e deixar a família.

Ao sair de casa, segundo relatos de seus filhos, Lucas dizia que "alguém tinha de fazer alguma coisa por essa família". Então, começou a estudar e a apoiar os irmãos menores, pois ao sentir as difíceis condições de vida, a falta de afetividade e de união familiar, resgata esse sentido ao tornar-se, mais tarde, conselheiro da família.

Notamos como os acontecimentos familiares foram desencadeando conflitos que geraram determinadas expectativas, favorecendo determinada construção de sentido.

O rompimento de um casamento pode mobilizar poderosas forças míticas, como no caso de Sílvio ao falar da separação do irmão mais velho: "Todos nos preocupamos e nos ressentimos, é como se fosse conosco". Neste caso, foi atingida diretamente a mitologia familiar: o Mito da União; a família se mobiliza, tenta ajudar e a todo custo promover a reconciliação do casal e auxiliar no cuidado com as crianças.

Muitas vezes, as contingências da própria vida promovem a separação das pessoas; membros de uma mesma família, ou famílias inteiras, como no caso dos filhos que vão para cidades mais prósperas e os pais que ficam em seus redutos de origem, em seus recantos de lembrança, onde estão suas referências e suas histórias de vida: "A minha mãe não se afasta de sua casa e de suas coisas, precisa ver quantos retratos ela tem".

Difíceis condições de vida me foram relatadas por uma pessoa de uma família que tem uma trajetória de muito sofrimento, iniciada com o senhor Dima. Na primeira geração, quando ao regressar de uma viagem à Europa, constata ter perdido toda a sua família assassinada, quando os russos invadiram a Armênia. Após o seu casamento na Alemanha, perde posses para o Estado alemão durante a guerra. Nessas condições, a filha de 14 anos comete suicídio; essas tensões são acrescidas quando o filho caçula adoece em virtude de um trágico acontecimento.

Em seguida, essa família peregrina em busca de melhores condições de vida, até chegar ao Brasil, onde a filha Dinah apressadamente se casa, casamento este que, após episódios tumultuados, acaba abruptamente, numa sucessão de conflitos não-resolvidos.

O que se pode verificar é que uma série de conflitos não-resolvidos, a ansiedade vertical que influencia as gerações futuras, somada à horizontal, que ocorre no ciclo de vida das famílias,[6] e o estresse constante podem favorecer razoável perda mítica, pois as pautas determinadas não são cumpridas, os rituais são enfraquecidos e esse desgaste consome toda a energia familiar. Esses momentos mostram-se minimizando os mitos presentes e, com freqüência, enfraquecendo os vínculos familiares.

Os vínculos fragilizados e a comunicação deficiente não permitem a passagem dos conteúdos míticos de forma eficaz.

A própria condição de *imigração*, a mudança para um país até então desconhecido, mobiliza todo o poder mítico nessas famílias, o que pode ser visto nos relatos dos mais diversos tipos: "O meu avô veio iludido, pensava que ia encontrar a terra prometida, encontrou o inferno. Perdeu tudo o que tinha, a minha avó, suas roupas, e tudo o que tinham. Até ouro roubaram deles na viagem". "Minha avó nunca tinha visto preto nem rato e ficou muito assustada".

Diante dessas situações difíceis e estressantes de ocorrências inesperadas, os conteúdos míticos, o sentido que se atribui à própria vida e à vida familiar, são reavaliados. Alguns, como o de Conquista, são acrescidos de outros, ou minimizados diante da nova realidade, tais como a necessidade da "luta pela sobrevivência", da "união". Os novos significados se acrescentam servindo de eixos norteadores das mudanças e reconstruções que se fazem a seguir.

Os mitos são, portanto, fundamentais para o sentido que as pessoas atribuem à sua própria vida. Influenciam diretamente as

---

6. McGoldrick M. e Carter, E., *op. cit.*, 1980.

expectativas das famílias quanto à maneira de conduzir a própria vida, assim como as expectativas que são geradas influenciam a transformação mítica.

Muitos desses momentos e situações que apontamos servem como *"momentos cruciais para mudança mítica"*. Alguns acontecimentos podem gerar movimentação ou reorganização mítica.

À medida que surgem as necessidades, os mitos são reorganizados e parecem responder à hierarquia de necessidades humanas.[7] Quando respondem às necessidades básicas da família e das pessoas, surgem outras, que acionam a pessoa ou a família a ir em busca dessas realizações.

Recordo-me da história de Dalva, sobre sua vida cheia de dificuldades: "Antes a gente era tão pobre que só lutava pela sobrevivência. Hoje, a gente já luta para adquirir outras coisas além das materiais, que nos parecem mais importantes, como a educação; isso porque já temos asseguradas as coisas mais necessárias". Aqui vemos clarificada a modificação mítica direcionada pelas condições situacionais.

Uma trajetória familiar marcada por muitas dificuldades e doenças, assim como o tipo de sofrimento e a característica da necessidade sentida pela família, pode favorecer determinado tipo de construção mítica.

Durante toda a sua vida Walter relata que passou necessidade em virtude da separação dos pais. Vive sem a presença paterna, em uma cidade distante de todos os parentes: "Grande, pois era onde tinha emprego pra minha mãe". Falta-lhe o apoio das famílias de origem, ele sente a desunião e as adversidades da vida, situação diante da qual devem ter-se formado sentimentos profundos, que sustentaram expectativas, pois ao falar de seu casamento enfatiza que: "Queria o que me faltava, união que encontrei na família de Suzana". Mostra sentir-se bem com essa união e com a afetividade encontrada na família da companheira.

Já Eliana narra a história de sua mãe Tina de linhagem africana, proveniente de uma família com muitas dificuldades na luta pela

---

7. Teoria da necessidade segundo Henry, A. Murray (*Exploration in personality*, 1938). A formação da personalidade é a conseqüência de uma força psicológica que organiza a ação, a percepção e os demais processos cognitivos. A essa força psicológica deu o nome de necessidade e toda organização funciona no sentido de satisfazê-la. Ela subdivide-se em processos primários e secundários.

sobrevivência: "Ela queria mudar de vida, casou com um moço branco de boa vida", mas sentiu a rejeição da família por causa do "sentimento racista" e, durante toda a existência, incentivou as filhas a buscarem o sucesso: "Ela nos vestia como princesinhas, e o que mais queria era um bom casamento para nós". Vê-se como essa mulher projeta nas filhas a sua própria necessidade de reconhecimento e sucesso, o que fez com que esta filha se norteasse por esse sentido de vida.

Em uma família numerosa com uma criança "doentia", vemos Maria Heloísa — cuja vida nos é relatada por seu filho — percorrer sua trajetória com muitas dificuldades econômicas e doenças, assumindo a guarda dos irmãos menores: "Ela cuidava de todo mundo e ajudava, fez isso com meu pai e conosco, e faz isso até hoje". É possível verificar as pautas de ajuda e cuidado nessa família, visando à manutenção da sobrevivência e da união.

Na família de Célia, seus avós, ao fugirem da guerra na Alemanha, emigraram para o Brasil, onde lutaram com numerosas dificuldades. Aqui foram vítimas de preconceitos por serem alemães: "O meu avô era visto como uma pessoa má". Isso é explicitado quando seu filho Fred começou a namorar uma descendente de italianos, que se opuseram ao casamento. Essa condição favorece o afastamento dessa família italiana, existindo perda dessa força mítica familiar, da qual se ressentem todos os membros durante toda a sua vida.

Nas fases transicionais no ciclo vital, a mudança ou a clarificação dos mitos pode ocorrer de maneira harmoniosa. Quando os eventos são mais traumáticos em "momentos cruciais míticos", como já definimos, a mudança ocorre, muitas vezes, bruscamente, e os mitos, como o sentido de vida familiar, são então reavaliados e reorganizados.

A figura mítica e os guardiães dos mitos familiares

Caminhar sob os passos de outrora
Sentindo o movimento permanente
Das marés.

Joseph Campbell,[1] profundo estudioso de mitologia, aponta a transformação da pessoa em herói. O herói é o homem ou a mulher que, com muita luta, supera as limitações de sua história pessoal ou oficial, assumindo formas humanas de validade universal. O herói morre como homem moderno, mas renasce como homem eterno e universal.

Ao participar de muitas histórias, dançando ao fluxo das emoções que acordam e dos sentimentos que nos embalam, muitas vezes sentimos a presença forte de muitas vidas que, com toda a sua consistência, são cultuadas pelos familiares e determinam rumos precisos a serem seguidos.

As figuras assim preservadas freqüentemente referem-se a pais[2] que são os líderes naturais, facilmente tomados como modelos ou pontos de referência para os filhos e netos, que podemos chamar de *Figuras Míticas Familiares*.

---

1. Campbell, Joseph. *The hero with a thousand faces*. Princeton, Princeton University Press, 1968.
2. Satir, Virginia. Terapia do grupo familiar. Trad. Achilles Nolli. Rio de Janeiro, Francisco Alves, 1988.

A figura Mítica Familiar é a pessoa que transcendeu limitações, determinou um caminho, deu origem a um percurso mítico em sua vida enquanto sua figura se perpetua e repercute em suas histórias e feitos. Freqüentemente, os pais, como líderes naturais, assumem esse lugar e passam a ser cultuados pelos próprios filhos. Muitas vezes, essas pessoas transcendem as suas próprias limitações, com comportamentos inusitados e surpreendentes.

Em uma família de imigrantes italianos, o senhor Tadeu, ao instalar-se em uma cidade no interior do estado de São Paulo, adquire um cartório, mostra-se influente na comunidade, torna-se querido e respeitado, "sempre transmitindo honestidade e correção". Então, passa a ser visto com muita consideração pelos filhos. Transforma-se numa figura mítica, demarcando na mitologia familiar o "Mito do Sucesso Profissional", como "Mito Espinha Dorsal". Mantém os filhos unidos em torno da manutenção dos bens adquiridos, mas, sobretudo, orienta-os para o sucesso profissional, matricula-os nos melhores colégios e incentiva-os a dar continuidade aos estudos.

As pautas míticas se perpetuam, posteriormente, com Tadeu Filho e se prolongam nas gerações, com o atual Tadeu Neto, que nos relatou essa história, o que dá prosseguimento às pautas determinadas de maneira consistente pela mitologia familiar.

Outras figuras míticas emergem diante das mais difíceis condições de vida, como no caso de Otávio, como vemos no relato de sua filha Lúcia, na primeira geração,[3] sem a convivência paterna. As suas expectativas se acentuam quando os avós com os quais vivia se separam. Ele sente durante toda sua vida a necessidade de uma família harmoniosa e a busca do casamento perfeito torna-se uma questão fundamental, necessária para a sua própria sobrevivência. Ele trabalha duramente para realizar seus anseios, casa-se, tem filhos e constitui um casamento perfeito. Assim, demarca e pontua um percurso para a sua família. Alguns anos depois, perde uma filha e a mulher em um acidente, com as quais tinha um relacionamento satisfatório e harmonioso.

Passados dois anos, retoma os seus ideais, casa-se de novo e consegue construir um outro relacionamento satisfatório. Gradativa-

---

3. Uma maneira de esquematizar as etapas de vida, quando se olha a família do aspecto trigeracional, isto é, se reconstrói a historia familiar de pelo menos três gerações.

mente, consegue a aceitação dos filhos e a harmonia desejada. Torna-se uma figura mítica que pontua e demarca a necessidade e a importância de um relacionamento verdadeiro e satisfatório com os pares: "Ele sempre diz que o relacionamento com a outra pessoa é vital... que o casamento é a base de uma família feliz". O sentido de vida do "casamento perfeito" aliado à "união" com pautas determinadas de trocas afetivas torna-se o eixo organizador dessa família.

Diferentes condições podem fazer surgir pessoas especiais que, pelo seu percurso de vida, originam determinado sentido para a vida de toda a família. A história de Lucas, relatada por seu filho Sílvio — "Meu pai é um exemplo de vida" —, é de que, em sua trajetória, ao participar dos problemas familiares, sai de casa ao encontro de melhores condições de vida, para voltar mais tarde e ajudar os familiares materialmente, com cuidados e conselhos.

Apesar da saga familiar de muita perda e sofrimento, Lucas foi em busca de outro caminho. Contribui para que sua determinação resgate e reviva mitos familiares anteriormente adormecidos, e dê a eles uma nova configuração. Tal como faz com o Mito da União e o da Religião, pois torna-se espírita kardecista, o que lhe fornece respaldo evangélico, lhe dá sustentação para a função que passa a exercer na família, sendo considerado o modelo e o conselheiro familiar cultuado por todos.

Em algumas situações, surgem pessoas inusitadas e corajosas que realizam grandes feitos, os quais repercutem poderosamente nas gerações que se sucedem na família. Walter, quando me relatava sua vida sofrida, com muitas dificuldades, vivendo somente com a mãe e sentindo a falta da figura paterna, afirmou: "Eu sempre me identifiquei com o meu avô em tudo aquilo que ele havia feito"; e contou orgulhosamente seus feitos: Ele vivia num lugar onde havia só mato, tinha até onça. Então montava uma tapera e desbravava. "Ele conquistava terras". "Ele formava uma rocinha vendia e ia de novo para outro lugar", Direcionando as suas expectativas que se formaram em uma vida difícil, o sentido da conquista se torna marcante em sua vida: "Eu não consigo ficar um mês sem comprar nada novo, sempre tenho de estar conquistando coisas".

Uma outra situação muito interessante é como a vida de uma pessoa significativa contribui para que a família se enriqueça, adquirindo mais um sentido. Célia me relatou a presença marcante de sua avó Helen. Depois, tornou-se espírita kardecista. Passou sua vida ajudando e cuidando de pessoas necessitadas e carentes. Sua presença pontua e indica o Mito da Religião, com formas precisas, pelas quais pode prosseguir com os mitos familiares, pois essa família já possui o Mito da União, norteado pelas normas evangélicas.

Um percurso mítico ocorre quando Ernesto, ainda jovem, não se satisfaz somente com a lida da roça e aspira a uma outra vida. Aprende e desenvolve-se em várias profissões, casa-se, tem vários filhos e continua com a expectativa de sucesso. Quando os filhos mais velhos crescem, parte com os dois para o Paraná em busca de melhores condições de vida. Isso faz com que, mais tarde, inicie atividades de arrendamento de terras, formação de fazendas e, com a ajuda dos filhos, consegue enriquecer. Sua vida é contada com muito *orgulho* por seu filho Alves: "O meu pai era uma pessoa especial, incentivava todos os filhos a conseguir sucesso".

Com todas essas histórias, é possível perceber como determinadas pessoas se tornam "modelos familiares" e atuam como verdadeiros "pontos de referência". Podemos verificar como, respondendo às necessidades e à formação de expectativas míticas, essas pessoas dão cumprimento a suas próprias vidas e determinam um percurso mítico.

Pudemos notar, ao mesmo tempo, que nas famílias nas quais as figuras míticas se encontram presentes e se fazem portadoras de eixos familiares fortes, os recursos familiares mostram-se nítidos e acessíveis, e a família, mais organizada.

Outra consideração importante é quanto aos guardiães dos mitos familiares. Foi possível identificar que algumas pessoas na família recebem essa delegação, assumindo para isso determinadas funções.

O *Guardião do Mito* é uma figura importante à medida que sua vida é pautada pelas determinações míticas, as quais ele se incumbe de propagar, assim como de executar os rituais determinados.

Algumas determinações, em razão dos tipos de mitos encontrados, são ou não direcionadas para um filho ou uma filha. Alguns aspectos podem ser relevantes, tais como sexo e a colocação familiar. Enquanto às mulheres facilmente se outorgam as pautas de ajuda e cuidado aos familiares ou aos pais idosos, aos homens constantemente são atribuídas a obrigatoriedade da manutenção e administração dos negócios da família.

Um fato muito comum é quando a família se reúne aos domingos para o almoço na casa da mãe: "A mesa era farta, não podia faltar a macarronada da mama, e a criançada fazia uma folia", relata

Márcia ao se lembrar de sua mãe: "Depois que ela morreu eu procuro reunir o pessoal na minha casa. a gente mudou e agora é melhor fazer churrasco". nota-se a tentativa de perpetuar os rituais, por conta do sentido de união da família.

A morte mostra-se um momento importante para as forças míticas, pois se estiver "ausente" uma figura mítica, freqüentemente a estrutura de lealdade é acionada. Alguém pode assumir o papel de guardião do mito da família e as pautas estabelecidas, muitas vezes, se mostram revigoradas ou revitalizadas.

Em algumas famílias, podemos ver um outro movimento quando o guardião do mito morre, como nos relata Tina: "Após a morte da minha mãe, cada um ficou no seu canto, ninguém quis saber muito um do outro". Os filhos, que se reuniam freqüentemente em sua casa, afastam-se uns dos outros. Encontrava-se nela uma guardiã do Mito da União, e após sua morte a mitologia perdeu muito de sua força.

Podemos pensar na história de Alves, filho de um pai respeitado e imitado: "Meu pai era um exemplo de vida". Ao sentir que não dava para o trabalho na empresa familiar, Alves encontrou no estudo o seu espaço, no qual pôde ter sucesso. Foi fazer faculdade, conseguiu se formar com louvor, demarcou um caminho próprio e recebeu apoio e admiração da família. Os parentes sentem orgulho de Alves e o apontam como exemplo a ser imitado. Dessa maneira, após a morte do pai, ele assume o lugar de guardião dessa organização mítica, na qual preponderam os dois sentidos: o Mito do Sucesso e o Mito da União, diante dos quais ele estimula os sobrinhos a estudar e se preocupa com a união da família.

Ao estruturar a vida em comum, com freqüência o casal Sílvio e Lúcia reúne os familiares em sua casa para festas ou, durante as férias, mantém rituais que visam à manutenção do Mito da União. Assumem a responsabilidade de ajudar os familiares tanto materialmente quanto na resolução de problemas, mostrando-se guardiães dos mitos familiares.

O jovem Tadeu M. Filho, que herdou o nome do pai, recebe diretamente a projeção de expectativas firmemente delineadas em sua direção, em relação à atuação masculina para manter a estrutura patriarcal, que dá sustentação ao Mito do Sucesso Profissional. O jovem recebe a delegação de dar cumprimento às pautas determinadas pelos mitos familiares. Para cumpri-las, ele vai em busca do seu sucesso profissional, envolvendo toda a família. Torna-se guardião desse mito familiar, e essa delegação é mantida na estrutura de lealdade na família.

De uma outra maneira, podemos observar na família de Célia, na terceira geração, a sua mãe Ana, da segunda geração, que é filha de Helen da primeira geração. Figura mítica marcante já relatada, assumir ao longo de sua vida a tarefa de guardiã do mito familiar, marcada pelas pautas de ajuda e cuidado. Ao casar-se, Ana assume o cuidado dos pais do marido. Sua mãe adoece, e ela também assume com ela essas tarefas. Após a morte da mãe, ela ajuda o pai cardíaco, que necessita de cuidados constantes, o que faz com que toda sua vida seja voltada para a execução das pautas determinadas por essa mitologia de Ajuda e Cuidado.

Algumas determinações em razão dos tipos de mitos presentes, são mais ou menos direcionadas para um filho ou uma filha, constituindo-se itens relevantes: sexo, colocação familiar e a posição na família. Enquanto às mulheres facilmente se outorgam as pautas de ajuda e cuidado aos pais idosos, aos homens constantemente é atribuída a obrigatoriedade da manutenção e administração dos negócios da família.

Um olhar mítico sobre a família e o casamento

Ao som ameno das histórias
rememoradas
Ir ao encontro de tantas vidas.

A cultura e os mitos, como elementos fundamentais que permeiam as civilizações, são criados na base do contexto histórico e social de cada povo. À medida que vão se configurando determinadas organizações sociais, formam-se mitos que ficam na base dessas entidades, implícitos em sua própria maneira de ser. Isso pode ser verificado ao observarmos culturas diversas, pois, de acordo com cada história peculiar, emergem diferentes mitos, estudos aos quais o grande pesquisador Joseph Campbell[1] dedicou-se exaustivamente.

A família, como é vista atualmente, segundo o significado que lhe é referido, se construiu de forma progressiva no passado. O casamento, como condição para o estabelecimento dessa família, sofreu a influência de acontecimentos que geraram forças e movimentos sociais, que desencadearam profundas mudanças em sua organização, e no sentido que lhe foi sendo atribuído no seio da família.

Por intermédio do conhecimento a respeito, tal como tem sido delineado por alguns historiadores, é possível percorrer um caminho que vai do sentimento de família e da infância até o reconhecimento do amor e sua importância para a vida conjugal.

---

1. Campbell, Joseph, *op. cit.*, 1968.

O rever desses acontecimentos favorece que seja ampliada a compreensão dos significados que foram atribuídos a essas experiências. A conseqüente transformação dos mitos inicia-se com os estudos que focalizam a sociedade européia e colonial brasileira a partir do século XV.

De acordo com o eminente historiador Philliphe Ariès,[2] referindo-se à Europa no século XV, a família existia como realidade vivida e não como sentimento ou valor. As pessoas viviam misturadas umas às outras, senhores, criados, adultos e crianças. As casas eram abertas às indiscrições dos visitantes. Não havia espaço para a intimidade nem separação entre a vida privada e a vida mundana ou social.

A família constituía-se em uma realidade moral e social mais do que sentimental. Ela se confundia com a prosperidade do patrimônio e a honra do nome. Esse momento histórico é importante, à medida que demarca um dos primeiros significados atribuídos à família, que é o da propriedade, o qual se torna muitas vezes o sentido predominante na família, o *Mito de Propriedade*, encontrado freqüentemente nas famílias com as quais trabalho.[3]

No Brasil, além dos aspectos apontados, na época das colônias[4] constata-se também uma situação específica: os indivíduos se apropriavam ou se deixavam apropriar. A sociedade dividia-se em escravos e senhores, e a luta pela propriedade e pela subsistência era indissociável, enquanto a preservação do patrimônio capitalizava a força de todos os membros da família.

Esses itens são importantes para recordar que grande quantidade de famílias, na época, era de aventureiros, de colonizadores e de imigrantes que vieram fazer a vida — como aponta a história do Brasil —, ou seja, tinham como projeto de vida a conquista e se utilizavam de todos os meios a seu dispor para atingir esse fim. O que justifica a presença do Mito da Conquista, nesse mesmo sentido dado à vida, preservado no tempo por algumas famílias aqui estudadas.

Em relação aos cuidados com as crianças, na sociedade européia, sem a escravatura, elas eram enviadas às aldeias e entregues às amas-de-leite para serem cuidadas, enquanto, no Brasil, as mães

---

2. Áries, P. *História social da criança e da família*. Rio de Janeiro, Zahar, 1978.
3. Krom Paccola, M. op. cit.
4. Costa, J. F. *Ordem médica e norma familiar*. Rio de Janeiro, Graal, 1979.

deixavam suas crianças sob os cuidados de escravas despreparadas, até o momento em que os progressos da ciência e da assepsia permitiram utilizar sem riscos o leite animal.

Por causa das condições médicas e sanitárias, desde o século XVII até o século XVIII, na Europa, uma quantidade considerável de crianças morria porque os pais não acreditavam que deveriam evitar a concepção de uma nova criança durante a amamentação. Não se conheciam técnicas anticonceptivas e não havia a valorização das crianças.[5]

Entretanto, começou a ocorrer uma revolução lenta, mal percebida pelos contemporâneos e historiadores, difícil de se reconhecer, que durou aproximadamente três séculos, a partir do século XV. As relações superficiais foram substituídas gradativamente por sentimentos mais profundos, surgindo o sentido de família, quando se assume então a responsabilidade pelo cuidado dos seus membros e a manutenção do seu bem-estar.

As pautas de ajuda e de cuidado passam a ser direcionadas de um para o outro. A sobrevivência da família passa a depender desse sentido de união. Vemos a configuração do *sentido de união* associado à própria idéia de família.

No relacionamento entre pais e filhos, houve muita mudança, desde a Idade Média até os nossos dias, na função paternal, pois à medida que a escola foi instituída, cabia aos pais o encaminhamento e acompanhamento da vida escolar dos filhos. Inicialmente, era atribuição da mãe a responsabilidade de cuidar dos filhos; esses papéis foram sofrendo transformações.

Alguns estudiosos[6] assinalam a influência exercida pelos profissionais sanitaristas e pelas autoridades pedagógicas, que fortalecem essas mudanças na família, determinam condutas e garantem a sua manutenção ao longo dos tempos.

A partir do século XVIII, na Idade das Luzes e da industrialização, surgem vários processos decorrentes da Revolução Industrial. A área econômica torna-se mais autônoma e segregada. A industrialização esvazia progressivamente o feudo e a família se nucleariza.

---

5. Flandrin, J. L. *O sexo e o ocidente: evolução das atitudes e dos comportamentos*. Trad. Jean Progin. São Paulo, Brasiliense, 1988.

6. Costa J. F. *op. cit.*, 1979; e Foucault, T. M. *História da sexualidade*. Rio de Janeiro, Graal, 1977.

Em conseqüência, surge o papel socializador,[7] há modificações nas funções e nos papéis na família.

Outro aspecto importante é a revolução da afetividade, pois até agora ela está difusa, repartida sobre certa quantidade de sujeitos materiais e sobrenaturais: Deus, santos, pais, filhos, amigos, cavalos, cães, pomares e jardins, concentra-se no interior da família, sobre o casal e os filhos.[8]

Surge o novo homem, o burguês criado pela industrialização, que se caracteriza por manter relações sociais parcializadas e por valorizar o ambiente familiar como o seu espaço mais íntimo. Nessa época, houve maior investimento na preservação da família e maior valorização do casamento.

O amor, tema favorito dos poetas e romancistas nos séculos XV e XX, sofre mudanças de significado; modifica-se a atitude da sociedade a esse respeito, e o amor começa a ser valorizado na escolha do cônjuge e diante do sucesso do relacionamento conjugal.

Flandrin,[9] importante historiador francês, em um estudo sobre o amor, busca sua representação na linguagem e mostra como ela se modifica de acordo com a época. No século XVI, uma parte da civilização rejeita o amor por considerá-lo uma conduta insensata. Os que amam são "falsos" e "loucos" e, em 1961, o amor já é almejado, recorre-se a adjetivos que expressam quantidades: grande, um excesso "louco", uma força, o amor mais "forte" que a morte, ou "um absoluto", o único amor sonhado; todo conteúdo da noção é, pois, valorizado.

Flandrin aponta, ainda, o caráter de que se imbuía a sexualidade, pois ela servia apenas para a procriação, e a sua continência era recomendada nos períodos em que isso não era possível. Por um lado, a sexualidade atendia aos interesses do casamento na época e, por outro, a realização amorosa prescindia do casamento para se efetuar.

No Brasil, o contrato conjugal era usado para o intercâmbio de riquezas. Certas práticas sociais eram ritualizadas na família, como o dote, por meio do qual a mulher transferia ao marido parte dos bens de sua família de origem. A circulação dos bens era o que condicionava a circulação das mulheres e prescindia do amor para se efetuar.

---

7. Ussel, J. V. *Repressão sexual*. Rio de Janeiro, Campus, 1980.
8. Ariès, P. M. *op. cit.*, 1978.
9. Flandrin, J. L., *op. cit.*, 1988.

À medida que há o reconhecimento do sentimento do amor, torna-se ele o móvel da escolha amorosa, tanto para a sociedade européia quanto no Brasil colonial.

No decorrer do século XX, nota-se a consolidação de um modelo cristão de vida conjugal, que tem o amor como base do sacramento do matrimônio. A esse sentimento é atribuída a energia responsável pela coesão da família, o que vai substituir lentamente os imperativos da sobrevivência material.

Os novos significados atribuídos ao amor e à realização amorosa dão uma nova concepção ao casamento, favorecendo a criação de determinados mitos em relação a essa união, como o da Busca da Unidade Perdida, conteúdos esses que participam ativamente dos mitos familiares.

Nos padrões afetivos vigentes no seio da família, distinguem-se atribuições precisas aos papéis masculinos e femininos, paternal e maternal, estabelecem-se normas de respeito pelas diferenças específicas de cada cônjuge, como a necessidade de coesão e de continuidade da família.

Assim, pode-se observar, ao longo da História, como a própria idéia de família constitui-se um repertório rico de mitos: o *Mater Familae*, a partir da concepção de família durante o percurso do tempo, vários núcleos de sentido foram se formando, ganhando identidade própria, distinguindo-se como mitos familiares, que poderiam, dependendo da experiência de vida familiar, tomar lugar de prioridade na família tal como o Mito de Propriedade, e outros, tal como o Mito de União, que foram encontrados nas famílias com as quais trabalhamos.

Um aspecto importante a considerar em nosso trabalho é que com a grande maioria das famílias foi possível o resgate de aproximadamente três gerações de pessoas. As famílias iniciais eram imigrantes ou filhos diretos de imigrantes. Tratava-se de uma situação histórica em que esse fato se dava no Brasil. Segundo a nossa teoria, configurou-se como um momento crucial mítico, no qual alguns mitos das famílias de origem foram resgatados, em toda a sua força, outros foram maximizados, e outros, ainda, abandonados, servindo às mudanças contextuais.

Vários mitos podem ser identificados: observamos que o *Mito da União* tem determinada configuração que favorece o pertencimento e a manutenção de padrões afetivos: "A união é a coisa mais importante para a gente", garantindo a perpetuação da família. Toma facilmente o lugar do Mito Espinha Dorsal e pode ser visto também funcionando como "auxiliar" de outras malhas míticas.

Na sua ausência, ou diante do seu enfraquecimento, "depois deste problema a família nunca mais foi a mesma", vários movimentos são possíveis, pois sua falta pode propiciar o afastamento dos membros familiares entre si, pondo em risco a própria perpetuação da família.

Outro movimento que pode ser apontado é que, diante do desligamento de familiares e da perda mítica, quando se reconstrói a família, o Mito da União torna-se uma expectativa individual ou familiar para a recuperação dos padrões de proximidade e afetividade.

Quanto ao *Mito da Propriedade*, essa configuração mítica pode ser contextualizada historicamente na própria função da família antiga e na maneira como se acertavam os casamentos nessas sociedades, com a finalidade única de preservar o patrimônio. Mito este que tem perpassado gerações, assegurando a manutenção dos bens e a estabilidade familiar: "Nossa vida é a terra. A gente vive pela terra".

O *Mito da Religião* aparece comumente norteado pela prática de determinada religião, por normas evangélicas que, em cada família, recebe significados e conotações especiais. Mostra-se presente, muitas vezes, nos nomes dados aos filhos, em rituais religiosos de que todos participam. Pode ser assimilado, ganhar outros significados e ser modificado pelas famílias. "Na Páscoa o meu pai abençoava todos os filhos. Todos tinham de participar das festas religiosas e das procissões."

Dois mitos que freqüentemente encontramos nas famílias são os da *Conquista* e do *Sucesso*, que determinam maneiras de conquistar bens ou coisas. Com freqüência têm origem em modelos familiares exemplares, que determinaram um caminho, tornaram-se figuras míticas, as quais os outros familiares cultuam e seguem os passos: "Todos tinham de ter sucesso em alguma coisa".

A conquista diferencia-se do sucesso: no Mito do Sucesso não vale só conquistar coisas materiais ou pessoas, mas sobressair-se, ser admirado e imitado. Esse mito pode ter sido fortalecido em nossa sociedade pelas condições da própria imigração e, em geral, porque na sociedade brasileira, neste momento histórico, encontram-se aqui as famílias de imigrantes na terceira ou quarta geração.

Mito da Autoridade: a distribuição da família em uma hierarquia de poder em que as pessoas exercem determinadas funções que asseguram a autoridade com respeito à hierarquia, onde se acatam opiniões e sugestões de pais e parentes.

Mito do Poder: encontrado em famílias nas quais ocorre o abuso de autoridade, geralmente com história de patriarcado e autoritarismo.

O casal é uma parte visível do sistema social mais amplo, no qual estão inseridos e do qual recebem influência. Os mitos e significados que permeiam a construção e o funcionamento do par devem ser procurados num contexto maior.

Ao buscarmos a compreensão da díade neste contexto, temos a perspectiva das influências, tanto das advindas de suas famílias de origem quanto daquelas decorrentes de suas tarefas evolutivas diante do casamento ou do relacionamento tal como se pode estabelecer.

As pessoas quando se casam trazem de suas famílias de origem as suas mitologias que, ora se assemelham, ora se diferenciam das da família do cônjuge. A maneira como o casal vai construir o seu casamento ocorre dentro e de acordo com essas mitologias. Para aprofundar a compreensão a respeito dessa construção, é possível acompanhar alguns casais pelos processos afetivos e relacionais, que ocorrem no casamento, tendo como fio condutor do nosso olhar as mitologias familiares.

Modelos de casamento importantes para os mitos

*Em cada ângulo, rebrilha
O mesmo eixo em múltiplas
Faces.*

O casamento assinala a construção e o início de uma nova família. Nessa circunstância, as pessoas utilizam-se de determinados eixos para nortear a organização desse relacionamento.

Os mitos familiares envolvem todo o relacionamento; como forças vivas, atuam em processos de organização para dar conta dessa etapa do ciclo vital. Esse processo pode observado a partir de detalhes como os que são citados por Marta: "A maneira como eu arrumo o café da manhã é igualzinha à da minha mãe. Não posso esquecer os guardanapos". As influências das famílias de origem se fazem sentir.

Em trabalho de pesquisa[1] que realizamos, tivemos a grata satisfação de acompanhar quatro casais por aproximadamente três anos, na construção de seu casamento. Nosso interesse estava voltado para o encaixe dos mitos que o casal traz de suas famílias de origem para esse relacionamento. Gostaríamos de nos aprofundar nesse assunto, pois ele nos permitiu terminar de elaborar o que chamamos de uma "Leitura Instrumental Mítica".

---

1. Krom, M. "O encaixe dos mitos na construção do casamento". São Paulo, PUC, 1997. Tese de doutorado.

Os casais convidados a participar dessa pesquisa não eram casos clínicos, isto é, não estavam apresentando dificuldades e não haviam procurado tratamento psicológico. Essa proposta, de estudar casais não-clínicos, buscou apreender os mecanismos sutis da funcionalidade que, a nosso ver, a ciência psicológica deveria averiguar com mais interesse.

Atualmente, vislumbra-se para os cientistas uma nova visão da realidade,[2] que permite a visão do contexto onde os fenômenos ocorrem, em virtude da flexibilização do paradigma cartesiano. A visão sistêmica surge como uma conquista contemporânea que pode ser utilizada para estudo de todo organismo vivo.

Em um dos estudos a que nos referimos, nos quais estudamos casais na construção de seu casamento, utilizamos alguns instrumentos que se mostraram úteis para abordar várias gerações numa mesma família.

A metodologia escolhida incluía instrumentos como: a entrevista trigeracional,[3] a elaboração do genograma[4] e a criação do ciclograma[5] para explicar esses recursos que detalharemos no final deste livro.

---

2. A Concepção Sistêmica permite uma nova visão da realidade, que se baseia no estado de inter-relação e de interdependência de todos os fenômenos físicos, biológicos, psicológicos, sociais e culturais, transcendendo as atuais fronteiras das disciplinas e conceitos. Configura-se uma estrutura inter-relacionada, com níveis de realidade multidisciplinar, gerando uma mudança de filosofia e uma profunda transformação da cultura da humanidade. Para aprofundamento, consultar Bertanlanffy, L. V. *Teoria geral dos sistemas*. Petrópolis, Vozes, 1973. Ver também obras de Gregory Bateson e Fritjof Capra, entre outros.

3. Entrevista trigeracional: proporciona a oportunidade de reconstruir suas histórias por meio dos relatos das principais características de seus familiares, atuais e pregressos, utilizada por muitos terapeutas familiares. No nosso caso, constou de uma entrevista semi-estruturada, que investigou dados a respeito de todos os membros da família. Minha experiência com esse recurso tem mostrado que se torna importante respeitar e se inserir no estilo e no ritmo do contar as próprias histórias das famílias e dos casais.

4. Genograma: instrumento elaborado por Murray Bowen que, em forma gráfica, apresenta informações de maneira que possa proporcionar uma rápida visualização das complexas normas familiares do ponto de vista clínico. Uma rica fonte de hipóteses, como por exemplo: um problema pode estar relacionado com o contexto familiar, bem como a evolução tanto do problema quanto desse contexto ao longo do tempo.(Anexo B)

5. Ciclograma: Instrumento criado em meu trabalho de pesquisa de doutoramento parte da idéia do Genograma e da Linha de Tempo Familiar de Cerveny (1994). Permite acompanhar, com a ótica mítica, a passagem da família em seu ciclo de vida e verificar quais influências poderiam ter com os mitos familiares, com a construção do casamento ou com a vida da família (ver Anexo C).

Como o objetivo principal foi mostrar a possibilidade e a riqueza da análise da construção das relações no casamento, com base nos mitos presentes, procuramos ampliar o esquema de análise, introduzindo uma dimensão do intrapsíquico e do relacional, além da dimensão intergeracional.

Nesse percurso, feito para articular esse pensamento, primeiramente investigamos sob a óptica mítica os padrões intergeracionais na influência da família de origem, os aspectos fundamentais da relação do casal que são iluminados pelo pensamento de Murray Bowen (1978) e seus seguidores.

Empregamos os subsídios da terapia familiar para a compreensão da constituição do casal e a evolução do casamento em termos afetivos e relacionais, como vistos por Lymann Wynne e Phoebe Prosky. Por meio desse olhar, esses modelos de casamento são perscrutados pela óptica mítica aqui proposta.

Delinearemos, então, duas vertentes: uma para avaliar o tipo e a qualidade do relacionamento, do ponto de vista intergeracional, e outra, respaldada nesses modelos, por meio dos quais o olhar mítico se estendeu. Foi articulada a Leitura dos Períodos Míticos, separados em quatro momentos, em que se observa como ocorre o encaixe mítico no casamento.

Modelo de Murray Bowen: o modelo de casamento delineado por Bowen em *Family therapy in clinical practice*[6] e outros conceitos acrescentados por seus seguidores foram necessários, ao verificar a construção do casamento na óptica transgeracional.

Durante a década de 1950, Murray Bowen, um dos pioneiros no estudo da esquizofrenia, foi responsável pelo surgimento da terapia familiar. Por meio de pesquisas sobre o relacionamento mãe-filho, como fragmento dependente de uma unidade familiar maior, ele desenvolveu o conceito de diferenciação (semelhante à diferenciação das células), tornando esse o cerne de sua teoria. Essa capacidade de diferenciar os pensamentos e os sentimentos é o parâmetro principal da maturidade emocional, em que se pode encontrar diferentes graus de fusão e de diferenciação.

---

6. Bowen, M. *Family therapy in clinical practice*. Nova York, Jason Aronson, 1978.

Na família, o que vai garantir o ciclo de vida, o desenvolvimento e a diferenciação dos seus membros é considerado, nessa teoria, o que Bowen chama de *a marca familiar*, ou seja, um fator determinante para a autonomia familiar, pois o curso da história futura do indivíduo pode ser previsto segundo a diferenciação dos pais e do clima emocional predominante na família de origem. Quanto mais diferenciados os pais, supõe-se, melhores são as condições para os filhos.

A qualidade do relacionamento no casamento também está relacionada ao grau de diferenciação das pessoas envolvidas, e à sua relação com os padrões disfuncionais. Isto é, quanto maior a maturidade emocional melhores condições para assegurar que o relacionamento entre elas possa ter ganho de qualidade.

Quando existe rigidificação de pautas determinadas pelos mitos, aparecem no casal dificuldades para estabelecer novos acordos e promover negociações quando estas se fazem necessárias. Isso me lembra a fala de Maria José: "O final de semana é sempre um problema, pois tenho de almoçar junto com meus pais e o meu marido quer almoçar fora de vez em quando". Isso mostra a obrigatoriedade de formas rigidificadas de agir na família.

As famílias cujos membros podem ser caracterizados por um alto grau de fusão ou imaturidade emocional são vistas nessa teoria como sistemas emocionalmente imaturos, que caracterizam a massa de ego familiar indiferenciada.

É articulado o conceito de triangulação. Na relação triangular cada componente é representado sucessivamente por uma das três partes, onde duas pessoas não conseguem se relacionar sem uma terceira que, em geral, serve à função de diminuir as tensões no par inicial. Lembro-me da fala de um casal: "O meu filho é que ajuda. Vive dando recados para a mãe do que eu não consigo falar para ela, e também sempre me traz uns recadinhos". Essa situação, por si só, mostra-se estressante para as pessoas envolvidas.

Para essa teoria, os indivíduos se casam com alguém que tem aproximadamente o mesmo nível de diferenciação, entram em *pseudo-self*, posturas recíprocas nas quais um cônjuge pode funcionar em um nível de força ou de independência mais elevado do que o outro. As pessoas passam de níveis de diferenciação do *self* sólido para o *pseudo-self*, que é negociável nesse próprio sistema de relações. O que nos leva a concluir que existe a formação de um *self* comum no sistema de relações que é o nosso, ao mesmo tempo que tem de conviver com a identidade individual.

Nesse enfoque teórico existem influências interativas no sistema *self*, no sistema de extensão familiar (famílias de origem) e no sistema familiar do casal nuclear. Esse sistema *self* pode ser dividido em áreas: temas de desenvolvimento, fatores de personalidade e programação da família de origem.

Os mitos familiares também podem influenciar diretamente nas expectativas ao casamento, facilitando ou dificultando as negociações.

No casal[7] existem áreas de investimento do indivíduo que são pessoas, e objetos que refletem tendências interativas, que promovem movimentos concernentes aos objetivos que se quer alcançar, ou no contexto do relacionamento em relação à aproximação ou ao afastamento das pessoas.

Como ponto de referência,[8] são descritas as dificuldades que surgem no relacionamento, a inabilidade de se descobrir a essência da experiência do vazio, que se vê como um aspecto inevitável da experiência humana.

As pessoas suprem a si mesmas com o sucesso e as recompensas materiais, quando surgem essas dificuldades, e são incapazes de preencher o vazio; essas expectativas imaginárias são inapropriadas. O sofrimento que surge é projetado sobre o relacionamento, como se a satisfação pessoal de um fosse responsabilidade do outro e a infelicidade de um a falha do outro: "Ele devia me fazer feliz".

Um aspecto a ser apontado diz respeito às próprias crises pessoais e existenciais do indivíduo, que são projetadas no relacionamento. Nessa progressão de expectativas e de alienação,[9] existem expectativas irreais sobre o cônjuge e sobre o casamento, que levam a estágios de desapontamento, mágoa, tristeza, agressividade e, finalmente, à alienação e ao isolamento: "Eu tinha muitos problemas e achei que me casando com ele ia ser diferente".

Esses aspectos clareiam a questão do investimento em objetivos, que se ampliam com o conceito de programação da família de origem,

---

7. Fogarty, T. A four dimensional concept of self. *Systems Therapy*, v. 5, 1971, pp. 82-8.

8. Idem. On emptiness and closeness. (Partes 1 e 2) *The family,* v.3 a, v. 3, 1976, pp. 3-12 e 39-49.

9. Guerin, P. J. Jr. The estages of marital conflict. *The family*, v. 10, 1982, pp. 15-26.

no qual as expectativas as atravessam intergeracionalmente. "A vida toda ele se comparou com o meu pai e fez todas as suas burradas por causa disso. E era verdade: eu queria um homem bem-sucedido". Esses dois conceitos devem ser considerados parte das expectativas que são formadas diante do casamento, que facilitam ou dificultam a vida do casal.

É interessante observar, nessa teoria, os padrões de interação recíproca que, como os triângulos com os próprios pais, levantam potenciais e limitações para os relacionamentos futuros, podendo determinar algumas características específicas e posturas pessoais. Em alguns relacionamentos, portanto, deve ser observada a força familiar que promove a transmissão intergeracional e a repetição de pautas ou de muitos triângulos: "Como eu sou agarrada com o meu filho, da mesma maneira minha mãe era com o meu irmão".

Os indivíduos desenvolvem nas famílias de origem vícios emocionais, em forma de expectativas e reatividade a certos indivíduos e relacionamentos. "Eu estava acostumada a ver o meu pai resolver tudo, agora meu marido me deixa nervosa, afinal de contas ele é o homem da casa".

Quando esses padrões emocionais com os pais não são renegociados na idade adulta, os potenciais reativos são deslocados para o casamento, na fantasia de que o cônjuge venha a facilitar tudo. Isso inclui, ainda, expectativas irreais, censura na comunicação e intensificação da ansiedade no relacionamento.[10]

Verifica-se a importância do espaço psicológico garantido pela diferenciação alcançada com a família de origem para que o casamento possa se constituir, assegurando sua construção. A prioridade que houver para estabelecer padrões funcionais pode garantir a saúde do relacionamento.

Essa afirmação me faz lembrar das afirmações de Adriana, minha aluna, assim que se casou: "Não consigo fazer uma comidinha legal para meu marido, que a minha sogra vem logo me ensinando. Eu quero é fazer sozinha... ela está sempre ali". O casal de estudantes resolveu se casar e foi morar em uma edícula, no quintal da mãe do rapaz. A convivência tornou-se muito estreita e a diferenciação da família de origem foi dificultada.

---

10. McGoldrick; e Carter E., 1980, *op. cit.*, e Satir, V., *op. cit.*, 1988.

Os conceitos apresentados são importantes para a óptica intergeracional e influenciam diretamente o modo como as pessoas podem construir o seu casamento.

Modelo epigenético: à medida que procuramos uma explicação para o casamento do ponto de vista evolutivo, tendo o interesse de acompanhar essa construção, podemos encontrar um instrumento de leitura que parte da óptica intrapsíquica para a relacional, possibilitando averiguar a qualidade do vínculo que se estabelece no casal.

Esse modelo serviu para articular um pensamento e determinar de que maneira o mito se comporta quando se investiga por intermédio da qualidade do apego as questões pertinentes à comunicação, à união e à mutualidade.

O modelo epigenético surgiu da preocupação dos pesquisadores com a qualidade dos relacionamentos: se é inadequada, ou quando fornece uma preparação insuficiente às pessoas na hora das mudanças estruturais, no ciclo de vida conjugal e familiar. Essa teoria começou a ser formulada por Wynne, Ryckoff, Day e Hirsch. Lyman Wynne[11] trabalhou na área da esquizofrenia na década de 1950 e foi o grande responsável pela configuração desse modelo. Boa parte de seus estudos foi feita no National Institute of Mental Health, em Washington. O pressuposto básico dessa teoria é o de que todo dilema emerge por causa do esforço universal primário de se relacionar com outros seres humanos e do esforço simultâneo para desenvolver uma sensação de identidade.

Wynne[12] propõe que os princípios e os processos de desenvolvimento epigenético nos sistemas relacionais, vistos como um sistema, sejam explicitamente considerados. Segundo esse modelo, seguem uma ordem e uma seqüência que têm sua própria lógica central, de maneira uniforme e contínua, dentro do processo relacional. Ele sugere quatro processos para esclarecer os sistemas relacionais, que podem ser vistos como estágios pelos quais os relacionamentos avançam: 1) apego/afeição, ligação de afeição complementar, prototipicamente manifesta no relacionamento pais-filho; 2) comunicação,

---

11. Wynne, L. C. *et al*. Pseudomutuality in the family relations of schizophrenics. *Psychiatry*, v. 21, 1958, pp. 205-20.

12. Wynne, L. C. The epigenesis of relational systems: a model for understanding family developments. *Family Process*, v. 23, 1984, pp. 297-318.

começa com a divisão do centro de atenção e continua na troca de significados e mensagens; 3) resolução do problema de união e renovação de tarefas diárias, interesses e atividades recreativas; 4) mutualidade, integração seletiva e flexível dos processos pendentes, em um relacionamento de padrão superordenado e duradouro. Há compromisso de um compartilhar com o outro para formar o relacionamento.

As pessoas avançam no tempo em sua forma de relacionamento. Esses processos têm o seu lado positivo e, na contraparte, o seu lado negativo. É possível verificar como a intensidade do apego/afeição é reforçada pela separação adequada, ao passo que a separação excessivamente prolongada pode conduzir ao isolamento/rejeição.

Para a compreensão do apego/afeição, essa teoria se respalda no trabalho de Johnn Bowlby[13] que, integrando conceitos da psicanálise, da etologia e da cibernética, desenvolve a importante teoria do apego, cuja idéia central é a de que o comportamento de vínculo tem valor de sobrevivência para todas as espécies. Observa cuidadosamente que o apego comportamental ocorre em um sistema de *feedback*, no qual a função complementar é a afeição.

Para Wynne, a ocasião mais notável de apego que atualmente pode dominar outros sistemas comportamentais é o namoro, mudança relacional que se assemelha ao vínculo maternal com o recém-nascido, em sua intensidade e começo repentino.

Considerando a questão da família, esse primeiro estágio remete diretamente aos padrões intergeracionais e aos modelos de afeição que se estabelecem com um dos pais ou com o casal, perpetuam-se muitas vezes no relacionamento com os próprios filhos e influenciam diretamente características no relacionamento posterior com os cônjuges, sob a forma de padrões de interação.

Algo importante a considerar é como esses modelos de afeição podem estar sendo determinados pela configuração mítica da família ou, de maneira recursiva, como podem ser afetados por ela.

Nessa teoria, observa-se que apego e comunicação são processos qualitativamente diferentes, tanto no curso do desenvolvimento familiar quanto em outras situações. A família e seus substitutos forne-

---

13. Bowlby, J. The nature of child's tie to his mother. *International Journal of Psichoanalysis*, 39, 1958, pp. 1-23; e Attachment. Nova York, Basic Books, 1969.

cem o aprendizado comunicativo e de outras habilidades relacionais que são usadas nos contextos fora da família.

Quando o apego não ocorre, as perspectivas afetiva e cognitiva não podem ser bem estabelecidas. Entretanto, quando os processos comunicativos se baseiam no apego/afeição, que implica cuidado um com o outro, os participantes fornecem informações abundantes, por meio dos processos circulares recursivos, e a qualidade de comunicação pode modificar o apego/afeição. Esse *feedback* ocorre nos relacionamentos conjugais e familiares duradouros.

Ao dizer que a família fornece a estrutura básica do processo comunicativo e de habilidades relacionais que são usadas fora da família, assegura-se que nos locais de trabalho os efeitos do aprendizado podem ocorrer sem muita evidência de um modelo anterior de apego/afeição, com a simples repetição de modelos de comunicação.

Na construção mítica está implícita a presença de modelos de comunicação, que podem favorecer ou não a passagem da família por esses processos.

Um terceiro estágio, apontado pelo Modelo epigenético é o da resolução do problema da união, como uma necessidade para uma relação familiar saudável. A divisão das tarefas mantidas e renovadas envolve processos relacionais que criam uma potencialidade para um novo crescimento relacional. Essas tarefas se tornam padronizadas nos relacionamentos.

Segundo Wynne, o efeito do padrão disfuncional surge freqüentemente nesse terceiro estágio. Por outro lado, o comportamento ligado às tarefas divididas para a resolução de problemas se torna padronizado em relacionamentos de função informal.

Esses padrões fornecem uma ponte entre o que, nesta abordagem, é chamado de epigenêse dos processos familiares qualitativos e transições de função estrutural do ciclo de vida familiar.

Há uma relação estreita entre os vários processos envolvidos nessa teoria. Sem um *background* de apego/afeição e de habilidades de comunicação, a resolução do problema da união estaria condenada a ser atrapalhada e disfuncional. Assim, num casal cujo marido perde o emprego, diante das dificuldades econômicas, a comunicação se torna confusa e a crise pode se estabelecer. Os mitos familiares indicam os rumos, assim como os ganhos do relacionamento que servem de sustentação para a busca de caminhos alternativos de funcionamento nessa fase difícil do ciclo de vida da família.

O último estágio desse modelo envolve centralmente o processo de mutualidade, o que promove a renegociação e a transformação para novos padrões de relação. Isso assegura um levantamento da qualidade da relação e das circunstâncias que a estão afetando: doença, crescimento, amadurecimento de cada membro, transições no ciclo de vida familiar, envolvimento em outros sistemas.

A mutualidade vai diferir de outras formas de relação. A mutualidade, para Wynne, não surge necessária ou automaticamente na seqüência de apego/afeição, comunicação e resolução do problema da união. Ela provém de experiências e habilidades relacionais resultantes de cada um desses estágios, para retornar seletivamente na forma de uma relação apropriada capaz de mudar contextos internos e externos.

A mutualidade é um conceito superior, especificamente orientado para a questão da mudança relacional no tempo. Inclui também a tolerância às divergências e prospera sobre o reconhecimento dessas divergências. O relacionamento é reajustado multidimensionalmente; às vezes é reorganizado de forma drástica, mas com contínuas contribuições de cada pessoa envolvida. A mutualidade incorpora afastamento, separação e reencontro.

Para Wynne, cada pessoa traz para as relações de mutualidade o sentido de sua própria identidade, significativa e positivamente valorizada; a partir da experiência de participação conjunta, desenvolve-se o reconhecimento cada vez maior das potencialidades e das capacidades do outro. Outras formas "patológicas" de relacionamento são chamadas de pseudomutualidade e pseudo-hostilidade, e constituem um padrão fixo de relação, que se estabelece à custa das necessidades individuais e de mudança.

Ao pretender visualizar o mito na construção do casamento, certa de que esses conteúdos míticos estão presentes tanto de forma subjacente na vida da família quanto explicitados em pautas e rituais, podemos afirmar que ele também faz parte desses processos.

Modelo de Phoebe Prosky: outros conceitos de extrema importância para a compreensão do casamento são elaborados por Prosky,[14] cujo eixo de seu pensamento é o móvel complementaridade, ou seja, o que aciona o par por suas escolhas: ir ao encontro da mais completa

---

14. Prosky, P. S. Marital Life: Family Therapy, v. 18, n. 2, 1991, pp. 128-43; Complementary and Symmetrical Couples. Family Process, v. 19, 1992, pp. 215-21.

unidade. Ele diz que existe polaridade na complementaridade dos relacionamentos, delineia um modelo de casamento e sugere benefícios internos nesses esforços inerentes.

O casamento, nesse enfoque, é visto como uma escola para a vida. Duas pessoas incompletas têm a oportunidade para fazer mais por si mesmas como criaturas humanas completas. Esse processo é difícil e produz tristeza por um lado, mas, por outro, traz grande riqueza e harmonia. Para alcançar esses estados, o casamento atravessa três fases, nas quais se desenvolvem alguns processos específicos.

Na fase um, de acordo com esse modelo, não há consciência da complementaridade, nem dos aspectos e significados de suas diferenças. "Por um momento eles se submeterão ao estado de galanteria, a um magnético processo que os puxa ao longe de seus contextos anteriores, e os influencia." Os dois tornam-se um. Essa é considerada uma tentativa de fusão.

A fase dois tem início quando existe esforço para se diferenciar dessa fusão, luta-se pela individuação: os pares tornam-se assustados pela desintegração de suas antigas imagens e tentam restaurar a antiga percepção bem-aventurada. Essa situação é percebida, pois ocorre fora da consciência humana. Esse sofrimento é origem de grandes males, o catalisador para considerável aprendizagem a respeito de si mesmos.

No meio caminho dessa fase há reconhecimento das diferenças. Aqui o casal pode escolher caminhar em três direções: 1) a separação; 2) a institucionalização das diferenças; e 3) a terceira fase do casamento, apresentada a seguir:

Na fase três, a partir da ansiedade e da agitação do reconhecimento das diferenças, cada parte tenta ver a importância da posição do outro, para entender o outro, e pode ter aí o propósito de melhor compreender as suas próprias fraquezas. Essa fase requer tempo e energia. É também marcada pela conquista da harmonia. As pessoas se tornam dois *selfs* suficientes, percebem tanto as áreas de amor e satisfação como as incompatibilidades. Essas percepções dirigem-se para uma expansão de seu bem-querer, e um novo senso de esperança, generosidade, respeito e entendimento é estabelecido.

Nesse modelo, na fase dois o casal pode seguir por dois outros caminhos: o da separação ou o da institucionalização das diferenças.

A separação pode tomar lugar no crítico ponto de reconhecimento de suas diferenças, quando ainda não conseguiram entender o outro, nem a si mesmos. Quando se separam, encontram um bom motivo para a censura e a cólera. Ou quando a separação tem um doloroso mas compreensivo tom, isto é, existe alguma compreensão do processo que está produzindo a separação, o que se torna considerável consolo, aumenta o senso de *self* e a possibilidade de investir a energia em outra parte.

O outro caminho é o da institucionalização da diferença, quer dizer, o casal tem uma definição estável de si mesmo, especializada em suas áreas de proficiências. Nesse caso, podem aparecer possíveis limitações internas:

a) tal solução apresenta uma constante fisionomia de senso de frustração e de irritação em áreas de assinalada diferença entre os dois. Há rigidez e competitividade;
b) com o passar do tempo, as características de cada um tornam-se exageradas, e cada qual vê o outro como uma caricatura no relacionamento;
c) a terceira limitação é que o par pode tornar-se mais e mais dependente um do outro, existindo um grande peso no relacionamento. Quando se espera algo e o outro falha, há grande sofrimento;
d) as diferenças são institucionalizadas; cada parte carrega uma perpétua ansiedade de ir sozinha em situações de doença ou morte. Essa ansiedade contamina o relacionamento, e cada parte pode tornar-se desconfiada da outra.

De acordo com esse modelo, os relacionamentos podem mover-se no tempo, em fases distintas ou nas três fases simultaneamente.

O encaixe dos mitos na construção do casamento

Retornar à magia do par
Compartilhar seus segredos e esperanças
Acreditar num novo rumo para todos nós.

A idéia de que poderia haver um encaixe nos diversos sentidos existentes em uma família foi uma possibilidade que surgiu a partir do momento em que foi possível discriminar o Mito Espinha Dorsal e os Mitos Auxiliares[1] tais como os consideramos: Mito Espinha Dorsal — "que norteia a estrutura e o funcionamento da família, determinando o maior número de pautas e regras familiares"; e os Mitos Auxiliares — "aqueles que vão se delineando com o passar do tempo, que se ajustam ao Mito Espinha Dorsal, determinando pautas complementares".

A pesquisa de Paul Dell[2] para explicar como o sistema opera oferece a idéia de coerência, pois refere-se à maneira pela qual os membros de uma família se encaixam e combinam como peças de um quebra-cabeças. Os comportamentos que ocorrem num sistema familiar possuem uma complementaridade geral, e por meio desse

---

1. Obras já citadas.
2. Dell, P. Beyond Homeostasis: toward a concept of coherence. *Family Process*, v. 2, 1982, pp. 21-41.

encaixe, em interdependência contínua e recursiva, o indivíduo, a cadeia familiar e os outros sistemas sociais a que pertencem se ajustam.

Um mecanismo de encaixe e complementaridade foi visto entre os mitos Espinha Dorsal e os Auxiliares, podendo ser observados em algumas situações especiais.

Podemos perceber essa coerência na cadeia familiar pela perpetuação das mitologias, num processo contínuo de encaixe e ajuste, que perpassam essas estruturas familiares, coerência essa acionada pelas próprias forças sistêmicas, auto-organizadoras.

No ciclo de vida da família, um momento é importante para esse processo: quando as pessoas se casam e vêm de estruturas familiares diferentes, ocorre o encaixe entre os dois mitos. Em geral, um continua norteando a estrutura de família, e o outro complementa-a, encaixando-se.

Por meio de nossos trabalhos de atendimento e de pesquisa foi necessário distinguir e diferenciar os dois conceitos: *Encaixe mítico,* que ocorre à medida que existe a aproximação e a ligação inicial entre os dois mitos; geralmente, quando os pares iniciam o conhecimento um do outro, há um movimento de atração das mitologias; e o *Ajuste mítico,* que já envolve tanto um movimento de aprofundamento no relacionamento, quanto de reorganização de conteúdos, o que implica tempo de relacionamento, com qualidade garantida para perpassar pelos processos.

Outro conceito que acredito ter relevância refere-se à similaridade,[3] considerando-se a similaridade de percepções do ambiente familiar, interno e externo, pois identificam padrões que se relacionam a diferentes estilos e níveis de funcionamento familiar.

É possível encontrar grupos de casais que são similares um para o outro em percepções de seu casamento e de seu ambiente familiar, e que o aumento de similaridade pode estar relacionado com o passar do tempo de casamento.

Em considerável pesquisa sobre esse tópico, a similaridade tem sido considerada a cola do casamento, termo que pode ser encontrado na literatura clínica: na terapia comportamental marital[4] e na terapia familiar.[5]

---

3. Deal, J. E.; Wampler S. L.; e Halverson F. The importance of similarity in the marital relationships. *Family Process,* v. 31, 1992, pp. 369-82.

4. Jacobson, N. S.; Gurman, A S. *Clinical handbook of therapy family.* Nova York, The Guilford Press, 1987.

De maneira semelhante, a escola de terapia familiar estrutural[6] enfatiza a função da similaridade no funcionamento saudável da família, pois a ênfase no consenso entre marido e mulher é possível quando os cônjuges compartilham valores comuns, objetivos e perspectivas, quando, em outras palavras, há um alto nível de similaridade entre eles.

A similaridade mostra-se importante também para esse trabalho ao fornecer subsídios que podem nortear a possibilidade do encaixe dos mitos, sendo pertinente investigar se o encaixe se respalda na similaridade, ou é facilitado pela complementaridade.

O modelo dos períodos do encaixe mítico

Foi possível estabelecer quatro períodos em que se observa o encaixe mítico tal como vemos acontecer. Esse modelo mostra-se de capital importância para a compreensão do processo de construção do casamento.

Primeiro período: há encaixe mítico, atração, aproximação e introdução de um mito na malha mítica do outro.

Aponta-se o encaixe inicial. Em geral, há o estabelecimento de acordos nem sempre explícitos na relação. Por meio do apego e da afeição as trocas afetivas tornam-se mais intensas, a intimidade se amplia, há a processo magnético de atração e a tentativa de fusão.

O ajuste mítico pode vir a ocorrer no percurso desse relacionamento, com a evolução, à medida que se alcançam outras áreas de envolvimento e se amplia a dimensão de significados, pois ocorre um processo de alinhamento de expectativas e ajuste na própria concepção de mundo.

Segundo período: o par desenvolve-se em aprendizado comunicativo e nas habilidades relacionais. Nota-se que o encaixe mítico se aprofunda em outras dimensões do relacionamento.

O casal constrói o próprio espaço, alcança significados comuns e partilha aspectos da mesma realidade, troca histórias familiares e

---

5. Satir, V. Terapia do grupo familiar, *op. cit.*, 1988.
6. Minuchin S.; e Fishman. *Técnicas de terapia familiar*. Trad. de Claudine Kinsch e Maria Efigênia F. R. Maia. Porto Alegre, Artes Médicas, 1990.

confidências individuais, toma a perspectiva do outro. As pautas passam a ser compartilhadas e os rituais tornam-se comuns.

Ao mesmo tempo, é estabelecido um espaço. O casal começa a delimitar um espaço individual no casamento, necessita promover negociações e rever acordos iniciais. Os problemas não-resolvidos com as famílias de origem dificultam a passagem do casal por este momento.

Terceiro período: quando o casal realiza esse percurso, assegura-se no relacionamento um *background* de apego e afeição, de habilidades em comunicação e ocorre o amadurecimento da relação.

O casamento consolida-se no estabelecimento de pautas comuns e rituais específicos do casal. Muitos se mostram presentes nos acordos que se estabelecem para a sustentação da malha mítica.

Quarto período: aponta-se a qualidade da relação e a conquista de um ajuste satisfatório das mitologias familiares. São demonstrados recursos no relacionamento para lidar com as dificuldades que se apresentam no ciclo de vida.

A malha mítica distingue-se na maneira como é organizada, demarca a conquista de um sentido próprio de família, na reorganização e na reconstrução dos mitos familiares de modo específico, e com um estilo próprio da díade.

Esse modelo torna-se fundamental, pois quando o utilizarmos, poderemos acompanhar os casais na construção do seu casamento, permitindo que nosso olhar possa se estender, verificando a mudança, a ação e o potencial mítico das gerações.

Vamos ter a oportunidade de acompanhar, a seguir, as histórias de quatro casais, com os quais tivemos a grata satisfação de trabalhar e de aprender.[7,8]

---

7. Krom Paccola, *O encaixe dos mitos na construção do casamento*, op. cit., 1997.

8. O roteiro terapêutico, as entrevistas e os gráficos utilizados encontram-se nos Anexos.

A história de Sílvio e Lúcia

> *Eu acho que um bom casamento deve atingir todos os níveis que um bom relacionamento pode ter.*
>
> Sílvio

Relato cursivo da história familiar de Sílvio

Família nuclear

Sílvio e Lúcia se conheceram em uma festa de calouros em 1985, na universidade. Logo passaram a namorar, e foram morar juntos. Após um ano e meio, Sílvio termina a faculdade, vai para São Paulo trabalhar e cursar pós-graduação. Lúcia continua a estudar na mesma cidade, porém os dois se vêem nos finais de semana.

Casam-se assim que Lúcia termina a faculdade. Montam residência em São Paulo. Sílvio começa a lecionar em uma universidade no interior de São Paulo. Após um ano, Lúcia vai para a mesma cidade, arruma uma sala em um consultório e começa a trabalhar.

Ao se estabelecerem em S. (pequena cidade no interior), passam a morar em um apartamento cedido pela tia de Sílvio. Assim, conseguem economizar, compram um terreno e dão início à construção de sua própria casa.

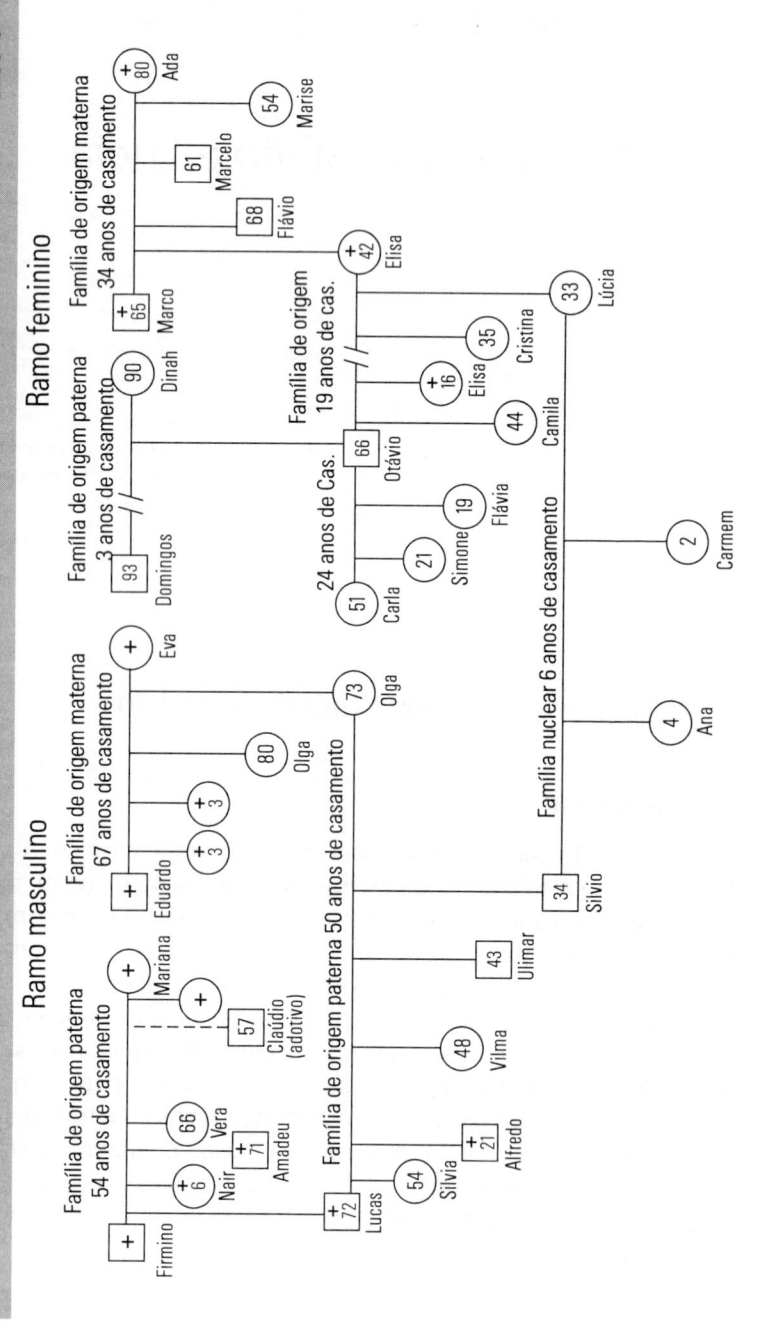

Genograma

Caso 3

Ramo feminino

Família de origem materna
34 anos de casamento

- +80 Ada
- 54 Marise
- 61 Marcelo
- 68 Flávio
- +65 Marco
- +42 Elisa

Família de origem paterna
3 anos de casamento

- 90 Dinah
- 93 Domingos

Família de origem
19 anos de cas.

- 66 Otávio
- 44 Camila
- +16 Elisa
- 35 Cristina
- 33 Lúcia

24 anos de Cas.
- 51 Carla
- 21 Simone
- 19 Flávia

Família nuclear 6 anos de casamento
- 4 Ana
- 2 Carmem

Ramo masculino

Família de origem paterna
54 anos de casamento

- + Firmino
- +6 Nair
- +71 Amadeu
- 66 Vera
- + Mariana
- +
- 57 Cláudio (adotivo)

Família de origem materna
67 anos de casamento

- + Eduardo
- +3
- +3
- 80 Olga
- + Eva
- 73 Olga

Família de origem paterna 50 anos de casamento
- +72 Lucas
- 54 Silvia
- +21 Alfredo
- 48 Vilma
- 43 Ulimar
- 34 Silvio

76

Símbolos usados no Genograma

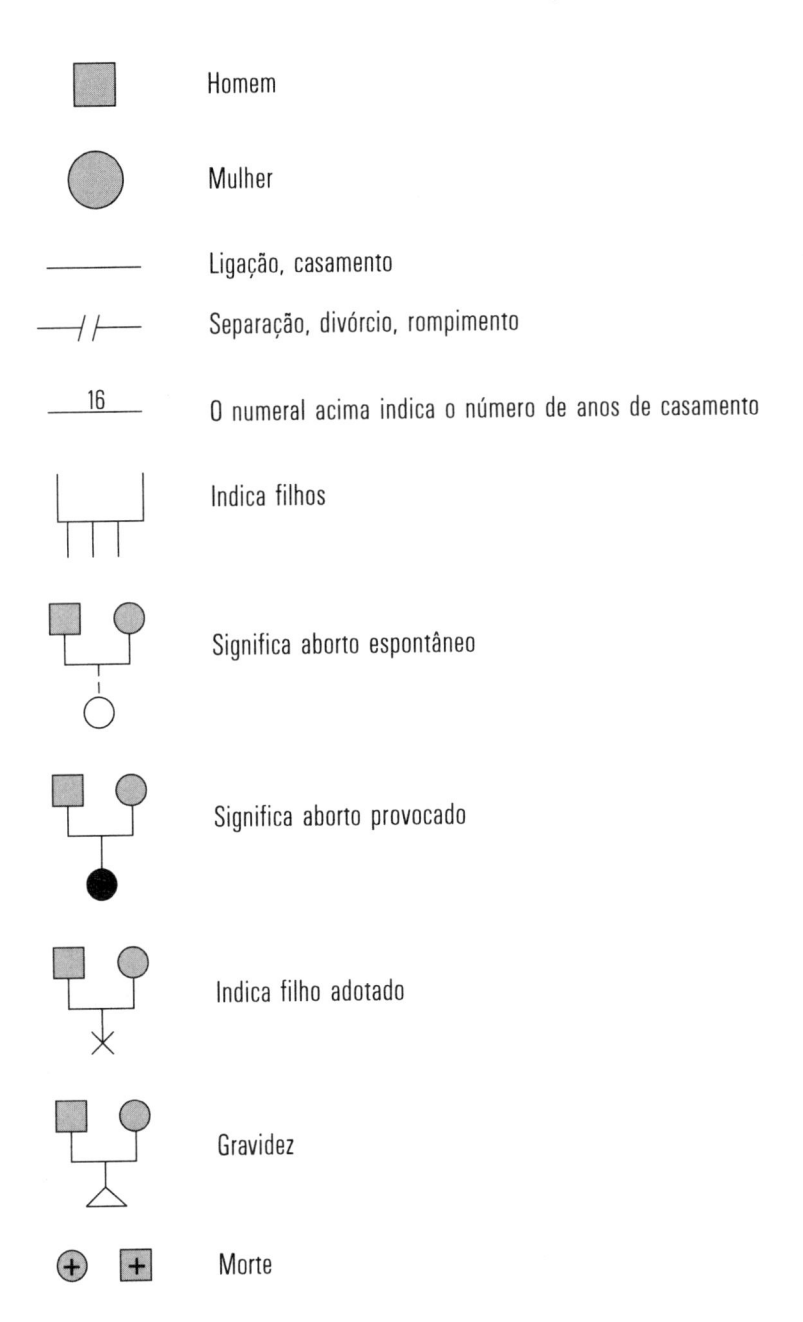

Homem

Mulher

Ligação, casamento

Separação, divórcio, rompimento

16 — O numeral acima indica o número de anos de casamento

Indica filhos

Significa aborto espontâneo

Significa aborto provocado

Indica filho adotado

Gravidez

Morte

Ciclograma*

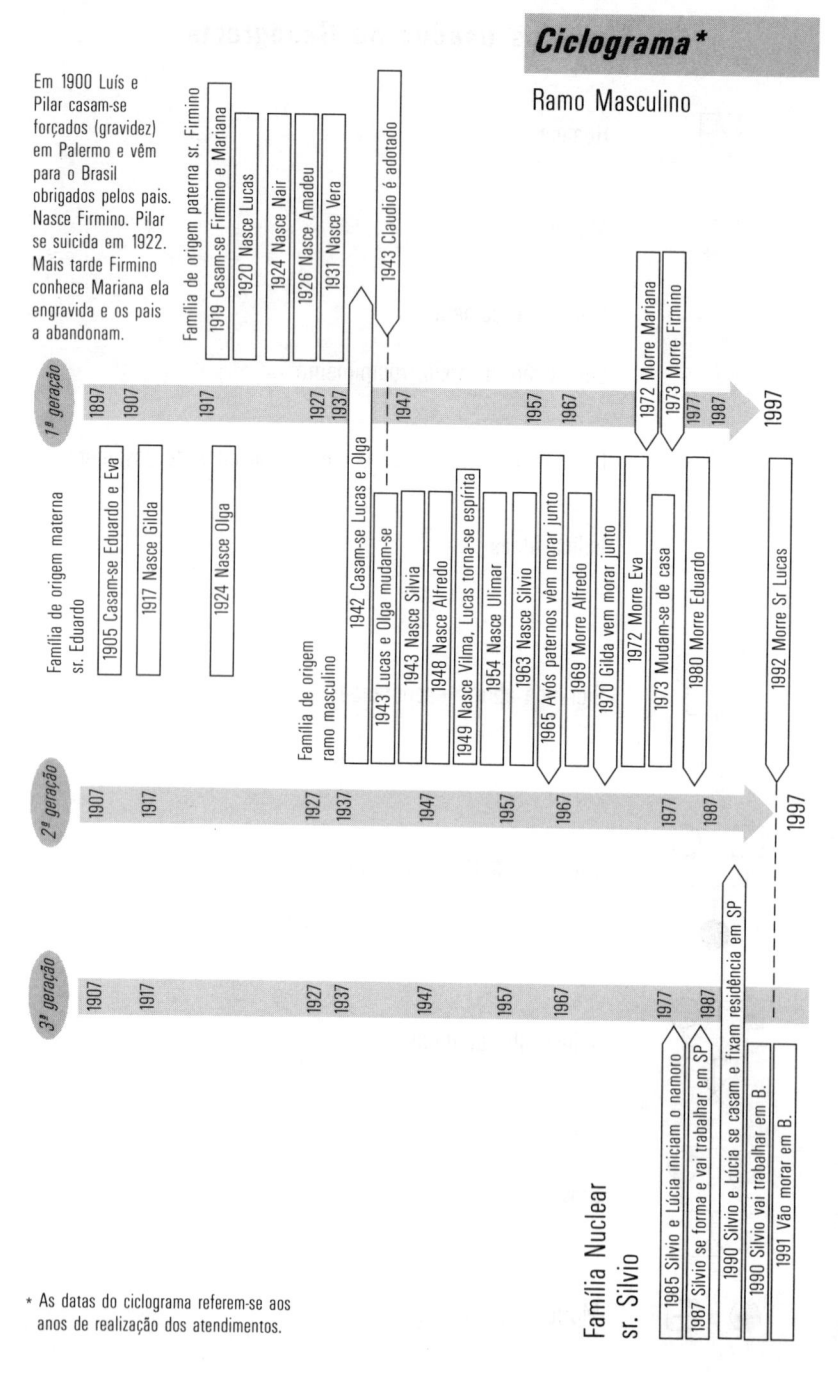

Ramo Masculino

Em 1900 Luís e Pilar casam-se forçados (gravidez) em Palermo e vêm para o Brasil obrigados pelos pais. Nasce Firmino. Pilar se suicida em 1922. Mais tarde Firmino conhece Mariana ela engravida e os pais a abandonam.

Família de origem paterna sr. Firmino
- 1919 Casam-se Firmino e Mariana
- 1920 Nasce Lucas
- 1924 Nasce Nair
- 1926 Nasce Amadeu
- 1931 Nasce Vera
- 1943 Claudio é adotado
- 1972 Morre Mariana
- 1973 Morre Firmino

1ª geração: 1897 — 1997

Família de origem materna sr. Eduardo
- 1905 Casam-se Eduardo e Eva
- 1917 Nasce Gilda
- 1924 Nasce Olga

Família de origem ramo masculino
- 1942 Casam-se Lucas e Olga
- 1943 Lucas e Olga mudam-se
- 1943 Nasce Silvia
- 1948 Nasce Alfredo
- 1949 Nasce Vilma, Lucas torna-se espírita
- 1954 Nasce Ulimar
- 1963 Nasce Silvio
- 1965 Avós paternos vêm morar junto
- 1969 Morre Alfredo
- 1970 Gilda vem morar junto
- 1972 Morre Eva
- 1973 Mudam-se de casa
- 1980 Morre Eduardo
- 1992 Morre Sr Lucas

2ª geração: 1907 — 1997

3ª geração: 1907 — 1997

Família Nuclear sr. Silvio
- 1985 Silvio e Lúcia iniciam o namoro
- 1987 Silvio se forma e vai trabalhar em SP
- 1990 Silvio e Lúcia se casam e fixam residência em SP
- 1990 Silvio vai trabalhar em B.
- 1991 Vão morar em B.

* As datas do ciclograma referem-se aos anos de realização dos atendimentos.

Ramo Feminino

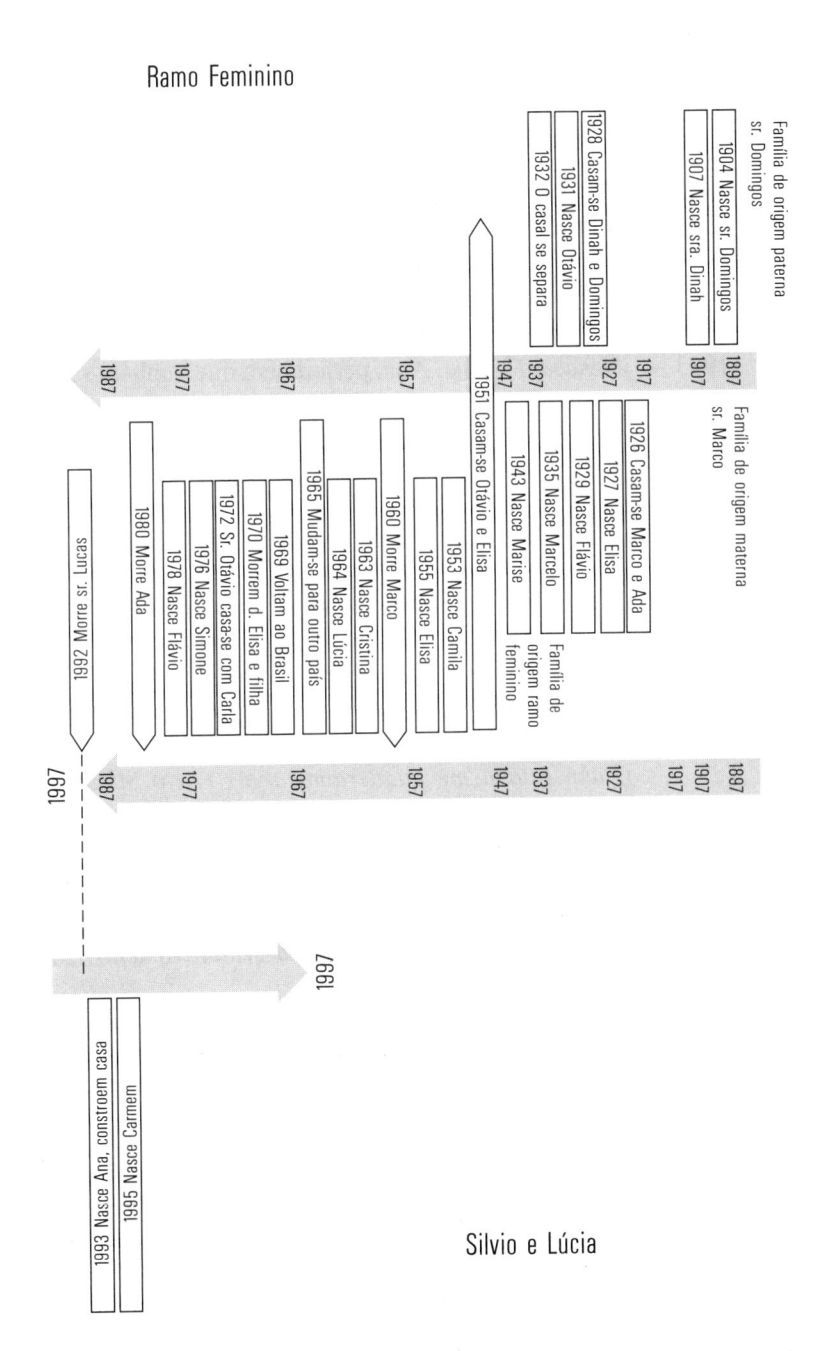

Família de origem paterna sr. Domingos
- 1904 Nasce sr. Domingos
- 1907 Nasce sra. Dinah
- 1928 Casam-se Dinah e Domingos
- 1931 Nasce Otávio
- 1932 O casal se separa

Família de origem materna sr. Marco
- 1926 Casam-se Marco e Ada
- 1927 Nasce Elisa
- 1929 Nasce Flávio
- 1935 Nasce Marcelo
- 1943 Nasce Marise

Família de origem ramo feminino
- 1951 Casam-se Otávio e Elisa
- 1953 Nasce Camila
- 1955 Nasce Elisa
- 1960 Morre Marco
- 1963 Nasce Cristina
- 1964 Nasce Lúcia
- 1965 Mudam-se para outro país
- 1969 Voltam ao Brasil
- 1970 Morrem d. Elisa e filha
- 1972 Sr. Otávio casa-se com Carla
- 1976 Nasce Simone
- 1978 Nasce Flávio
- 1980 Morre Ada
- 1992 Morre sr. Lucas

Linha do tempo: 1897 — 1907 — 1917 — 1927 — 1937 — 1947 — 1957 — 1967 — 1977 — 1987

Silvio e Lúcia

- 1993 Nasce Ana, constroem casa
- 1995 Nasce Carmem

1997

Em seguida, eles planejam ter o primeiro filho. Nasce Ana. Ao mesmo tempo, a casa já está construída. O casal recebe freqüentemente os parentes dos dois ramos, e pensam em ter logo um outro filho.

Eventos críticos:

1985 — O casal começa o namoro.
1987 — Sílvio se forma e vai trabalhar em São Paulo.
1990 — Sílvio e Lúcia casam-se.
Sílvio começa a trabalhar numa cidade do interior.
1991 — O casal fixa residência em cidade do interior.
1993 — Nasce a 1ª filha, Ana, período em que também se constrói a casa.
1995 — Nasce a 2ª filha, Carmem.

Relatos significativos

Sílvio: *É melhor começar a falar você, que é mais falante.*
Lúcia: *A gente se conheceu em uma festa. Estudávamos na mesma faculdade. Ele brinca até hoje que era a temporada da caça ao bicho, e eu cheguei lá como bicho.*
É, depois que começamos a namorar foi direto, já faz mais de oito anos.
Quem estava me paquerando mais era o Sílvio, para mim foi mais casual.
Sílvio: *Na época eu estava só, paquerando várias garotas, mas apareceu a Lúcia, e a coisa começou a acontecer.*
Lúcia: *A situação, de uma maneira geral, foi se construindo. Foi uma coisa que amadureceu gradativamente, com o passar do tempo.*
Durante o namoro, com três ou quatro meses, a gente já sabia que ele ia se formar antes, e se a gente estava a fim de ficar juntos teríamos de investir para ver se era isso que a gente queria. A gente morou um tempo junto, né?
Nesse estar junto, a gente morava numa república, com outras colegas, mas tínhamos o nosso quarto.
Logo após o casamento, foi outra fase de viagens. O Sílvio vinha pra B., porém, logo eu comecei a vir, até a gente se mudar para cá.

	Em São Paulo nós tivemos várias experiências de assalto, queríamos uma vida mais calma.
Sílvio:	A gente fez um arranjo. Tendo uma universidade para eu trabalhar, a Lúcia se instalaria na cidade.
Lúcia:	E aqui ainda não tinha esse tipo de trabalho.
Sílvio:	A nossa vida foi se encaminhando bem dentro do planejamento. A casa foi planejada durante seis meses, e fomos construindo. Na fase final, já estávamos pensando que poderíamos ter um filho.
Lúcia:	É muito engraçado como nós administramos o dinheiro juntos. Nunca teve essa de: "Como você gastou toda essa grana?".
Sílvio:	Os gastos maiores a gente conversa, a gente vê se vai comprar uma geladeira ou uma bicicleta. E tinha também o ponto de um perceber o cansaço do outro.
Lúcia:	É... um contrato informal que, na prática, acaba funcionando, partindo da idéia de que nenhum vai estar fazendo menos que o outro. A gente leva uma vida limitada socialmente, pois a criança precisa de papinhas, uma série de coisas, e não dá para sair muito.
Sílvio:	A gente sente falta de ter um contato desse tipo.
Lúcia:	Isso é uma coisa que falta.
Sílvio:	A gente acaba ficando sem opção.
Lúcia:	Trabalho e casa. O que eu acho interessante é que o Sílvio e eu temos muitos pontos em comum nas nossas famílias... O que marcou bastante na dele foi a perda do irmão, em acidente de carro quando Sílvio tinha cinco anos. Na minha, foi a perda da minha mãe, quando eu tinha seis anos e minhas irmãs mocinhas. As duas famílias sentiram muito.

Famílias de origem de Sílvio — Ramo masculino

Relato cursivo da história familiar do senhor Lucas (pai de Sílvio).

O jovem Lucas, tendo saído de casa com quinze anos, para morar com uma tia e fazer o ginásio, torna-se, a partir daí, uma figura importante para a sua própria família, desempenhando um papel de conselheiro para os outros irmãos.

Casa-se aos 23 anos, com Olga, então com 17 anos. Em seguida, mudam-se para outra cidade, e Lucas vai trabalhar numa companhia estadual.

Conhece, nessa cidade, um senhor que se torna um grande amigo e o inicia no espiritismo. Ele passa a praticar essa doutrina durante sua vida.

Nasce a primeira filha, Silvia. Voltam para a cidade natal, e ele começa a trabalhar como fotógrafo. O seu trabalho era desenvolvido em sua casa, com total participação da esposa.

Nascem os filhos: Alfredo, Vilma, Ulimar e Sílvio. Nesta casa foram criados todos os filhos e nela moram durante trinta anos, o que foi importante na vida de todos os membros da família.

Alfredo, jovem irrequieto, tinha muitos atritos com o pai. Muda-se para São Paulo para estudar e trabalhar. Mora com a tia Gilda, irmã da sua mãe, com a qual desenvolve uma relação afetiva muito forte.

Em 1969, Alfredo sofre um acidente de carro e morre em seguida. Gilda transfere-se para a casa da irmã Olga para ajudar a cuidar dos pais doentes.

Era comum os membros da família almoçarem juntos, participarem de festas. O casal vivia muito bem, "apesar de serem muito diferentes entre si". A família muda para uma casa própria. Quando Lucas morre, anos mais tarde, Gilda e Olga passam a morar sozinhas, pois "Sílvio já havia-se casado". Sílvia torna-se professora, Vilma, dona de casa, e Ulimar forma-se em agronomia.

Eventos críticos

1942 — Casam-se Lucas e Olga.
1943 — Lucas e Olga mudam-se de cidade.
1943 — Nasce Sílvia.
1948 — Nasce Alfredo.
1949 — Nasce Vilma.
1949 — Lucas se torna espírita.
1954 — Nasce Ulimar.
1963 — Nasce Sílvio.

1965 — Os avós maternos vêm morar junto.
1969 — Morre Alfredo.
1970 — Gilda transfere-se de São Paulo para morar junto com a irmã.
1972 — Morre Eva.
1973 — Mudam-se do casarão para uma casa própria.
1980 — Morre Eduardo.
1992 — Morre Lucas.
1995 — Ulimar se separa.

Relatos significativos

Sílvio: *Meu pai conheceu a minha mãe quando tinha vinte anos de idade. Namoraram algum tempo e se casaram. Ele era seis anos mais velho do que ela.*
Logo em seguida, mudaram-se de cidade, e lá nasceu a primeira filha do casal.
Um acontecimento que marcou a minha família foi a morte do meu irmão, aos 21 anos de idade. Ele morreu de acidente de carro. Ele morava com minha tia.
O meu pai trabalhava no correio, e a minha mãe entrou para o correio algum tempo depois. Voltaram para a cidade anterior, e o meu pai desenvolveu uma outra profissão, a de fotógrafo, pois o correio pagava muito mal.
Nós morávamos em um casarão que teve uma participação muito grande na nossa vida, onde dava para ter tudo junto: o correio, a fotografia e a nossa casa.
Depois do problema de saúde do meu avô, eles foram morar junto conosco, em P., e participavam da nossa vida. A minha tia também se transferiu de São Paulo. Ela trabalhava num banco e influenciou muito a minha vida, após o acidente do meu irmão, quando eu tinha apenas cinco anos de idade... daí ela se apegou justamente a mim. Ela viajava sempre, e eu viajava com ela.

Lúcia: *Pra acrescentar, a mãe do Sílvio sempre permitiu essa aproximação, uma boa convivência entre as irmãs.*

Sílvio: *Quando o meu pai morreu, elas passaram a morar juntas. Meu pai começou a estudar espiritismo e filosofia. Ele é autodidata. Começou a escrever para várias revistas e jornais. Depois, começou a escrever livros e tem cinco editados. A minha mãe sempre trabalhou junto com o meu pai. Ela retocava as fotos, digitava para ele. Meu pai trabalhou durante longos anos no espiritismo. A minha formação é basicamente espírita, mas não praticante. Esse é um dos problemas que a gente sente até hoje, de ter uma participação aqui na cidade.*
Numa época meus avós e a minha tia moraram conosco. Foi feita uma divisão. A casa era bem grande. A minha tia tinha a sua cozinha, o seu banheiro, a sua sala, e havia uma porta de comunicação.
O meu pai exerceu uma influência muito grande sobre mim. Nós sempre tivemos muitos bichos em casa...

Lúcia: *Eles tiveram os bichos mais diferentes na casa deles. Imagina, eles tinham até uma jibóia, que usava focinheira. Iam no rio pegar pererecas.*

Sílvio: *Existiam os rituais. Almoçar todos ao mesmo tempo, festas conjuntas, e os rituais cristãos. Respeito pelos animais, amor pelas pessoas, que eram presentes sempre no dia-a-dia.*
Em relação ao casamento dos meus pais, eu acho que eles viviam muito bem. Ela o acompanhava em tudo, o ajudava, se davam bem e se gostavam.
Acho que um bom casamento pode atingir todos os níveis que um relacionamento pode obter.

Relato cursivo da família de Firmino (avô de Sílvio).

Família de origem paterna

Firmino teve uma infância muito pobre. Era uma pessoa muito atirada, mudava constantemente de cidade com o intuito de ganhar dinheiro e tinha várias profissões: alfaiate, lavrador, jardineiro etc.

Casou-se com Mariana quando esta engravidou e foi abandonada pelos pais. Nasce o primeiro filho, Lucas, que mais tarde se torna o conselheiro de toda a família.

Quando Firmino mudava de cidade, levava toda a família junto. Morava em casas alugadas e precárias. Era um homem muito agressivo, batia e humilhava muito os filhos. Mariana era muito submissa e não se envolvia em atrito com o marido.

Firmino era protestante e Mariana, católica. A formação religiosa dos filhos foi protestante. Na velhice, os pais foram amparados pelos filhos. Na família houve uma adoção não muito clara, pois a criança, um menino, que não foi registrado, se torna um alcoolista.

Eventos críticos

Aprox. 1919 — Casam-se Firmino e Mariana.
　　　　　　　Mariana é abandonada pelos pais.
1920 — Nasce Lucas.
Aprox. 1922 — Pilar (mãe de Firmino) se suicida.
1924 — Nasce Nair.
1926 — Nasce Amadeu.
1931 — Nasce Vera.
1943 — Cláudio é adotado.
1972 — Morre Mariana.
1973 — Morre Firmino.

Relatos significativos

Sílvio: *O meu avô teve vida muito pobre. Ele fazia de tudo na roça, ele era muito atirado, não previa muito as coisas, simplesmente resolvia. Todo mundo tinha de se mudar, sem qualquer infra-estrutura, com filhos...*

Quando mudava de cidade, mudava de vida, de emprego, sem nenhuma precisão. Pegava todo mundo, botava num caminhão e tinha de ir embora.

Daí eles não tinham profissão nenhuma, não conseguiam se fixar.

A minha avó, sempre submissa, não entrava em atrito por problema nenhum.

> *Meu pai acabou, então, desempenhando o papel de pai dos outros irmãos, por ser o filho mais velho, e por ser metódico. Exerceu liderança e influência na família, sendo muito respeitado.*
> *Ele era muito consultado. Até o pessoal com sessenta ou mais anos de idade ia pedir a opinião dele.*
> *Ele teve uma vida muito sofrida; pegou as piores fases da família dele. O meu avô era ignorante e violento.*
> *Ele saiu de casa com quinze anos para fazer o curso ginasial, morar com uma tia.*

Relato cursivo da história familiar do senhor Luís

Família de origem do avô paterno (pais do avô de Sílvio)

O senhor Luís e dona Pilar casam-se, em meados de 1900, e se mudam de Palermo, na Itália, para o Brasil. Nasce Firmino. O motivo do casamento, segundo relatos, foi o fato de dona Pilar ter ficado grávida na Itália. A maneira que a família encontrou para resolver o problema foi casá-la com Luís e mandá-la para o Brasil.

No Brasil, tiveram outros filhos. Adquiriram um sítio e, ainda hoje, parte da família permanece nessa região. Algumas outras pessoas foram para a cidade aprender uma outra profissão.

Pilar se suicida.

Eventos críticos

1900 — Vieram para o Brasil.
1900 — Nasce Firmino.

Relatos significativos

> Sílvio: *O meu bisavô veio da Itália com dois irmãos. Um foi para uma cidade e outro para outra tentar a vida.*
> *Começou uma vida pobre, com muitos filhos.*
> *Mais tarde, a parte do meu avô foi para a cidade aprender outras profissões.... Então, começou a vida dele atrás das profissões com formas diferentes de ganhar dinheiro;*

onde ele ouvia falar que alguma coisa dava certo, ele queria tentar.

Relato cursivo da família do sr. Eduardo (pais da mãe de Sílvio)

Família de origem materna

Eduardo e Eva casaram-se e tiveram quatro filhas. Duas morreram doentes ainda na infância, com três anos.

A convivência dessa família era muito boa e tranqüila. O pai, Eduardo, fica doente na velhice, tendo de ser cuidado pela filha Olga. Eva fica paralítica em decorrência do mal-de-Parkinson, durante dez anos. O casal foi morar na casa da filha Olga e participou da vida dos netos.

Gilda nunca constituiu família. Volta para a cidade natal para cuidar da mãe na velhice. Vai morar com a irmã e tem participação ativa na educação dos sobrinhos.

Eventos críticos

1905 — Casam-se Eduardo e Eva.
1917 — Nasce Gilda.
1924 — Nasce Olga.
Aprox. 1965 — O casal vai morar com a filha Olga.
1972 — Morre Eva.
1980 — Morre Eduardo.

Relatos significativos

Sílvio: *Na família da minha mãe, há só duas filhas.*
Eles tiveram uma vida tranqüila e pacata, numa cidade pequena.
O pai da minha mãe ficou esclerosado aos sessenta anos. Perdeu o contato com a realidade e só se lembrava de coisas antigas.
Eles foram morar com meus pais. Eu tinha mais ou menos cinco ou seis anos de idade. A minha avó ficou com mal-de-Parkinson.

Ela não se locomovia e ficou anos nessa situação. Nós cuidamos dela, e ela teve bastante participação na nossa vida. Quem cuidava dela era a minha mãe e, posteriormente, a minha tia a ajudava.

Relato cursivo da história familiar do major Raul

Família de origem da avó paterna (pais da avó de Sílvio)

Essa família de classe média teve a filha Mariana, que ficou grávida durante seu namoro com Firmino.

O pai, o major Raul, após obrigar o casamento, rompeu com os dois e os deixou à própria sorte. Nunca mais voltou a ter contato com essa família, nem mesmo para visitar os netos.

Relatos significativos

Sílvio: *Provavelmente, acabou acontecendo de forma imprevista. Eles ficaram sem o apoio de toda a família.*
O primeiro filho que nasceu foi o meu pai, e eles nunca mais quiseram saber deles.

Relato cursivo da história familiar do sr. Manoel

Família de origem do avô materno (pais de Eduardo, avô de Sílvio)

Manoel casou-se com Maria e tiveram dois filhos.
Era funcionário público. "Pouco se fala dessa família."
Manoel morreu de varíola.

Relatos significativos

Sílvio: *O pai do meu avô morreu de varíola, numa epidemia, e teve de ser sepultado fora da cidade. Ele era funcionário da Prefeitura. Meu avô teve uma irmã só, e não se relacionava muito bem com ela. Nunca conviveram.*

Relato cursivo da família do senhor José

Família de origem da avó materna (pais de Eva, avó de Sílvio)

José casou-se com Paula e tiveram muitos filhos. Eva era uma das filhas. Essa família era de uma cidadezinha do interior do estado de São Paulo.

Muitos membros dessa família mudaram-se para São Paulo, o que os impedia de estarem sempre juntos e manterem um bom convívio.

Tiveram três filhos; perderam dois pequenos antes de Eva.

Relatos significativos

Sílvio: *São brasileiros.*
A família da minha mãe sempre foi muito mais comportada do que a família do meu pai.
Da família da minha mãe eu não conheço muita coisa. Sei que era uma família muito numerosa. A influência maior era dessa família.

Famílias de origem de Lúcia — Ramo feminino

Relato cursivo da história familiar do senhor Otávio (pai de Lúcia).

No estado de São Paulo, casam-se o sr. Otávio e dona Elisa. Nascem as filhas Camila e Elisa. Logo o casal viaja para o exterior, onde vive dois anos, para desenvolver um projeto de pesquisa. Levam as filhas.

Voltam para o Brasil e vão morar em outro estado. Durante esse tempo, nascem mais duas filhas: Cristina e Lúcia.

Quando Lúcia tinha dez meses, vão para o exterior e lá permanecem por mais dois anos. Voltam para o Brasil em 1969.

Mesmo no exterior, as crianças eram sempre cuidadas por empregadas por causa do trabalho dos pais.

Em 1970, a família sofre um acidente de carro. A mãe e sua filha Elisa morrem de forma trágica.

Nesta época, Lúcia e sua irmã Cristina apegam-se muito à avó materna, Ada, que morava com eles, e também à empregada de muitos anos.

Após a morte da esposa, o sr. Otávio só trabalhou no Brasil.

Dois anos após o acidente, o sr. Otávio se casou novamente com Carla, uma mulher conservadora com a qual trabalhava e que anteriormente, era amiga do casal.

Depois desse casamento, a avó materna de Lúcia foi morar com a outra filha, o que significou uma grande perda para a menina. A avó faleceu após alguns anos.

As relações com essa família de origem materna foram mantidas, de modo que as netas pudessem passar as férias na casa dos tios maternos, que moravam em outro estado.

O relacionamento de Lúcia e suas irmãs com a madrasta, no início do casamento, foi um pouco difícil e tiveram de se adaptar.

Hoje o casal tem mais duas filhas Simone e Flávia. A família sempre manteve rituais, como almoçar aos domingos, tomar café, almoçar e jantar juntos, com horário determinado.

Eventos críticos

1951 — O senhor Otávio e dona Elisa casam-se.
1953 — Nasce Camila, a filha mais velha do casal.
1955 — Nasce a 2ª filha do casal, Elisa.
1963 — Nasce a 3ª filha, Cristina.
1964 — Nasce Lúcia, a caçula.
1965 — Mudam-se para o exterior.
1969 — Voltam para o Brasil.
1970 — Morre dona Elisa e a filha Elisa; a avó materna vem morar junto.
1972 — O sr. Otávio casa-se com Carla. A avó materna muda-se da casa dessa família.
1974 — Camila casa-se.
1975 — Camila separa-se do marido.
1976 — Nasce Simone, 1ª filha do casal.
1978 — Nasce Flávia, 2ª filha do casal.

Relatos significativos

Lúcia: *Eu não tenho muita nitidez do começo da família. Tudo ficou muito confuso, pois eu tinha apenas seis anos quando a minha mãe morreu em acidente de carro.*

O meu pai e a minha mãe eram muito felizes. Viveram 19 anos de casamento, trabalhavam juntos, viajavam muito para o exterior. Era um casamento perfeito.

Após a morte de minha mãe, uma empregada antiga desenvolveu bem esse lado maternal, e a minha avó, que ficou viúva, cuidou da gente. A minha irmã mais velha já estava com dezessete anos.

O meu pai me contava dela, mas eu não tinha muito espaço para falar disso, pois tinha a segunda mulher dele.

Quando meu pai se casou de novo, a minha avó foi embora. Foi uma perda para a gente, mas sempre íamos visitá-la, e até hoje mantenho contato com a família de minha mãe.

Com minha madrasta, apesar de ela ser boa pessoa, faltou aquela coisa de carinho, de abraço, ela não sabe fazer isso, é o jeito dela.

Eu gosto muito dela, e o fato de ter-se casado com o meu pai foi muito bom para ele.

Meu pai falou uma vez: "Lúcia eu não sei arrumar companheira fora de casa, não daria certo com o meu jeito de ser".

Eu sempre tive uma história muito positiva do casamento; apesar da morte da minha mãe, meu pai me passou que o casamento é uma coisa importante, é boa e é também fundamental.

Tinha essa de almoçar junto, tomar café e, aos domingos, estar todo mundo junto; os namorados também iam.

Eu senti que o meu pai teve de ser determinado para reformular o casamento. Ele sabia que não poderia ser como era o casamento anterior, com minha mãe. Houve todo um processo de adaptação, e ele criou uma nova forma para ser feliz.

O que mais me chamou a atenção foi a perda da minha mãe. O casamento do meu pai, e a construção da casa projetada por eles, após a morte de minha mãe.

A minha madrasta já era amiga dos meus pais e admirava o seu casamento antes do que aconteceu. Quando ele ficou viúvo, as coisas ficaram mais fáceis.

Hoje, depois de muita dificuldade com o meu pai, estão colocando a casa à venda, e é do interesse da minha madrasta, que quer o espaço dela, e das minhas irmãs que precisam dela economicamente.

Relato cursivo da família do sr. Domingos

Família de origem paterna (avós de Lúcia)

O senhor Domingos, português, conhece dona Dinah, cuja família é de origem alemã, em uma viagem de navio para o Brasil. Os dois se casam no próprio navio e fixam residência no Norte, onde nasce Otávio.

Moram durante três anos nessa cidade. O casal separa-se e dona Dinah muda-se com o filho para outro estado. O menino foi criado praticamente pela avó materna, que residia com eles, pelo fato de a mãe "ser uma pessoa muito complicada".

Na época da separação, o pai de Otávio queria ficar com o filho, mas a mãe não permitiu. Quando o menino tinha três anos de idade, o pai raptou-o, mas o garoto adoeceu seriamente, "talvez por não ter recebido os cuidados adequados. O pai ficava fora de casa, pois trabalhava o dia todo". Domingos devolve Otávio para a mãe: "Esta, com muita raiva, pega o filho, muda-se, e corta qualquer relação com o ex-marido".

Domingos volta para seu país de origem. Otávio cresce acreditando que seu pai estivesse morto, pois era o que a sua mãe dizia.

Quando o sr. Otávio, já casado com dona Elisa, ao realizar uma pesquisa, passa por P., resolve procurar na lista telefônica algum parente, já que a origem de seu pai era deste país. Encontra, então, o nome de seu pai e o reencontra depois de quarenta anos, casado e com um filho.

Atualmente, as famílias mantêm algum contato, trocando correspondências.

Dona Dinah exercia um cargo público e, depois de se aposentar, passou a trabalhar com decoração. Nunca mostrou interesse pelas netas.

Eventos críticos

1904 — Nasce o senhor Domingos.
1907 — Nasce Dinah.
1928 — Casam-se Domingos e Dinah.

1931 — Nasce Otávio.
1932 — O casal se separa.

Relatos significativos

> Lúcia: Meu pai nasceu no Norte. O pai dele é estrangeiro e foi criado pela avó materna. A mãe dele era uma pessoa muito complicada, inclusive, até hoje, eu não a conheço e ela ainda é viva.
> Ela não foi ao casamento do meu pai, nem quis conhecer a neta quando o meu pai quis levar para ela ver. Ela é uma pessoa muito geniosa...
> Ele sempre quis ficar com o filho, mas ela não deixou. Ele acabou raptando o filho, mas não conseguiu cuidar do menino, que acabou adoecendo, então Domingos devolveu Otávio para minha avó. Ela pegou o meu pai e mudou-se. Durante certo tempo, ele ficou procurando o filho. Naquela época, eles não tinham parentes, não tinham contato, não tinham nada. Ele não conseguiu encontrar o filho. Então, voltou para seu país.

Relato cursivo da família do senhor Dima

Família de origem da avó paterna (avós de Lúcia)

O senhor Dima era armênio, e teve toda a sua família assassinada quando os russos entraram na Armênia, enquanto ele estava na Europa.

Conheceu dona Ema na Alemanha, casaram-se e tiveram três filhos, entre eles Dinah, a filha do meio. Quando houve a guerra, perderam muitas posses para o Estado Alemão. "Havia muita tensão na época: a filha de catorze anos cometeu suicídio".

A partir daí, ocorrem vários altos e baixos; quando a família, em férias, esquiava, o menino de cinco anos atropela um senhor que vem a morrer. Essa criança sofre um "trauma", não se desenvolve mais emocionalmente, tendo de ser tratado.

A família vem para o Brasil, e o sr. Dima começa a montar uma fábrica, que não dá certo. Logo, investe em outra, voltam para a Alemanha, mas acabam ficando no Brasil.

Dona Ema sempre trabalhou, muitas vezes sustentando a casa. Ele trabalhava bem com massagem.

Eventos críticos

Invasão da Armênia. O senhor Dima perde toda a família.
Na guerra, ocorre o suicídio da primeira filha.

Relatos significativos

Lúcia: *Ele estava viajando quando entraram na Armênia e o país acabou.*
Eles não eram judeus. Ficaram pobres e tiveram de lutar para sobreviver.
Muita tragédia.
A minha avó tomava a frente da família. Exerceu várias habilidades. A principal era um tipo de massagem.

Relato cursivo da família do senhor Marco

Família de origem materna (avós de Lúcia)

Essa família, de origem alemã, era muito numerosa.

O senhor Marco casa-se com dona Ada e, dessa união, nascem quatro filhos: dona Elisa, a mãe de Lúcia, Flávio, Marcelo e Marise.

A família vem para o Brasil. Relatam terem sido muito felizes, mas o senhor Marco era muito severo com os filhos: "A mãe era muito protetora".

A família sempre se reunia nas ocasiões festivas.

As profissões escolhidas pelos elementos desta família privilegiam a área científica. Dona Ada falece aos oitenta anos de idade.

Eventos críticos (aproximadamente)

1926 — Casam-se o senhor Marco e a dona Ada.
1927 — Nasce Elisa.
1929 — Nasce Flávio.
1935 — Nasce Marcelo.
1943 — Nasce Marise.

1960 (aprox.) — Morre Marco.
1980 (aprox.) — Morre Ada.

Relatos significativos

Lúcia: *Como perdi minha mãe muito cedo, as histórias que sei me foram contadas por minha avó. Muita coisa eu já esqueci.*
A minha mãe era a irmã mais velha. Ela faleceu aos 42 anos de idade.
Esta família é muito unida. Gosta de estar junto, se reúne em festas, em situações de pesar, se apóiam.
Até as profissões são muito parecidas. Tem muito cientista.

Os mitos e sua influência na família

Na família de Sílvio: Pela óptica trigeracional, nessa família encontra-se a repetição de pauta do abandono de duas moças grávidas pelas respectivas famílias, em tempo histórico diferente, mas nas mesmas circunstâncias. A família força o casamento e corta relações com o casal. O fato ocorre tanto na família dos pais de Firmino, avô de Sílvio, onde na Itália a família arranja o casamento para Pilar na condição de imigração, assim como na própria família de origem paterna, quando a família do major Raul força a filha Mariana a se casar com Firmino e, logo depois, rompe relações com o casal.

Essas duas situações deram origem a muito sofrimento e a sentimentos de perda, de abandono e culpa que, mais tarde, fizeram com que as duas famílias convivessem com graves problemas como: dificuldades econômicas e conflitos conjugais. O suicídio de Pilar, mãe de Firmino, marca e pontua esses conflitos.

Essas ocorrências repercutem diretamente nos filhos, em especial no primogênito dessas duas gerações, que sofrem diretamente essas tensões.

Na primeira geração, vemos Firmino, na família de origem paterna, tornar-se uma pessoa impulsiva e violenta, de difícil relacionamento.

Na contagem dos "créditos e débitos" pode ter sido criada a necessidade de resgate e reparação familiar. Esse resgate, em busca da união para a reparação do equilíbrio perdido. Impulsionado por esses conteúdos emocionais não clarificados, surge aí um espaço favorável para o aparecimento de uma figura mítica.

Em sua trajetória de vida, Lucas, na família de origem do ramo masculino, ao participar dos problemas familiares e ter dificuldade de identificação com a figura paterna, que considera "violenta", sai de casa em busca de melhores condições de sobrevivência, procura se estabelecer em uma profissão. Posteriormente, casa-se com Olga, filha de imigrantes, estabelecidos no interior do estado de São Paulo e com prole numerosa, que mantêm sua sobrevivência assegurada pela pauta da união no trabalho comum.

Com um casamento harmonioso, no qual a mulher o apóia e o incentiva, ele se torna um eixo norteador do Mito da União, complementado pelo Mito da Religião, uma vez que assume como cerne dessa união os padrões evangélicos determinados pela moral cristã.

Torna-se um "ponto de referência familiar", o "modelo" para a família, desenvolvendo pautas de ajuda e cuidado a familiares, que se tornam claras na casa grande, que abriga parentes, os próprios pais na velhice e, posteriormente, a cunhada.

Na família de Lúcia

No ramo feminino, conhece-se uma trajetória de muito sofrimento, que se inicia quando o senhor Dima, na família de origem da mãe de Otávio, ao regressar de uma viagem à Europa, constata que perdeu toda a sua família assassinada na guerra, quando os russos invadiram a Armênia.

Após o seu casamento, com a família na Alemanha, perde muitas posses para o Estado alemão. Nessas condições de tensão, a filha de catorze anos comete suicídio. O clima de tensão é acrescido quando o filho adoece em virtude de um trágico acontecimento.

A seguir, a família peregrina em busca de melhores condições de vida, até chegar ao Brasil, onde a filha Dinah entra apressadamente em um casamento com Domingos que, após alguns episódios tumultuados, acaba abruptamente numa sucessão de tensões e conflitos não-resolvidos.

Desse casamento resta o filho Otávio (pai de Lúcia), que cresce em condições de difícil relacionamento com a mãe, sem desfrutar da convivência do pai, que acredita morto. Durante toda a sua vida

Otávio sente as conseqüências de um casamento desfeito e a necessidade de uma família harmoniosa.

Mais tarde, ainda jovem, vê se desfazer o casamento dos avós, o sr. Dima e a avó, dona Ema, figura que lhe é muito significativa. Ressente-se também com essa situação. A busca do casamento harmonioso, para ele, torna-se uma questão fundamental, básica e necessária para a própria sobrevivência.

Então, conhece Elisa, mãe de Lúcia, pessoa com a qual tinha muitas afinidades e interesses comuns, profissões similares, e iguais condições de trabalho, descendente de imigrantes alemães, vinda de uma família unida, com rituais de preservação e manutenção do Mito da União. Enamoram-se e casam-se. Passam a idealizar projetos comuns, realizam um "modelo de casamento perfeito", com a almejada harmonia.

Para Otávio, o "casamento" é fundamental para responder às suas necessidades e aos seus desejos, e para a manutenção de uma família harmoniosa e funcional. Ele transmite para os filhos a importância dessa união, considerando-a necessária, e torna-se uma figura mítica, demarcando essa mitologia.

Quando em circunstâncias adversas perde a esposa Elisa e uma filha, Otávio busca preencher esse vazio, procura uma pessoa com características comuns às da primeira mulher. Repete o modelo anterior. Continua, inclusive, com o projeto anterior de construção da casa idealizada.

Consegue novamente um casamento harmonioso, "uma fórmula para ser feliz", e para a manutenção da família, usando o Mito da União como complementar ao "Casamento", determinando rituais de reuniões e pautas de ajuda e cuidado entre os familiares.

Os mitos na construção do casamento

O casal se conhece em uma festa de estudantes, na universidade. Estão em igualdade de condições: estudam e moram longe dos pais.

Surge o namoro. Ocorrem os relatos da vida familiar e do cotidiano, observam-se nos interesses comuns, desenvolvem-se em profissões correlatas, que detêm em si pautas de ajuda e cuidado, influenciados pela mitologia comum aos dois ramos familiares, ou seja, o Mito da União.

O apego e a afeição entre Sílvio e Lúcia se estabelece com intensidade e começo repentino, quando o casal passa pelo galanteio, há uma tentativa de fusão. A similaridade de experiências favorece esse processo. Descobrem-se na mesma dimensão de sofrimento, o que possibilita maior proximidade. Falam das experiências que ocorreram a ambos, nas mesmas fases de desenvolvimento, ou seja, Lúcia perdeu a mãe quando era muito criança. Essa experiência de perda também foi vivenciada por Sílvio, com a morte do irmão. Encontram-se em igualdade, na mesma situação familiar de filho caçula.

Trocam confidências da esfera mais íntima de lembranças pessoais da infância, e a proximidade se estabelece com essas trocas emocionais, uma vez que um ouve e se solidariza com o outro.

O casal passa pelo *Primeiro Período do Encaixe Mítico*. Há o encaixe inicial, introdução de um mito na malha de outro, um processo de alinhamento de expectativas e gradativo ajuste da concepção de mundo.

Quando o relacionamento se aprofunda em intimidade, existe a necessidade de compartilhar. O casal passa a morar junto, desenvolve um aprendizado comunicativo e habilidades relacionais. O ficar junto, a similaridade e a familiaridade de experiências, a facilidade de compartilhar possibilitam que "o casamento se constitua de forma rápida". Houve facilidade para morar junto, e o casal começa a idealizar os planos em comum.

Nota-se a presença marcante do Mito do Casamento, pois na resolução dos problemas do cotidiano, o casal tece perspectivas de vida em comum, com cuidado e delicadeza.

Após o casamento, iniciam o planejamento de uma vida em comum. As pautas de compartilhar e dividir responsabilidades tornam-se prioritárias e determinantes. Decidem ir morar numa cidade de interior, "em melhores condições para criar os filhos", e há o interesse para conciliar a profissão dos dois de forma harmoniosa.

Percebe-se que o casal percorre o *Segundo Período do Encaixe Mítico*, pois eles constroem significados comuns, partilham da mesma realidade, tomam um a perspectiva do outro, as pautas passam a ser compartilhadas e os rituais tornam-se comuns.

Podemos encontrar o casal vivendo a divisão de tarefas mantidas e renovadas e na utilização de um *background* de apego e de afeição, e habilidades de comunicação que se mantêm recursivamente.

O casal aceita as diferenças por meio da negociação, estabelecendo acordos para manutenção do relacionamento. "Cada um percebe o cansaço do outro" (Lúcia), aceitam-se os limites e negociam-se as diferenças.

Com freqüência, as situações são renegociadas, e o casal tem clareza de suas preferências e diferenças, garantindo assim um casamento funcional. Com as habilidades de comunicação e o estabelecimento de negociações, os acordos têm papel fundamental.

Nota-se o *Terceiro Período do Encaixe Mítico*, perpassando as conquistas realizadas nesses modelos, pois o casal estabelece um espaço pessoal no casamento, promovendo negociações, repercutindo nos mitos familiares presentes, que vão sendo arranjados num estilo próprio e garantindo o seu próprio espaço de diferenciação.

A opção pela cidade de interior deve-se ao plano de os dois constituírem uma família em uma cidade menos violenta do que São Paulo. Necessariamente, deveria ser uma cidade com uma universidade, devido à área de trabalho de Sílvio, pois Lúcia se adaptaria facilmente em qualquer lugar por ser profissional liberal.

As decisões sempre foram tomadas em conjunto, sobre as quais se faziam os planos posteriormente. Há uma determinação em relação aos planos. Administram o dinheiro em conta conjunta, que já existe desde a época de namoro. É o dinheiro do casal; um respeita o gasto do outro.

Para garantir a preservação da qualidade da relação, e o não-estabelecimento de tensões, o par tem contratos subjacentes ao relacionamento que, aplicados ao cotidiano, garantem um padrão funcional, um acordo "é um contrato informal que, na prática, acaba funcionando. Nenhum vai estar fazendo menos que o outro" (Lúcia).

É interessante observar como todos os passos são negociados, e o planejamento antecipado mostra-se norma básica para a execução dos planos em comum.

Podemos sentir esse casal passando pelos vários estágios, assegurando as conquistas realizadas no estágio anterior. As pautas do Mito da União garantem os cuidados e a ajuda, assim como a manutenção da comunicação com sucesso.

Percebe-se uma confiança estabelecida, que é confirmada pela comunicação e a capacidade de negociação constante. Inclusive, a filha foi planejada, nasceu durante a construção da casa. Moravam em um apartamento emprestado da tia de Sílvio, e puderam investir todo o dinheiro na construção da casa.

Com a chegada da primeira filha e com a construção da casa idealizada, o casal já utiliza as habilidades adquiridas anteriormente. Torna-se necessária a transformação de novos padrões da relação, e outro planejamento do cotidiano. O casal olha o relacionamento de fora, observa que a fase atual é transitória. Sílvio e Lúcia precisam adaptar-se. Ao mesmo tempo, observam que o relacionamento se aprofunda e alcança outras dimensões, o que indica a fala de Sílvio: "Acho que um bom casamento pode atingir todos os níveis que um bom relacionamento pode obter".

Ampliada pela ótica intergeracional, notamos a possibilidade de a vida do casal norteada pelos mesmos princípios e ideais, determinada pelas mitologias dos ramos familiares que são compatíveis, favorecer o gradativo ajuste entre essas malhas míticas.

A atração dessas mitologias, a demanda individual para realizá-las, a força dessa construção são determinadas pelas histórias familiares. Na família de origem de Lúcia, a vida do seu pai a encaminhou a uma determinada construção mítica, assim como sua experiência, ao perder a mãe, a crise na família, e o segundo casamento bem-sucedido do pai, fortaleceram esse Mito do Casamento.

As pautas de ajuda e cuidado determinadas pelo "Mito da União" são também direcionadas ao casal, pois, segundo Lúcia: "há um acordo meio informal, de um perceber o cansaço do outro e assumir as tarefas naquele momento, partindo do princípio de que nenhum está fazendo menos que o outro".

Constata-se a presença dos dois mitos: Espinha Dorsal das duas famílias de origem, presentes tanto o do "Casamento", como o da "União". Essas duas malhas míticas estão entremeadas. O Mito da União determina o maior número de pautas familiares, inclusive aquelas para a manutenção do casamento, o que o faz ser considerado o Mito Espinha Dorsal.

A apresentação do genograma

O local escolhido para a reunião foi a residência do casal. Uma casa confortável, ampla, que chama a atenção. Para a decoração utilizaram, preferencialmente, seres vivos: peixes, pássaros e plantas. Ao mesmo tempo, esmeraram-se cuidadosamente nos pequenos detalhes.

Sílvio já havia preparado uma lista com os nomes de todas as pessoas da família, sendo cuidadoso para que não faltasse nenhum dado e para que ninguém fosse esquecido.

1ª Etapa

Ao montar o genograma, ao tocar o material relativo a cada pessoa da família, o casal faz reflexões soltas a respeito das pessoas.

À medida que essas reflexões vão sendo expressas, a identidade dessas pessoas pôde ser mais sentida. Os detalhes que faltavam podiam ser preenchidos, e a trajetória das pessoas podia ser compreendida.

Sílvio: (a respeito do próprio pai): *Eu não me lembro do meu pai falando das lembranças boas de sua vida de infância.*

Sílvio: (a respeito da avó paterna): *Ela não teve nenhum apoio da família. Ela sofria de bronquite e tinha crises.*
A minha bisavó se suicidou.

Lúcia: (a respeito da família de origem paterna): *A minha bisavó era a própria família do meu pai... o restante é uma coisa apagada e triste.*

(a respeito da família de origem materna): *O meu pai unia a família. Até hoje ele mantém contato com essa família.... era como se a família da minha mãe fosse a família dele.*

2ª Etapa

Sílvio: (a respeito da família de origem paterna): *O valor que se dá ao trabalho e à honestidade é muito grande.*
Meu pai acha que a crença religiosa o sustenta.
Ele substituiu as lacunas do seu próprio pai. Tornou-se um outro pai para os seus irmãos.
Ele era a pessoa que mais cuidava, tinha bom senso, tinha mais informações, era o orientador da família.
O meu pai tinha um senso ético muito forte, e ele me passou muito isso.

(a respeito da família de origem materna): *O contato com os meus avós foi muito forte.*
(a respeito da própria família de origem): *Tem muito essa de ficar junto. Todos se ajudam muito e moram na mesma casa.*
Eu convivi muito com isso. O meu avô estava esclerosado e a minha avó, paralítica. O meu jeito de me relacionar com o meu avô era ouvir as suas histórias... e eu adorava.

3ª Etapa

Sílvio: Era muito forte a religiosidade que foi passada no dia a dia, para nós.
A importância de estar unido, se cuidar, é muito forte.
Lúcia: O meu pai me passou a necessidade da família, do casamento, de ser forte, bem construído.
Sílvio: Essa experiência foi ótima; dá pra juntar muita coisa.
Lúcia: Foi muito positiva, dá pra aproveitar bastante. O mais impressionante foi descobrir o quanto nós dois temos de experiência em comum.
É, as pessoas se conhecem e se acham diferentes. De repente, descobrem que não são tão diferentes assim.

4ª Etapa

Sílvio: (a respeito de si mesmos): Nós temos essa coisa da união.
Lúcia: Compartilhamos e dividimos tudo juntos, e temos muitas coisas em comum em nossas histórias.
Sílvio: Acreditamos que vamos continuar repetindo as coisas boas que aprendemos com eles, conservando os mesmos valores.

Comentários

Houve o engajamento do casal no trabalho proposto, assim como se verificou o reconhecimento dos mitos e de seus contéudos nessa estrutura familiar.

O casal assumiu esses conteúdos, reconhecendo os valores. Foi marcante o fato de que o recontar as histórias dos familiares amplia a compreensão sobre estes, ao mesmo tempo que se fortalecem os mitos que eles viveram e que marcaram as suas próprias histórias.

Acompanhamento do caso

Após um ano e dois meses da realização das primeiras reuniões com o casal, foi feita a última sessão de acompanhamento.

O objetivo era verificar as mudanças ocorridas no ciclo de vida da família que pudessem estar diretamente relacionadas com os conteúdos míticos.

1ª Etapa: Verificar mudanças na família

Sílvio: *O que marcou a família de uns tempos para cá foi a separação conjugal do meu irmão, porque na minha família de origem ninguém tinha-se separado, e todos foram pegos de surpresa.*

Lúcia: *Existe uma sensação de perda que é triste para todo mundo.*

Sílvio: *A gente ficou sem saber como ajudar.*

Lúcia: *Foi na época do Natal, em que todo mundo se reúne. Minha sogra precisou de muito apoio, pois ela se considerava uma pessoa de sorte, pois todos os filhos estavam unidos em seus casamentos.*

Sílvio: *Entre nós o que aconteceu foi o nascimento de nossa outra filha, que provocou uma reviravolta. Toda a rotina foi mudada.*

Ela foi planejada e deu tudo como a gente queria. Que as duas tivessem mais ou menos dois anos de diferença: agora elas são pequenas, mas logo estarão interagindo uma com a outra. Foi tudo planejado.

Lúcia: *Mudou muita coisa em termos de relacionamento familiar. Nossa filha menor passou por um processo de regressão, de fazer xixi na calça, mas as coisas já estão melhorando.*

2ª Etapa: Acordos presentes no relacionamento

Lúcia: No início, um estava cobrindo o outro o tempo todo, enquanto eu estava com uma ele pegava e cuidava da outra.

Sílvio: Esses acordos eram automáticos, conforme a necessidade e a disponibilidade de cada um.

Lúcia: Foi uma mudança radical no processo de dormir. Passamos o colchão para o quarto das meninas, a gente acordava a noite toda.

Sílvio: É o espaço ficou comprometido, mas sabemos que é uma fase.

Lúcia: Outra coisa que está prejudicada é o meu espaço para ler livros, fazer cursos.

3ª Etapa: Prospecção do casal com o passar do tempo

Lúcia: No momento, queremos parar em dois filhos, pois o custo de filhos em faculdade é muito grande, e pelas atividades que exercemos não temos muita condição de expansão de capital.

Sílvio: Para o futuro, pensamos em quando as crianças ficarem maiores, podermos viajar com elas.

Lúcia: E estamos curtindo as meninas em suas etapas, aproveitando e investindo nisso.

4ª Etapa: A relação com os conteúdos míticos já reconhecidos

Lúcia: Sílvio se sente prejudicado profissionalmente. Não está tendo tempo de fazer o seu trabalho de tese... agora montamos um esquema no nosso quarto para que ele possa trabalhar. Para isso, dividimos os dias de trabalho dele. Ele se tranca e não é incomodado por ninguém. Sabemos que essa é uma fase; as crianças são prioridade, a mãe, e a tia precisam de cuidados, pois são de idade, a gente não pode negligenciá-las.

Sílvio: Eu acho que o exemplo familiar pesa muito, tanto na minha vida como na de Lúcia. Temos como prioridade a nossa vida em família, então, estamos encarando

tudo como uma fase, e fazendo com que as tarefas se voltem para as prioridades.
Então, esta é uma força principal que mantém a nossa família, tirando o máximo de proveito deste momento.

Lúcia: *Estamos também ajudando a família na medida do possível, com bens materiais e com atenção.*

Sílvio: *Procuro sempre manter vínculos com o presente e o passado. E falo às minhas sobrinhas sobre as histórias da família. A Lúcia sempre mostra o álbum de família, e isso é muito importante para manter uma unidade.*

5ª Etapa: Questionando a resolução de possíveis pontos conflitivos.

Obs: Questionados a respeito de como estão os interesses individuais.

Sílvio: *Meu hobby é cuidar do bonsai. Eu faço sozinho e tenho vários, me traz uma sensação muito boa.*

Lúcia: *O meu tempo é pequenininho, mas como gosto de atividades físicas, estou fazendo hidroginástica, num horário em que o Sílvio fica com as meninas.*

Sílvio: *E estou sempre fazendo planos para o futuro.*

Lúcia: *Trabalhamos para preservar a nossa intimidade, tentamos colocar as meninas na cama mais cedo para ficarmos juntos. Às vezes dá certo, às vezes não.*

Sílvio: *Tudo é conversado e negociado; até a televisão, e as meninas já percebem os limites.*

Reconstrução da malha mítica

Mostram-se presentes mudanças importantes no ciclo vital dessa família. A outra filha desejada chega, segundo os pais, para completar a família.

Outros eventos imprevisíveis afetam a família no transcorrer do tempo, ou seja, a separação do irmão mais velho preocupa toda a família, pois atinge diretamente a mitologia familiar do ramo masculino, o Mito da União. Todos se ressentem e acionam as pautas de ajuda e cuidado em relação a esses familiares.

O casal apresenta-se adaptado a essa nova fase de vida com mais uma filha, na qual existem novos acordos em relação a arranjos do cotidiano, e no próprio relacionamento conjugal.

Ao mesmo tempo a intimidade mostra-se invadida, pelos cuidados necessários as crianças de tenra idade; a situação é vista como transitória pelo casal, que consegue observar estas mudanças com o passar do tempo.

Os acordos são modificados nessa nova fase de vida, com a finalidade de abrir um espaço necessário à diferenciação, e ao mesmo tempo garantir a harmonização: "Sílvio precisa estudar...", procura-se assegurar a intimidade "tentamos colocar as crianças dormir mais cedo..." (Lúcia).

Os mitos familiares mostram-se presentes determinando as pautas de ajuda e cuidado a familiares. O casal auxilia tanto material como emocionalmente a mãe, tia e outros membros da família.

A óptica presente no casal permite que se estabeleça uma ordem de prioridade em relação ao casamento, e uma hierarquia de valores comuns aos dois, facilitando a organização e o funcionamento da vida em comum.

Essas características identificam que o casamento percorre o *Quarto Período do Encaixe Mítico,* que possibilita e assegura o ajuste satisfatório entre as mitologias familiares. Revelam recursos no relacionamento tanto para lidar com as dificuldades do ciclo de vida quanto para construir um sentido próprio de vida, na reorganização e reconstrução dos mitos familiares de uma maneira própria da díade.

Na relação com os conteúdos míticos já reconhecidos, a partir da tomada de consciência das mitologia familiares, o casal estabelece espontaneamente rituais para se expressar, tal como mostrar os álbuns de família para as filhas, para "procurar manter sempre forte o vínculo entre o presente e passado" (Sílvio).

A história de Alves e Eloísa

Nós nunca nos deitamos com problemas. Por causa disso, o nosso casamento é tão bonito.

Eloísa

Relato cursivo da história familiar de Jairo Alves

Família nuclear

Alves e Eloísa se conheceram em uma pequena cidade do interior do estado de São Paulo. Nessa época, Alves tinha 28 anos de idade e Eloísa, 17. Ele trabalhava havia pouco tempo em uma empresa multinacional na cidade, e exercia um cargo de chefia. Estava bem-colocado profissionalmente.

Namoraram durante seis meses, com a aprovação de Tina, mãe de Eloísa, e logo Alves foi transferido para outra cidade.

Após essa remoção, ele sofreu um acidente de carro e teve de ser hospitalizado. Por esse motivo, ficou impossibilitado de se comunicar com Eloísa. O casal ficou separado durante um mês, mas reatou o namoro e, após um ano e meio, acertou o casamento.

Casaram-se assim que Eloísa completou 18 anos, por sugestão da mãe. Nesse ínterim, Alves foi transferido para a Argentina, com a perspectiva de ali ficar por cinco anos, mas permaneceram apenas um ano; pois Eloísa teve dificuldades de adaptação com a cidade e com o casamento, pois era muito imatura.

Posteriormente, o rapaz foi convidado a voltar para o Brasil e mudou de estado. Essas transferências começaram a afetar o relacionamento do casal. Então, ele pediu demissão da firma para a qual trabalhava.

O casal continuou em São Paulo e começou a passar por uma crise financeira, que afetou muito o relacionamento. Após muita procura, Alves conseguiu emprego em uma empresa estatal e foi designado para morar em V. (cidade do interior de São Paulo). Eles se mudaram para uma casa alugada e já montada, de um professor que estava residindo no exterior.

Depois de dois anos de trabalho em V., o casal decidiu montar sua casa própria e ter um filho, o que foi relatado por Eloísa como uma experiência nova e gratificante. Eloísa engravidou, teve parto normal e foi acompanhada de perto pela mãe e pelo marido.

Passados os primeiros anos do nascimento do bebê, Eloísa decidiu voltar a estudar, prestou o vestibular e entrou na faculdade. Nesse mesmo período, um sobrinho do marido vem para V. para fazer faculdade.

Após seis meses no curso, Eloísa decidiu mudar de curso, pediu transferência para a área de humanas, e comunicou ao marido que não queria que seu sobrinho morasse com eles.

Eventos críticos

1981 — Alves e Eloísa se casam.
1981 — Alves é removido e o casal vai para a Agentina.
1982 — Voltam a morar em São Paulo.
Alves sai do emprego, vivem uma crise.
1983 — Alves é contratado em um novo emprego.
1985 — Nasce o primeiro filho, Ernesto Vinícius.
1987 — Eloísa ingressa na faculdade.
1991 — Nasce Gabriela.
1994 — Eloísa se forma e começa a trabalhar.

Relatos significativos

Eloísa: Quando o conheci, em um baile, eu dançava com um amigo dele, que a minha mãe disse ter cara de casado. Acabei dançando com ele.

Genograma*

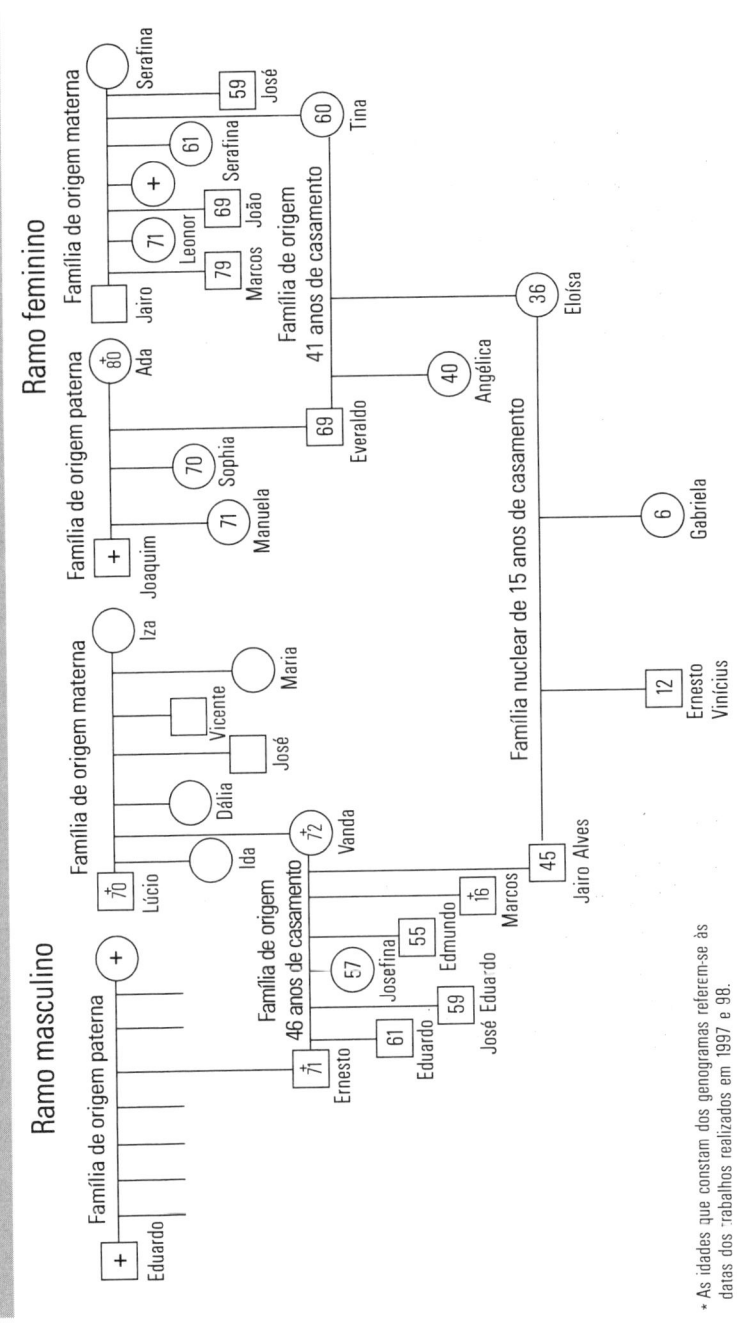

Caso 2

Ramo masculino

Família de origem paterna

Eduardo †

†71 Ernesto — (+)

Família de origem materna

Lúcio †70 — Iza

Ida — Dália — José — Vicente — Maria

Vanda †72

Família de origem 46 anos de casamento

Josefina 57, Edmundo 55, Eduardo 61, José Eduardo 59, Marcos †16

Jairo Alves 45

Ramo feminino

Família de origem materna

Jairo □ — ○ Serafina

Marcos 79, Leonor 71, Serafina 61 (+), João 69, Tina 60 — José 59

Família de origem paterna

Joaquim † — Ada †80

Manuela 71, Sophia 70, Everaldo 69

Família de origem 41 anos de casamento

Everaldo 69 — Angélica 40 — Eloisa 36

Família nuclear de 15 anos de casamento

Jairo Alves 45 — Eloisa 36

Ernesto Vinícius 12, Gabriela 6

---

* As idades que constam dos genogramas referem-se às datas dos trabalhos realizados em 1997 e 98.

109

Ciclograma*

Ramo Masculino

1ª geração

Família de origem materna sr. Lúcio
- 1870 Nasce Iza
- 1890 Casam-se Lúcio e Iza
- 1912 Nasce Vanda
- 1930 Casam-se Vanda e Ernesto
- 1952 Quase toda a família muda-se para o Paraná

Família de origem paterna sr. Eduardo
- 1903 Eduardo Alves casa-se
- 1905 Nasce Ernesto

2ª geração

Família de origem ramo masculino
- 1961 Morre marcos, num acidente
- 1962 Casa-se Eduardo
- 1965 Jairo Alves vai estudar fora
- 1966 Separação de Eduardo
- 1975 Falece sr. Ernesto
- 1976 Jairo Alves se forma
- 1979 Morre Iza avó materna
- 1984 Morre sra. Vanda

3ª geração

- 1981 Jairo Alves e Eloísa se casam e vão para a Argentina

Família Nuclear sr. Jairo

- 1981 Voltam para o Brasil
- 1982 Jairo sai do emprego
- 1982 Casal vai para São Paulo
- 1983 Jairo começa novo emprego

* As datas do ciclograma referem-se aos anos de realização dos atendimentos.

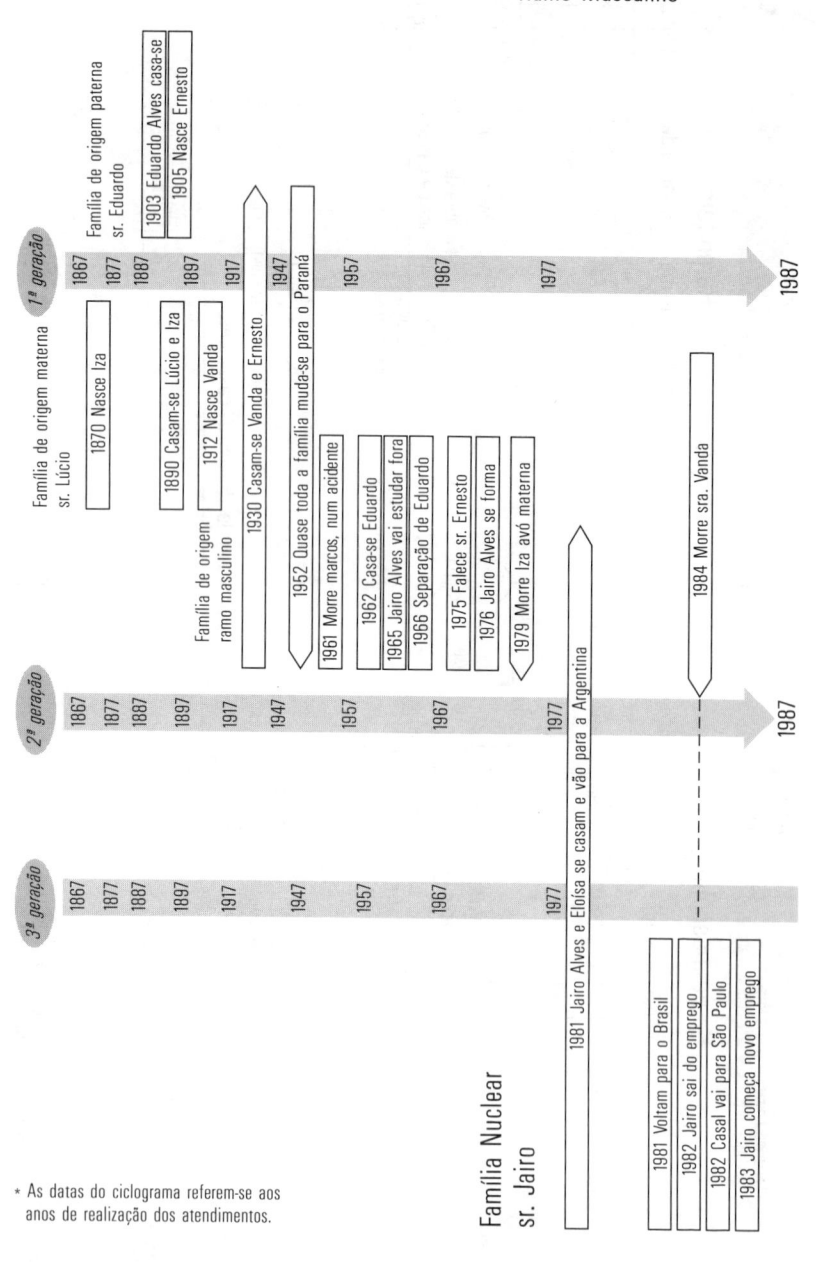

Ramo Feminino

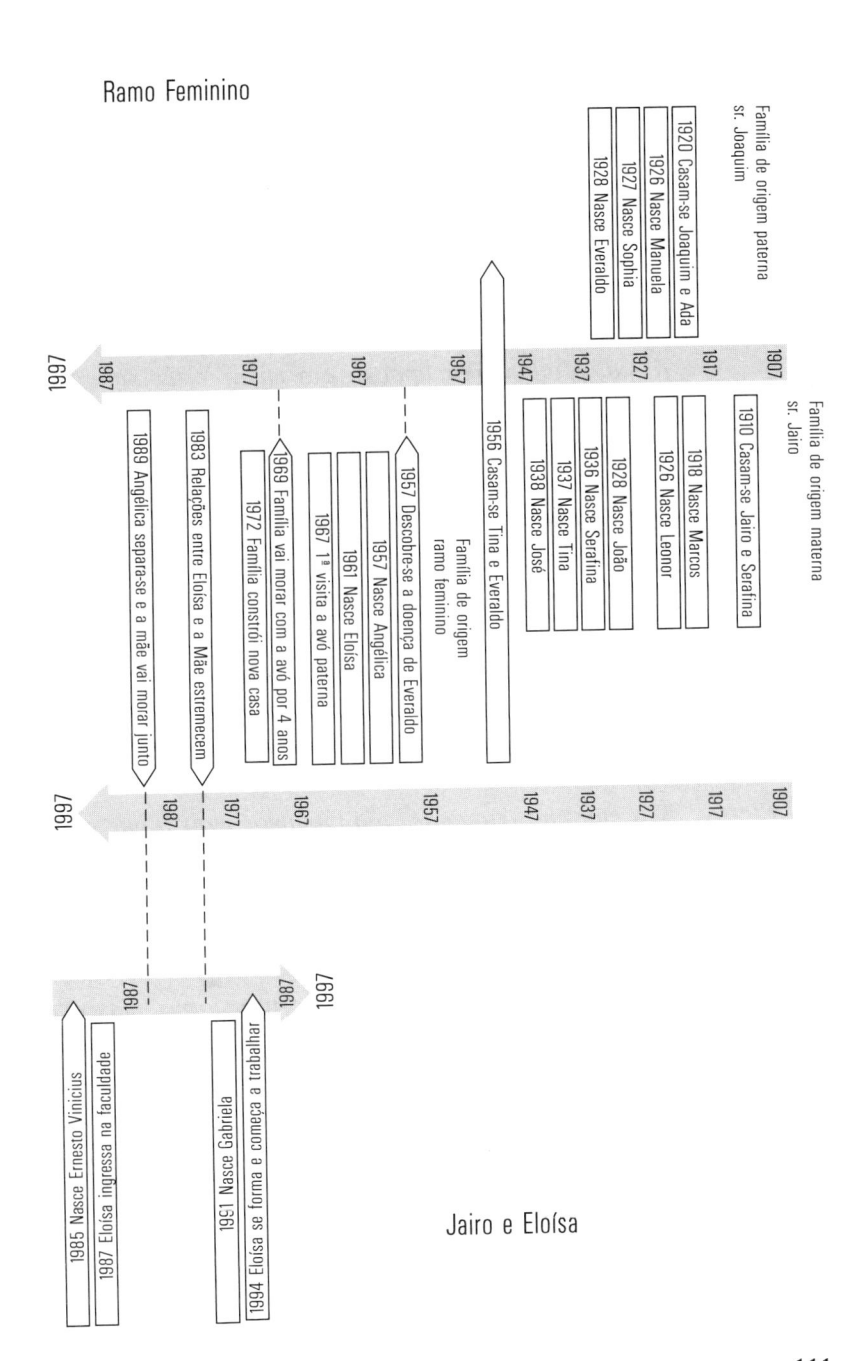

Família de origem paterna — sr. Joaquim

- 1920 Casam-se Joaquim e Ada
- 1926 Nasce Manuela
- 1927 Nasce Sophia
- 1928 Nasce Everaldo

Família de origem materna — sr. Jairo

- 1910 Casam-se Jairo e Serafina
- 1918 Nasce Marcos
- 1926 Nasce Leonor
- 1928 Nasce João
- 1936 Nasce Serafina
- 1937 Nasce Tina
- 1938 Nasce José

Família de origem ramo feminino

- 1956 Casam-se Tina e Everaldo
- 1957 Descobre-se a doença de Everaldo
- 1957 Nasce Angélica
- 1961 Nasce Eloísa
- 1967 1ª visita a avó paterna
- 1969 Família vai morar com a avó por 4 anos
- 1972 Família constrói nova casa
- 1983 Relações entre Eloísa e a Mãe estremecem
- 1989 Angélica separa-se e a mãe vai morar junto

Jairo e Eloísa

- 1985 Nasce Ernesto Vinicius
- 1987 Eloísa ingressa na faculdade
- 1994 Eloísa se forma e começa a trabalhar
- 1991 Nasce Gabriela

111

	Minha mãe era daquelas pra quem a boa aparência era tudo, inclusive para arrumar um bom casamento.
Alves:	*Eu tinha 28 anos, havia rodado o Brasil, era experiente, tinha carro "zero" e ganhava muito bem.*
Eloísa:	*Namoramos um tempo de longe. Minha mãe não me deixava sair de casa quando ele não estava, pois eu namorava sério.*
	Minha mãe não queria que ficasse enrolando, eu e minha irmã sofremos muito a pressão da minha mãe.
Alves:	*Nessa época eu era o único administrador solteiro na firma. Minha preocupação era casar e ter situação estável.*
	Eu já tinha visto muito, e aí nos conhecemos. Tudo me chamava a atenção nela. Um ano antes, ela já havia sido a rainha do Carnaval, era muito bonita e simpática.
Eloísa:	*Para mim, ele era uma pessoa totalmente diferente do que eu já havia visto em minha cidade. Uma pessoa falante, comecei a ir a festas com ele.*
Alves:	*Na época que eu saí da firma, recebi dinheiro que daria para comprar algumas casas, mas não tinha experiência do que fazer. Acabei ficando desempregado durante seis meses, gastando tudo.*
Eloísa:	*Nós entramos em crise, não tínhamos mais o que conversar. Na pior das hipóteses, cada um ia pro seu lado. A gente vivia muito mal. Quando eu senti que estava pior do que na minha casa, eu queria ir embora.*
Alves:	*Ela não conseguia entender o que estava acontecendo. Eu queria poupá-la de todo esse transtorno, mas ela era muito calada...*
	Daí surgiu essa vaga e viemos para esta cidade, começar vida nova.
Eloísa:	*Nossa! Foi uma maravilha. Depois eu ia ficar perto da minha mãe para o que precisasse.*
	Quando a coisa começou a se estabilizar, pensamos em um filho. Como minha mãe dizia, a casa já estava ficando vazia.

Alves: Eu escolhi o nome do meu pai, e ela complementou com outro.

Eloísa: O pai dele era uma pessoa boa e fantástica, e o outro nome foi o de um compositor de muito sucesso, que eu admiro.

Alves: No dia-a-dia, eu sempre participei de tudo, de arrumar as crianças, de tudo o que acontece.

Eloísa: Daí, chegou um ponto em que a casa e os filhos não estavam me preenchendo. Nós convivíamos com pessoas inteligentes. Quando eu era solteira, eu tinha uma mãe que falava por mim; depois, um marido, e aí vi que eu precisava falar.

Daí, calhou, veio um sobrinho dele prestar o vestibular e ficar em minha casa, e nós começamos a estudar juntos. Eu fiz o exame e também entrei em engenharia. Após um semestre, vi que não era o curso que eu queria, e consegui fazer outra opção.

Alves: Eu estava acompanhando tudo.

Eloísa: O sobrinho dele começou a incomodar morando em casa, então, falei com o Alves e ele acabou indo morar numa república.

No começo, foi difícil estudar e ser dona de casa ao mesmo tempo, pois o Alves é muito exigente, gosta das coisas arrumadas, eu sou o oposto. Bagunço para depois arrumar. Então, eu estou fazendo os créditos devagar.

Alves: A gente conseguiu conciliar. Ela ia estudar mais à noite e eu ficava em casa.

Eloísa: A minha mãe sempre foi uma pessoa muito forte e muito amiga, mas é também muito autoritária. O único jeito de conviver com ela é ela morando em outra cidade.

Eu e o Alves conversamos muito a respeito disso, e entramos em acordo sobre o que acontece com a minha mãe. No começo, eu via de outra forma.

Alves: Eu tinha receio de falar; deixei que ela fosse percebendo aos poucos.

Família de origem de Alves — Ramo masculino

Relato cursivo da história familiar do senhor Ernesto (pai de Alves).

Ernesto, quando conheceu Vanda, na Bahia, em uma quermesse, era jovem e tinha muitas habilidades: marceneiro, carpinteiro, barbeiro e sapateiro.

Casaram-se e foram morar em uma fazenda, onde nasceram seis filhos. Quando os filhos ficaram maiores, o sr. Ernesto e os dois filhos mais velhos vieram para o estado de São Paulo. Em seguida, mudaram-se para o Paraná em busca de melhores condições.

Ao conseguir alguma estabilidade financeira, ele trouxe toda a família, para trabalhar com todos os filhos. Sua atividade consistia em arrendar terras, desmatar e plantar café. Com isso, conseguiu formar, ao todo, três fazendas. O dinheiro que os filhos ganhavam ficava com o pai, que o aplicava e comprava outros negócios, entre eles um armazém de secos e molhados.

Nessa época, o pai distribuiu o dinheiro aos filhos, que montaram sociedade e compraram caminhões.

Morreu o filho mais novo, em um acidente, aos 16 anos de idade. O filho mais velho casou-se, foi até a Bahia e trouxe a avó materna e alguns outros parentes para morar com eles.

A família continuou progredindo financeiramente, comprando outros armazéns e posto de gasolina.

Em 1965, Alves (filho), ao sofrer um acidente com um caminhão do armazém, tomou a resolução de estudar. Acreditava que não servia para essa vida de negociar.

O filho Eduardo separou-se da mulher, por motivo provocado por ela, ficou com os dois filhos do casal e mandou a mulher de volta, fato que abalou toda a família.

Ao mesmo tempo o jovem Alves (F. Nuclear) mudou-se de cidade para estudar, morou inicialmente na casa de parentes, mas logo arrumou uma república e foi morar com uns amigos. Iniciou a faculdade e quando cursava o último ano, seu pai Ernesto morreu.

Eventos críticos

1930 (aproximadamente) — Ernesto e Vanda se casam.
1950 — O sr. Ernesto e os dois filhos mais velhos vão tentar a vida em São Paulo e no Paraná.

1952 — A família toda muda-se para o Paraná.
1961 — Falece Marcos, o filho mais novo, em acidente.
1962 — Casa-se Eduardo.
1965 — J. Alves vai estudar fora.
1966 — Separação de Eduardo.
1975 — Falece o sr. Ernesto, aos 71 anos de idade.
1976 — Alves se forma.
1979 — Falece a avó materna, aos 90 anos.
1984 — Falece a sra. Vanda, aos 72 anos.

Relatos significativos

Alves: *Quando meus pais se mudaram para o Paraná, eu tinha três anos. Meu pai tinha muitas habilidades, veio tentar a vida em lugar bem melhor.*
Meu pai era uma pessoa reservada e minha mãe era mais carinhosa. Eles viviam muito bem.
Inicialmente, moravam em uma fazenda, onde tiveram os filhos.
No Paraná, eles desbravaram terras, e isso exigia coragem, bravura; era mato mesmo.
A família trabalhava unida. Meu pai mantinha todos juntos, ele tinha um carisma de autoridade, sem estar massacrando.
Os meus irmãos investiam o dinheiro, que era distribuído, em sociedade. Meu pai orientava, mas eles tinham autonomia.
Minha família toda era católica. Era comum fazermos coisas juntos, pedir a bênção do pai. Tinha um ritual na Sexta-feira Santa, em que ele abençoava todos os filhos.
Quando eu fui estudar, toda a família aprovou e, mais tarde, a minha irmã foi também, mas acabou voltando. O único que estudou fui eu.

Eloísa: *É muito bonita esta família. Todos são muito unidos e sentem muito orgulho do Alves. Eles dizem: "Olhem como seu tio é estudado, ele serve de exemplo para os sobrinhos". Ele sempre os está aconselhando; o tempo todo ligam pra ele.*

Relato cursivo da história familiar do senhor Eduardo Alves (avô de Alves)

Família de origem paterna

Família de imigrantes portugueses, lavradores rurais, sediada no sertão baiano.

Tinham prole numerosa, sete ou oito filhos, eram pobres e viviam com dificuldades, do cultivo e do trabalho com a terra.

O sr. Ernesto, além do trabalho com o pai, sempre que podia, aprendia outras profissões.

Eventos críticos

1903 — Eduardo se casa.
1905 — Nasce Ernesto.

Relatos significativos

Alves: *O meu pai nasceu no Norte, na parte muito ruim, e pensava em ir para o Sul. Ele morava perto da família da minha mãe.*
Ele fazia cada sapato!, tudo a mão. Aprendeu com um vizinho.
Da família dele eu não sei quase nada. Só conheci um irmão e uma irmã dele.
Eram todos falecidos, e eu era o caçula.

Relato cursivo da história familiar do senhor Lúcio (avô de Alves)

Família de origem materna

Família de filhos de imigrantes portugueses, donos de terras no interior da Bahia. Trabalhavam juntos na roça, criavam animais, e quando o "avô faleceu", receberam um pedaço de terra. Tiveram seis filhos; a família era muito unida.

Após a morte do marido, dona Iza foi morar com a filha Josefa, mudou-se posteriormente para a casa da filha Vanda e do genro Ernesto, no Paraná.

Com o passar do tempo alguns outros membros dessa família emigraram para o Paraná e para o estado de São Paulo, alguns indo morar nas proximidades da casa de Ernesto.

Eventos críticos

1870 — Nasce Iza.
1890 — Lúcio e Iza se casam.
1952 — Quase toda a família vem para o Paraná.

Relatos significativos

Alves: *Nós conhecíamos mais a família da minha mãe; o meu pai ajeitava a vida de todo mundo.*
Muitos deles, em alguma época, moraram com a gente. A minha avó ficou até morrer. Na Bahia só ficaram um tio e uma tia.
A minha tia Maria casou-se no Paraná.

Família de Eloísa — Ramo feminino

Relato cursivo da família do senhor Everaldo

O senhor Everaldo e dona Tina se conheceram em um baile, numa pequena cidade do interior do estado de São Paulo. Começaram o namoro e, após um ano, Tina engravidou.

O casal enfrentou sérios problemas, pois Tina era mulata, de família pobre, e Everaldo era o único filho homem de uma família de imigrantes italianos. Mesmo assim, os dois se casaram e a família cortou relações com o filho.

Logo após, Everaldo descobriu que estava doente, sofria de hanseníase. Foi internado para tratamento. Tina, grávida, sofreu o afastamento de sua própria família. Apenas um irmão lhe ofereceu apoio quando nasceu sua primeira filha.

Everaldo ficou internado durante dois anos e meio e, quando saiu do hospital, foi morar com a mulher e a filha. Logo nasceu a segunda filha, Eloísa. Toda a família foi submetida a controle médico periódico e uso de medicação preventiva.

Nessa época, o casal reatou relações com a família de origem paterna. Tina sofreu discriminação por sua cor. Ela começou a trabalhar como cozinheira, levou as filhas, ambientando-as ao seu trabalho e a outro tipo de vida: "Nós sempre aprendemos muito" com as patroas.

Quando Eloísa estava com oito anos, foi morar com a família de Everaldo, por causa do falecimento do avô paterno. Aí residiram durante quatro anos e Tina sentia-se excluída pela sogra.

A filha mais velha, Angélica, abandonou o colégio, casou-se aos 17 anos e teve três filhos. Após 15 anos de casamento, separou-se do marido, acusando a mãe de interferir em seu casamento.

A mãe, Tina, mudou-se para outra cidade, a mesma onde residia Eloísa, para morar com a filha Angélica, agora separada do marido, enquanto o marido Everaldo ficou em sua cidade com a irmã viúva.

Ocorriam discussões entre Eloísa e a mãe, que quer conduzir a vida da irmã Angélica, e em decorrência das interferências que ela faz em sua própria vida (F. Nuclear). Como conseqüência, as relações entre mãe e filha ficaram estremecidas.

Eventos críticos

    1928 — Nasce Everaldo.
    1937 — Nasce Tina.
    1956 — Casam-se Tina e Everaldo.
    1957 — Descobre-se a doença do sr. Everaldo.
    1957 — Nasce Angélica.
    1960 — Everaldo sai do hospital.
    1961 — Nasce Eloísa.
    1967 — Ocorre a primeira visita à avó paterna.
    1969 — A família vai morar com a avó paterna, por quatro anos.
    1972 — A família constrói sua nova casa.
    1985 — As relações entre Eloísa e a mãe ficam estremecidas.
    1989 — A filha Angélica se separa e Tina vai morar com ela.

Relatos significativos

> *Eloísa:* *Meus pais se conheceram na prainha da cidade e começaram a namorar. No primeiro ano de namoro, ela ficou grávida.*
>
> *O meu pai, quando ia assumir o bebê, descobre que está doente.*

A família dele não aceitou a minha mãe por causa da cor da pele dela, pois ela é morena.
O meu avô era mulato.
Eles se casaram. Meu pai foi internado, e arrumaram uma casa pra minha mãe perto do hospital, aí o meu pai ficava internado.
Eles foram praticamente abandonados pelas duas famílias. Minha mãe tinha cometido o pecado mais mortal para a família, que era ficar grávida solteira.
Apenas um tio, dos treze irmãos, dava atenção para minha mãe; os parentes do meu pai só se preocupavam com a doença dele, não queriam saber da minha mãe.
Quando nasceu a minha irmã, duas pessoas da família dela foram ver a criança.
O meu pai foi ver a criança de longe. Nessa época não se sabia se a doença era transmissível.
A preocupação dele era a minha mãe se manter e, na época, o hospital sustentava a família.
O meu pai conseguiu se curar, até hoje se trata, mas ficou dois anos e meio internado.
A família dele ia visitá-lo de vez em quando.
Então, eles vieram para V., para trabalhar, e a minha mãe foi trabalhar como cozinheira.
Nessa época, eles se aproximaram da minha avó materna.
Não deu certo em V.; eles voltaram para lá de novo. A minha irmã tinha três anos e a minha avó (paterna) ainda não a conhecia.
Meu pai foi trabalhar em uma empresa, e a minha mãe continuou a trabalhar como cozinheira.
O meu nascimento foi completamente diferente. O meu pai já estava em casa, e nossa casa estava mobiliada.
Eles tinham medo de ter outro filho, e eu nasci nesse momento.
Eu e minha irmã passamos por controle médico até os 15 anos de idade.
Todo mundo tomava remédio; eu até achava normal.
Eu tive a curiosidade de conhecer a minha avó, quando estava com seis anos de idade. Daí o meu pai levou a

gente, ela até nos recebeu bem, mas brincou: "Puxa tenho duas netas negrinhas". Aquele dia, eu falei pra minha mãe que ela gostava só do filho dela.

Quando o meu avô morreu, elas ficaram com dívidas. O meu pai vendeu a casa que tinha, e foram morar com a minha avó. A minha avó não se relacionava bem com a minha mãe.

Minha mãe chorava todo dia. Minha avó não queria vender a casa grande. Algum tempo depois, ela concordou, desde que continuasse a morar na mesma rua. Então, ela deu um terreno pro meu pai, e ele começou a construir a sua casa de novo.

A minha avó e as minhas tias paparicavam o meu pai. Com a minha mãe as coisas eram diferentes.

A nossa educação foi em casa de patroa. Minha mãe era cozinheira em casa de gente bem rica. A gente ficava sempre em volta das patroas; mas sabíamos o nosso lugar.

O meu pai é que ficava mais responsável pela gente. Minha mãe chegava muito tarde. Ele era responsável pela hora do almoço; ele era uma pessoa calma e paciente.

Escola, para ele, era lugar de aprender a ler e a escrever; para minha mãe, era um jeito de subir na vida.

Agora, se conseguir um bom casamento, melhor.

Minha irmã abandonou logo a escola, porque o meu pai uma época não quis comprar um material de artes para ela.

Eu pedia pras patroas da minha mãe; quando eu não tinha, sempre dava um jeito.

Eu achei que devia estudar.

Minha irmã começou a namorar e se casou logo. Teve três filhos. Ela acusava a minha mãe de interferir e atrapalhar o seu casamento.

Seis anos atrás, o meu pai veio para Bauru. Ele não se adaptou aqui e voltou para sua cidade. Minha mãe continuou a morar aqui. A minha irmã se separou e veio para cá também. Meu pai vinha a cada quinze dias.

O meu pai sempre deu liberdade pra minha mãe. Ele quer morar sossegado. Eles estão casados, mas moram separados. Ele está morando com a irmã dele. Minha mãe mora com a minha irmã, para ajudá-la.

A nossa briga com minha irmã foi por conta de eu ter assinado como fiadora em uma loja e depois ter tido de pagar.

Relato cursivo da família do senhor Joaquim (pai do Everaldo)

Família de origem paterna

A dona Ada e o sr. Joaquim vieram de Portugal ainda crianças. Provenientes de família de imigrantes, fixaram-se no interior do estado de São Paulo.

De famílias de proprietários rurais, casaram-se muito jovens, por causa do acerto das famílias, que se conheciam: "Ela havia sido prometida pra ele desde os 13 anos de idade".

Tiveram três filhos, sendo Everaldo o caçula.

O sr. Joaquim adquiriu muitas propriedades, a família tinha vida social intensa, mas quando ele morreu, deixou muitas dívidas para a família saldar.

Eventos críticos

1920 — Casam-se Joaquim e Ada.
1926 — Nasce Manuela.
1927 — Nasce Sophia.
1928 — Nasce Everaldo.

Relatos significativos

Eloísa: *Nunca ouvi contar quase nada... pouca coisa eu sei e não me lembro de datas.*

Eles eram de família tradicional na cidade.

Com meu avô eu conversei umas quatro vezes. Era uma pessoa aberta e fantástica, muita gente fala.

Minha avó dizem que era terrível... ruim.

A minha tia tinha problema no olho, sempre foi muito feia, a mãe a fazia de empregada; ela nunca se casou.

Dizem que o meu avô era muito paquerador, mas estava sempre sozinho, teve muitas mulheres chorando por ele no velório.

A minha avó nunca se importou com a vida dele; falava que era problema dele.

Uma das minhas tias é ótima; sempre foi nossa amiga; a que se aproximou mais da gente... e nós convivemos muito com os filhos dela.

Relato cursivo da família do senhor Jairo (pai de Tina)

Família de origem materna

Família descendente de africanos, colonos no interior do estado de São Paulo, com sete filhos. Todos trabalhavam na fazenda.

Tina, filha caçula, foi morar com um irmão, que se casou e se mudou para a cidade. Ali conheceu Everaldo, namoraram durante um ano e ela ficou grávida. A família forçou o casamento e cortou relações com o casal. Só um irmão continua se preocupando com ela.

Outros filhos do sr. Jairo se casaram e se mudaram, à procura de emprego na cidade. As filhas se casaram e acompanhara os maridos.

Um dos filhos começou a construir casas e fez uma para os pais, já idosos, morarem.

Eventos críticos

- 1910 — Jairo e Serafina se casam.
- 1918 — Nasce Marcos.
- 1926 — Nasce Leonor.
- 1928 — Nasce João.
- 1936 — Nasce Serafina.
- 1937 — Nasce Tina.
- 1938 — Nasce José.

Relatos significativos

> Eloísa: Minha avó casou-se com 16 anos e o meu avô com 18. Eles sempre trabalharam como lavradores.
> Eu me lembro da minha avó. Ela era fabulosa. Sentava com a gente no chão e contava histórias.
> Todo final de semana a família se reunia. Esta era a minha família, não a outra, tudo era muito bonito desse lado, mas não era meu.
> O meu tio mais velho saiu da fazenda. Começou vendendo bicicleta, comprou terrenos, construiu casas e formou uma vila, e ali foram morar a minha avó e a minha tia. Meu avô já havia morrido.
> Alguns tios começaram a freqüentar a nossa casa.
> O meu tio era carinhoso e recebia bem a gente.
> A minha vó tinha uma ferida na perna que nunca sarou. Ela ficou dois anos deitada, sem poder levantar.
> Depois da morte da minha avó, a minha mãe cortou relações com a família dela. Ela nem recebia o meu tio. Quando ele ia nos ver, ela dizia que não estávamos em casa.
> Eu acho que ela não queria que interferissem no domínio que ela exercia sobre nós.

O mito e sua influência na família de Alves — Ramo masculino

No ciclo de vida dessa família, que viveu no Nordeste do país, imigrantes portugueses, lavradores rurais com prole numerosa, trabalharam unidos para assegurar a sua sobrevivência. Destaca-se Ernesto (pai de Alves). Ainda muito jovem, não se satisfaz somente com a lida na roça, e aspira a outro futuro. Aprende e desenvolve-se em várias profissões. Torna-se um homem de muitas habilidades e é admirado pela família.

Casa-se, tem vários filhos, e continua com expectativa de sucesso. Após alguns anos, quando os filhos mais velhos crescem, parte com dois deles para o Paraná, em busca de melhores condições de vida.

Lá chegando, inicia sua atividade. Arrenda terras e forma fazendas com a ajuda dos filhos. Começa a enriquecer e adquirir bens.

Nessa família é encontrada uma interessante configuração mítica. Nota-se a presença do "Mito do Sucesso", quando Ernesto não se acomoda à situação na Bahia, parte em busca de suas expectativas, fazendo isso em companhia de dois filhos. Esse fato demonstra claramente as pautas determinadas pelo "Mito da União", que permeia tanto a estrutura como o funcionamento da família.

A união, a coragem e a lealdade os norteiam para manter o sucesso que também garante a união, como veremos no percurso histórico dessa família.

Ao garantir a estabilidade no novo local, toda a família é trazida para o Paraná.

Destaca-se, Ernesto, como uma figura mítica do "Mito do Sucesso", determinando pautas e indicando caminhos para sua manutenção. Demonstra autoridade e poder sobre os filhos, assegurados pelo "Mito da Religião", que funciona como mito auxiliar nessa família, pois trata-se de família católica, com rituais de acordo com os santos de devoção. Era comum o pai abençoar todos os filhos.

As pautas determinadas pelo "Mito da União" mostram-se afirmadas quando o filho mais velho se casa, vai até a Bahia, traz a avó materna, dona Iza, que estava viúva, e alguns parentes para morar com eles.

Gradativamente, todos recebem a ajuda de Ernesto e vão acertando a vida. Pode-se, portanto, verificar como o "Mito do Sucesso" garante a união nesta família: "Muitos deles moraram conosco, só um tio e uma tia ficaram na Bahia!". Nesse caso, e nesse momento de vida, esses dois Mitos estão tão estreitamente entrelaçados.

As pautas determinadas pelo "Mito da União" são muito fortes, pois quando são quebradas, toda a família se sente abalada, como no momento em que ocorre a separação (F. Origem) de Eduardo, que manda a mulher embora e fica com os filhos do casal, que são criados por Ernesto e Vanda.

A expectativa de sucesso continua permeando e determinando atitudes e comportamentos na família. Jairo Alves, o filho caçula, ao sentir que "não dava para negociar", investe em sua formação, volta a estudar, percorre um caminho antes não palmilhado pela família e faz a sua própria via para atingir as metas familiares.

Assim, após a morte do pai, Alves assume o lugar de guardião dessa estrutura mítica, do "Mito do Sucesso" e o "Mito da União" na família, pois estimula os sobrinhos a estudar e se preocupa com a união da família.

A família de Eloísa — Ramo feminino

No ramo dessa família, na terceira geração, descendentes de africanos, lavradores (família de origem da mãe de Eloísa), encontramos uma prole numerosa. Os pais criam os filhos com dificuldade, e lutam pela sobrevivência. Todos trabalham juntos, mas apesar de se manterem unidos na "Luta pela Sobrevivência", quando os filhos ou as filhas se casam, afastam-se do lugar, buscando melhores condições de vida.

Nessa condição, cada filho situa-se em um local. O contato com os pais torna-se escasso. Esses indicativos mostram que a configuração mítica que norteia e impulsiona os membros da família é a da sobrevivência.

Um evento que marca a vida dessa família é quando Tina, filha do casal Jairo e Serafina, engravida durante o namoro com um moço de origem portuguesa, de outra posição social. A família pressiona pelo casamento e, em seguida, se afasta da filha.

Somente quando as filhas de Tina nascem é que a família se aproxima novamente e começa a se reunir com mais freqüência. A avó na família de origem (mãe de Tina) é que mostra a força de união na família. Quando ela morre, os filhos se afastam novamente uns dos outros.

Do outro lado, na família de origem de Everaldo, encontra-se uma família de imigrantes proprietários rurais. Seus pais casam-se muito jovens pelo acerto das famílias: "Ela havia sido prometida pra ele".

O pai, Joaquim, adquire muitas propriedades: A família tem vida social intensa. Unem-se em torno da manutenção da aparência desse tipo de vida, pois o casal vive mal, a família mostra-se desunida e as pessoas, desligadas umas das outras.

Sentimos aí a indicação de elementos míticos que denotam a presença da configuração mítica do sucesso, pois a expectativa era brilhar socialmente, manter as aparências e o estilo de vida confortável, para com o qual todos na família colaboram.

Temos, portanto, de um lado, na família de origem materna, Tina, vinda de uma linhagem africana, com uma saga de muito sofrimento na "Luta pela Sobrevivência", por espaço para realização própria e, de outro, Everaldo, com uma vida de bom nível e aceitação social. Eles se apaixonam, e ela engravida.

Após a gravidez, o casal sofre a rejeição das duas famílias.

O diagnóstico da doença de Everaldo (hanseníase) aumenta o estresse familiar. Por se tratar de doença grave, rara e de difícil tratamento, gera repercussão negativa: produz medo e dúvidas nos familiares, a respeito das possibilidades de contágio.

As difíceis condições de vida de Tina e das filhas, a necessidade da volta à cidade de origem de Everaldo, para ajudar a mãe que ficou viúva, a venda de sua casa própria, morar junto com a sogra sendo desprezada, a dificuldade de qualquer convivência com esta ampliam os conflitos conjugais e estressam Tina.

Ao tomar outra perspectiva, a necessidade de Tina de "Lutar pela Sobrevivência" a expectativa de conseguir sucesso e o reconhecimento que lhe são negados, tornam-na uma pessoa competitiva, que busca o sucesso mesmo que seja, agora, por intermédio das filhas. Essa necessidade faz com que ela direcione para as filhas as suas esperanças de realização, conduzindo a vida das filhas, comprando-lhes roupas de festas ou estimulando Eloísa a ser a rainha do Carnaval, tentando fazê-la arrumar um bom casamento.

Os mitos e sua influência na construção do casamento

Eloísa, muito jovem e dependente da mãe, com pouca experiência e conhecimento da vida, mas com grande expectativa de realização e sucesso, está determinada a encontrar um bom casamento. Conhece Alves, um jovem formado, experiente e bem empregado, que a fez vislumbrar um mundo novo. Ele se mostra, sobretudo, uma pessoa bem-sucedida em termos de realização e conquistas. Ela se encanta, pois ele responde diretamente aos seus anseios.

Por outro lado, ela "era muito bonita e simpática", "tinha sido rainha do Carnaval", uma parceira para aprender com ele e acompanhá-lo. "A preocupação era casar e estar estável" (Alves), o que se ajusta perfeitamente aos seus projetos para o futuro.

A força das expectativas aciona o par a ir em busca de suas realizações, quando se percebe, de um lado, Eloísa acionada pelos elementos míticos do sucesso e, por outro, Alves sonhando com esse tipo de companheira. Ocorre um encaixe de expectativas. Assinala-se a passagem do casal pelo *Primeiro Período do Encaixe Mítico*; a proximidade se estabelece.

A mãe da jovem a estimula a arrumar um bom casamento. Pode-se empregar o conceito de programação da família de origem[1] para entender o principal determinante do conteúdo das expectativas disfuncionais que se estabelecem pelo mecanismo multigeracional dos processos de projeção familiar, como vemos quando Eloísa responde diretamente às expectativas maternas.

Quando a jovem completa 18 anos, a mãe sugere que ela se case. O casal contrai núpcias. Logo depois, Alves é transferido para a Argentina, e o casal se muda. Apesar da dificuldade de adaptação de Eloísa, o casal vive aí um clima de sucesso, com bom apartamento e carro do ano.

O casamento se efetiva com os dois num país distante, e começam a se desenvolver num aprendizado comunicativo. O relacionamento se centraliza na troca de significados e mensagens, com a criação de um espaço comum, uma realidade partilhada, sem a influência de pessoas próximas.

Nesse momento, nota-se que o casal envida esforços e consegue passar pelo *Segundo Período do Encaixe Mítico* no casamento: o casal constrói o seu espaço, alcança significados comuns e troca confidências.

Logo após, Alves tem de vir novamente para São Paulo, e o casal enfrenta alguns problemas pela falta de estabilidade de um local definido para fixar residência. Alves pede demissão e se arrepende. Um novo emprego está difícil, e a crise se estabelece no casamento. O "Mito do Sucesso" fica abalado "não há mais dinheiro para roupas caras" (Eloísa).

O casal começa a ter dificuldade para se comunicar; pensam em separação por algum tempo, pois é difícil manter a união vivendo em situação de fracasso e indecisão.

Nota-se como os conflitos que surgem no relacionamento paralisam o casal do ponto de vista evolutivo. Há um desgaste de energia, fica difícil tomar a perspectiva do outro e partilhar.

Surge uma nova possibilidade de emprego, e eles se mudam para o interior do estado. Ao sentir a insegurança da nova situação,

---

1. Bowen, M. *op. cit.*, 1978.

alugam uma casa já mobiliada, período em que começam a fazer planos para o futuro, incluindo a compra de uma casa própria e ter um filho.

Nesse período da vida conjugal, vê-se a resolução do problema da união. Necessita-se aí do *background* de apegoì»afeição e habilidades de comunicação. Alinham as expectativas, fazem planos em comum, dividem tarefas e se organizam para um crescimento relacional.

Nasce o filho que recebe o nome de um cantor de muito sucesso na época, juntamente com o nome do avô; compram a casa própria, onde a jovem já toma iniciativas, decora e organiza a sua vida doméstica aos poucos, sentindo-se mais segura.

Logo o filho sai da primeira infância, e surge em Eloísa o desejo de voltar a estudar, agora que tem a casa e o filho, quer pensar um pouco em si mesma. Alves concorda e a estimula.

Nesse momento, no *Terceiro Período do Encaixe Mítico*, já se aprofundam no relacionamento, consolidam-se as pautas comuns e os rituais. Surgem os acordos e a resolução de problemas com as famílias de origem, o que possibilita um ganho no sentido de o casal ser visto como uma unidade.

Esse processo pelo qual passa Eloísa se dirige tanto à relação com o próprio marido, quanto a seu relacionamento com a mãe, que se manteve muito tempo emaranhado, e diante do qual tinha muita dificuldade de se emancipar.

A mãe, Tina, sempre foi participativa na vida e no relacionamento do casal, mas gradativamente, à medida que Eloísa ganha espaço no relacionamento com o marido, torna-se mais independente e começa a questionar as atitudes da mãe. Ao mesmo tempo, ela começa a observar, de fora, a mãe e a irmã, considerando os efeitos negativos do relacionamento entre elas na vida e na separação da irmã.

Os mitos do "Sucesso" e da "União" passam a ser compartilhados. Não interessa a Eloísa apenas participar do sucesso do marido. As pautas dessa mitologia se estendem às suas expectativas. Ela quer garantir o seu próprio sucesso profissional.

A partir dessa idéia, interessa-se inicialmente pela mesma profissão do marido, e sofre a influência de um sobrinho, que vem morar algum tempo em sua casa, para prestar o vestibular. Então, ela decide mudar de curso, para a área de humanas.

Eloísa sente necessidade de se distanciar de sua família de origem. Um fato acelera esse processo. Sua mãe e sua irmã vêm para sua casa, ficam por um tempo e passam a se endividar. Eloísa assume algumas compras como fiadora, fato que faz com que, mais tarde, tenha de quitar muitas dívidas não pagas pela irmã. Isso causa problemas para o casal, que são discutidos e servem para pontuar para ela a necessidade de afastamento de sua mãe.

Nasce uma nova criança, que recebe o nome do personagem de um romance de famoso escritor baiano. O casal se concentra em sua vida comum. As pautas do "Mito do Sucesso" são fortalecidas pela união.

Os acordos de comunicação do casal reafirmam sua forma de união, e percebemos finalmente o adentrar na mutualidade,[2] que implica renegociação e transformação dos padrões de relação que, por sua vez, melhoram a qualidade da relação, propiciando o amadurecimento de cada um na díade. Assegurando, assim, a capacidade de se observar o próprio sistema, que provém da experiência da díade nos estágios anteriores.

O rumo que esse casamento tomou assegura que o casal já garante seu percurso pelo *Quarto Período Mítico*, alcançando o ajuste em suas mitologias familiares. A conquista para aprimorar o casamento mostra-se perfeitamente compatível com suas perspectivas de sucesso.

No casamento, foi possível para Alves assegurar um espaço para que Eloísa pudesse se diferenciar, se encontrar e resolver seus próprios problemas com a família de origem sem sua interferência direta. Isso denota sua posição madura, bem como a disponibilidade de Eloísa em buscar maneiras de se conhecer e se diferenciar, por meio de sua carreira e do autoconhecimento (pois começa a fazer psicoterapia), o que lhe possibilita recursos para tal investimento.

Apresentação do genograma — Reflexão respeito dos mitos familiares

1ª Etapa:

Usando os procedimentos já utilizados anteriormente, a família foi convidada a organizar e montar o genograma, assim como contar a própria história aos filhos.

---

[2]. Wynne, L. (1980) segundo o Modelo Epigenético o quarto estágio nos processos afetivos e relacionais.

Alves: Acho que vou começar por minha família.
Vinícius
(filho): Eu estou aí?
Eloísa: Nós vamos chegar em você.
Alves: Puxa, é a minha avó.
Eloísa: É, vamos montando um de cada vez, vem cá (para o filho), você pode ajudar.

Após a montagem, Alves começou a contar a sua história.

Alves: O vovô tinha várias profissões. Era carpinteiro, marceneiro, padeiro e sapateiro, e ainda trabalhava na roça, plantava arroz, feijão e café.
Vinícius: Puxa, eu não sabia de tudo isso.
Gabi: Que bonito... eu também estou aí.

2ª Etapa:

O casal faz uma avaliação dos conteúdos marcantes na família, e quais passaram para as próximas gerações. Essa fase é de muita importância, pois pode-se confirmar a análise dos conteúdos míticos encontrados.

Alves: Como mais novo, eu fui muito protegido, tinha uma força muito grande de união nesta família; a minha avó morou muito tempo conosco.
Era impressionante como se trabalhava junto para se ter sucesso.
Meu pai tinha aquele ar de professor que sabia de tudo, não gostava de complicar ninguém. Dava força para todos, e para tudo que se quisesse fazer. Bastava um olhar dele e a gente respeitava.
A gente tem de ir para a frente, unidos, isto eu recebi deles. Esta força para lutar.
Eloísa: Eu gostava da família da minha mãe, quando contavam histórias era muito bonito.
A minha mãe foi muito boa pra mim. Ela queria que eu progredisse. Tive muitas coisas boas no relacionamento

com ela e devo valorizar também. Sabe, tinha muitas coisas dela que eu já não me lembrava mais.

Eloísa reflete a respeito do seu relacionamento com a mãe e valoriza alguns aspectos.

3ª Etapa

Eloísa: *A família da minha mãe me passou também que, quando a gente cresce, os pais deixam de ter tanto valor.*

Alves: *As pessoas da minha família apostaram em mim. Compravam rifas no meu nome, achavam que eu era de sorte, tive sucesso, e consegui formar uma família muito bonita. Eu sempre estou em contato com eles, apesar de não viver perto, e, quando precisam, eu ajudo.*
Em geral, uma família trabalhadora, com muito sucesso profissional, de muitas conquistas. A família ainda é muito católica.

4ª Etapa

Eloísa: *Eu acho que nós trouxemos tudo isso pra nossa família. Querer vencer e ficar juntos.*

Alves: *A gente se estimula e se ajuda. Eu tento passar pros meus filhos e, com melhores condições, eles podem se desenvolver mais. Vou fazer o possível para que eles tenham uma vida muito melhor do que a que tive.*
Eu achei muito bonito este trabalho, foi muito emocionante falar do meu pai, foi muito positiva toda esta recordação, temos tantas coisas boas na nossa família...

Eloísa: *Eu acho muito bonita a família do Alves, é muito diferente da minha família.*
Impressionante é o pai do Alves, uma pessoa muito forte, que representa muito até hoje pra família, eu quis colocar o nome dele no meu filho.
Este trabalho realmente foi fantástico para mim.

Alves: *A gente agradece.*

Comentários

Foi possível o envolvimento de toda a família neste trabalho. O reconhecimento dos conteúdos míticos já analisados nesta estrutura familiar foi confirmado pelo casal.

Vivenciar as suas histórias possibilitou uma visualização de suas próprias trajetórias. Eloísa verificou como a pauta de desligamento, após o casamento, também já se fazia presente na sua família. Ao mesmo tempo, relembrar fatos a respeito do relacionamento com sua mãe a fez valorizar os aspectos positivos, possibilitando maior compreensão da mãe.

Para Alves, foi possível sentir toda a força familiar e o poder de seus mitos, assim como a necessidade de perpetuar nos filhos as pautas assim determinadas pelos mitos familiares.

Acompanhamento do casal

Após um ano da realização da última reunião com essa família, foi verificada, a possibilidade de uma nova entrevista de acompanhamento com o casal.

O objetivo foi constatar as mudanças que ocorreram no relacionamento diretamente relacionadas com os conteúdos míticos.

Essa entrevista segue as etapas já consideradas anteriormente nos casos analisados:

1ª Etapa

Ao verificar as mudanças presentes na família, o casal se reporta inicialmente às famílias de origem.

> Alves: *Os meus irmãos perderam quase tudo o que meu pai deixou, me procuraram para ajudar quando não restava muito a ser feito.*
>
> *Meu irmão, em especial, está passando por uma fase mais difícil, e eu estou ajudando os meus sobrinhos. Estou orientando-os nos estudos e ajudando-os a conseguir estágio.*
>
> Eloísa: *Na época da última sessão, fiquei preocupada, queria reatar com a minha mãe. Pensei muito e resolvi me dar*

> *mais um tempo. Fiz psicoterapia e consegui apenas algumas aproximações com ela. Ainda preciso manter uma distância para não cair numa relação doentia.*
>
> Eloísa: *Quando chegar a hora eu volto. Essas decisões são tomadas sempre sem a interferência de Alves, pois o que diz respeito à minha família ele deixa que eu resolvo. A minha casa, agora, já está com a minha cara... Tenho coragem para comprar o que quero.*
> *Depois que eu terminei a faculdade, tudo ficou melhor.*

2ª Etapa

Ao investigar os acordos presentes no casamento:

> Eloísa: *Tudo ficou melhor, eu me igualei ao Alves, comecei a lutar para colocar as minhas idéias... comecei a dividir coisas com ele...*
> *Antes eu gastava demais, isto deu problema, mas agora eu controlo as despesas com ele.*
>
> Alves: *Nós estamos mais tranqüilos agora, pois ela está trabalhando, daí eu tive de participar mais da casa, o que antes eu não fazia, e ela passou a entender mais que tem de controlar os gastos, o que ela antes não fazia.*
> *Ela entende mais o que é a relação custo-benefício.*
> *Com os filhos a gente divide tudo e é tranqüilo.*

3ª e 4ª Etapas

Verifica-se a prospecção do casal, com o passar do tempo, a relação com os conteúdos míticos já reconhecidos.

> Alves: *O que nós podemos querer? Bem... que continue tudo sempre assim.*
>
> Eloísa: *É, nós estamos muito bem. Foi uma conquista a qualidade do nosso relacionamento.*
>
> Alves: *Nós queremos continuar unidos, subindo juntos, conseguindo coisas. A força da nossa família nos ajudou muito.*

5ª Etapa — Possíveis pontos conflitivos

Eloísa: A gente tem conhecimento de vários casamentos, como o da minha irmã, nós vivemos juntos sem brigas, um respeitando o outro.

Alves: A nossa fórmula mágica é essa: nós não nos deitamos com problemas, o que temos de resolver, resolvemos agora. Quando discutimos, um controla o outro para não se exaltar.

Eloísa: Por isso, o nosso casamento é tão bonito.

Reconstrução da malha mítica

Na malha mítica dessa família, foi possível observar alguns movimentos. Depois de sua formatura, Eloísa sente-se mais segura pessoalmente, tanto para colocar a sua marca pessoal na casa como para defender os seus pontos de vista. Ao mesmo tempo, seu marido lhe assegura esse espaço, o que mostra a flexibilidade no casamento.

Em relação à sua própria família consegue estabelecer um espaço necessário à sua diferenciação, organiza com a própria mãe um relacionamento que lhe garanta isso, como fruto de momentos de reflexão em psicoterapia e decisão pessoal sem interferência do marido.

É interessante como essa família, diante dos mitos do "Sucesso" e da "União", tão entrelaçados, pode alternar a sua face de acordo com a fase do ciclo de vida na família. "Nós queremos mais é estar unidos, e subir juntos" é o que assegura Alves. Os pesos atribuídos às pautas da mitologia estariam sendo modificados, promovendo esse movimento.

Ao mesmo tempo, Eloísa assume totalmente a família de Alves e se distancia da sua, pois já concretizou as expectativas anteriores e agora quer garantir o seu espaço.

Alves e Eloísa estão casados há vários anos, o que provavelmente lhes possibilita maior experiência, garante um ganho de flexibilidade e compreensão no encontro e na manutenção da qualidade do casamento.

A história de Walter e Suzana

> *Existe uma série de detalhes! Um botão se abrindo, e ela tem de participar disso.*
>
> Walter

Relato cursivo da história familiar do senhor Walter

Família nuclear

Na época em que cursava uma escola técnica no interior de São Paulo, Walter, ainda adolescente, conheceu o senhor Lauro, dono de um bar, e estabeleceu relações de amizade com ele. O sr. Lauro tinha uma filha, Suzana, com a qual Walter passou a conversar freqüentemente. Ele a achava bastante simpática, porém muito criança.

Nesse mesmo período, Walter namorava uma moça, com quem veio a se casar logo após sua formatura. Tiveram dois filhos: Paula e Breno.

Walter e sua família mudaram-se para outra cidade, e ele foi trabalhar em São Paulo. Voltou depois de alguns anos para a cidade do interior, pois foi transferido para uma firma em uma cidade próxima.

Após 12 anos de casamento, separou-se da esposa e fixou residência na cidade na qual trabalha.

Em maio de 1991, Suzana e Walter se reencontraram num cinema. Já se conheciam, "mas numa época em que eram muito novos e tinham interesses diferentes". A partir desse encontro, nasceu uma grande amizade, que se transformou em namoro. Após quatro meses de namoro, resolveram morar juntos, alugaram uma casa e mudaram-se para lá.

A vida a dois no início foi tumultuada por causa das perseguições da ex-mulher de Walter, e também pelas chantagens emocionais, usando os filhos, a quem ela não permitia visitas. Ambos sofreram com isso, e lutaram juntos para resolver essa situação. Eles relataram que esse fato os uniu ainda mais. O caso foi resolvido judicialmente, a contento, e hoje os filhos de Walter passam os finais de semana na casa do casal, em companhia de Suzana.

No início da relação, relataram dificuldades, pois ambos tinham vidas bem diferentes, com costumes e hábitos nada parecidos. Mas com o tempo, passam a ter objetivos comuns, buscam os mesmos ideais.

Atualmente, relatam viver bem, têm a companhia e a aceitação dos filhos de Walter, já conseguiram muitas coisas juntos, estão felizes e querem ter, um dia, alguma criança morando com eles.

Eventos críticos

1971 — Walter e Suzana se conheceram na cidade onde Walter estudava.

1991 — Reencontram-se novamente no cinema.

1991 (junho) — A amiga de Suzana vai para o exterior. Walter passa a lhe fazer mais companhia; a convivência se torna maior.

1991 (setembro) — A amiga volta e a convivência diminui.

1992 (início) — Decidem ficar juntos, mudam-se para uma casa maior.

1995 — A filha Paula vem morar junto.

Relatos significativos

Suzana: A nossa história é até engraçada, né, bem?
Walter: Foram vinte anos de separação. Nunca nos cruzamos.
Suzana: E aí, já foi criando um vínculo, uma afinidade.
Walter: Uma dependência mesmo, sabe? É, uma dependência...

Genograma*   **Caso 1**

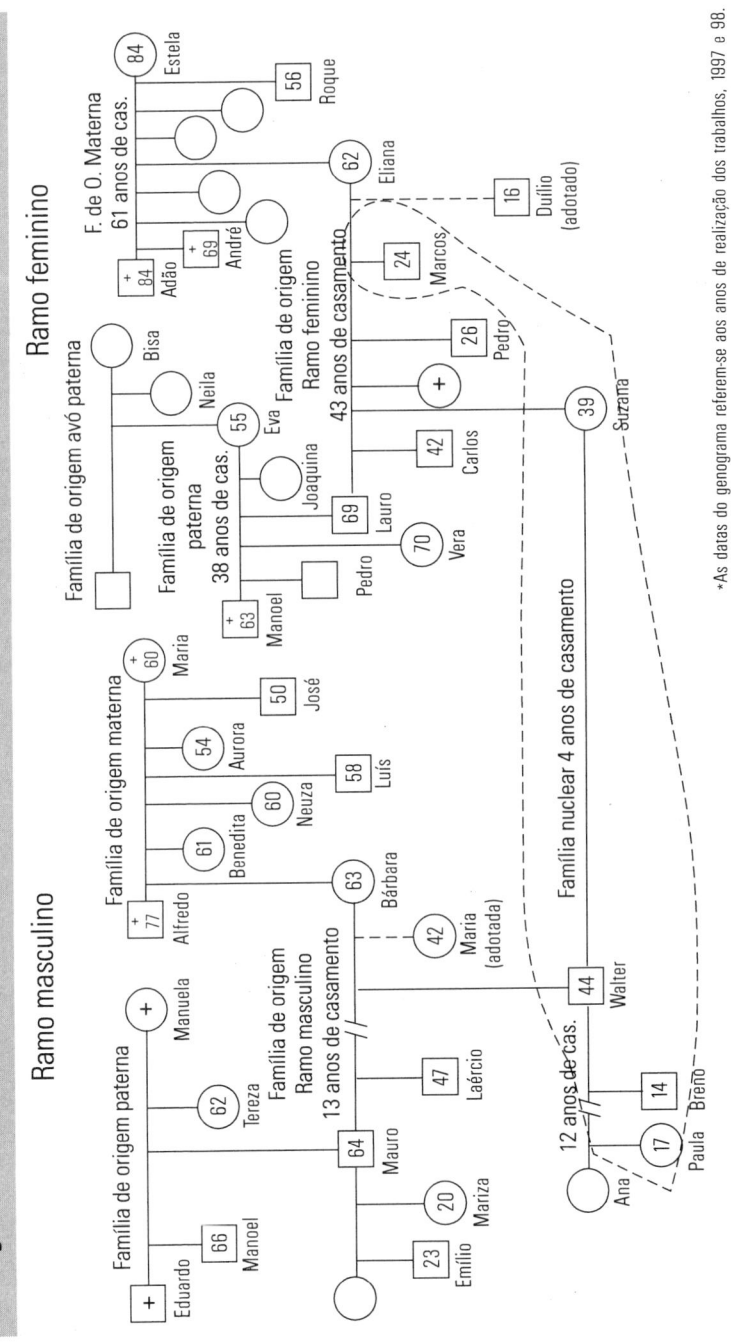

Ramo masculino   Ramo feminino

Família de origem paterna

Eduardo (+) — Manuela (+)

Manoel [66]

Família de origem Ramo masculino
13 anos de casamento

Tereza (62) — Mauro [64]

Laércio [47]

Mariza (20)

Emílio [23]

Família de origem materna

Alfredo (+77) — Maria (60)

Benedita (61) — Bárbara (63)

Neuza (60)

Aurora (54)

José [50]

Luís [58]

Família de origem avó paterna

Bisa ○ — Neila ○

Família de origem paterna
38 anos de cas.

Manoel (+63) — Eva
Lauro [69] — Joaquina ○
Pedro □

Vera (70)
Carlos [42]

F. de O. Materna
61 anos de cas.

Adão [+84] — Estela (84)
André [+69] — ○
○ — Roque [56]
Eliana (62)

Família de origem Ramo feminino
43 anos de casamento

Marcos [24]

Pedro [26]

Suzana (39)

Maria (adotada) (42)

Família nuclear 4 anos de casamento

Walter [44] — Suzana (39)

12 anos de cas.

Ana ○ — Paula (17) — Breno [14]

Duílio [16] (adotado)

*As datas do genograma referem-se aos anos de realização dos trabalhos, 1997 e 98.

137

Ciclograma*

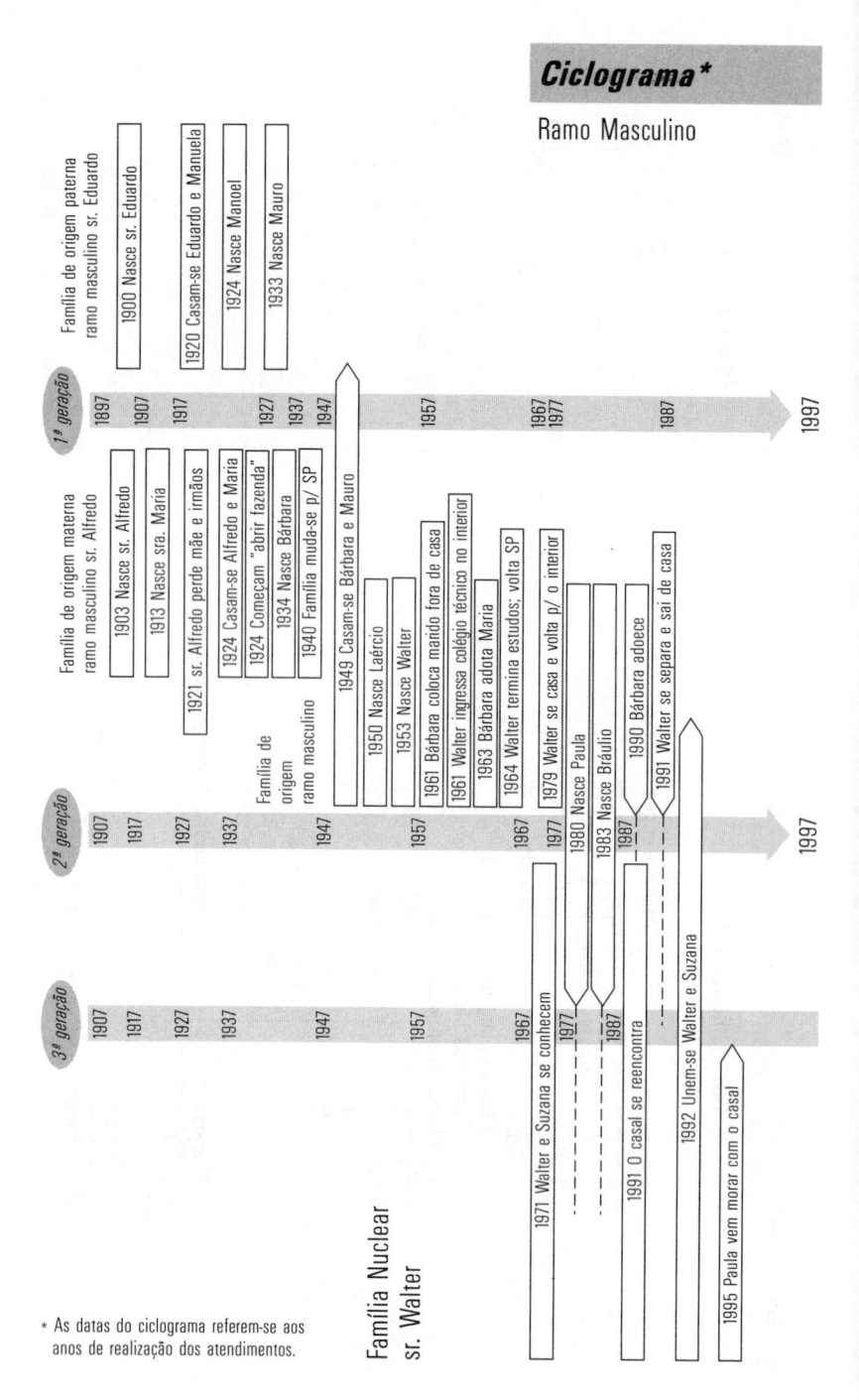

Ramo Masculino

Família de origem paterna ramo masculino sr. Eduardo
- 1900 Nasce sr. Eduardo
- 1920 Casam-se Eduardo e Manuela
- 1924 Nasce Manoel
- 1933 Nasce Mauro

1ª geração: 1897, 1907, 1917, 1927, 1937, 1947, 1957, 1967, 1977, 1987, 1997

Família de origem materna ramo masculino sr. Alfredo
- 1903 Nasce sr. Alfredo
- 1913 Nasce sra. Maria
- 1921 sr. Alfredo perde mãe e irmãos
- 1924 Casam-se Alfredo e Maria
- 1924 Começam "abrir fazenda"
- 1934 Nasce Bárbara
- 1940 Família muda-se p/ SP

Família de origem ramo masculino
- 1949 Casam-se Bárbara e Mauro
- 1950 Nasce Laércio
- 1953 Nasce Walter
- 1961 Bárbara coloca marido fora de casa
- 1961 Walter ingressa colégio técnico no interior
- 1963 Bárbara adota Maria
- 1964 Walter termina estudos; volta SP
- 1979 Walter se casa e volta p/ o interior
- 1980 Nasce Paula
- 1983 Nasce Bráulio
- 1990 Bárbara adoece
- 1991 Walter se separa e sai de casa

2ª geração: 1907, 1917, 1927, 1937, 1947, 1957, 1967, 1977, 1987, 1997

3ª geração: 1907, 1917, 1927, 1937, 1947, 1957, 1967, 1977, 1987, 1997

Família Nuclear sr. Walter
- 1971 Walter e Suzana se conhecem
- 1991 O casal se reencontra
- 1992 Unem-se Walter e Suzana
- 1995 Paula vem morar com o casal

* As datas do ciclograma referem-se aos anos de realização dos atendimentos.

Ramo Feminino

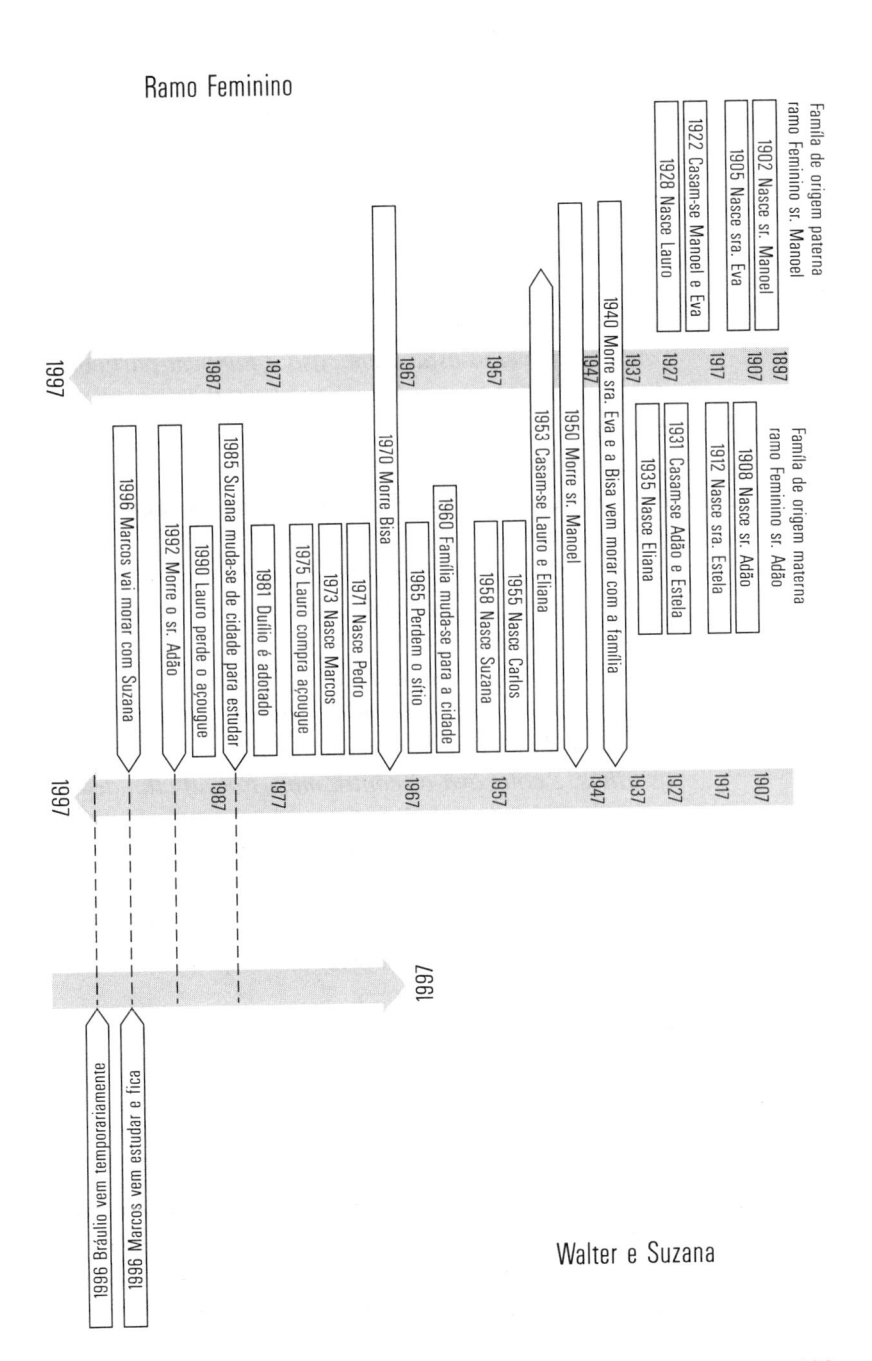

Família de origem paterna ramo Feminino sr. Manoel
- 1902 Nasce sr. Manoel
- 1905 Nasce sra. Eva
- 1922 Casam-se Manoel e Eva
- 1928 Nasce Lauro
- 1940 Morre sra. Eva e a Bisa vem morar com a família
- 1950 Morre sr. Manoel
- 1970 Morre Bisa

Família de origem materna ramo Feminino sr. Adão
- 1908 Nasce sr. Adão
- 1912 Nasce sra. Estela
- 1931 Casam-se Adão e Estela
- 1935 Nasce Eliana
- 1953 Casam-se Lauro e Eliana
- 1955 Nasce Carlos
- 1958 Nasce Suzana
- 1960 Família muda-se para a cidade
- 1965 Perdem o sítio
- 1971 Nasce Pedro
- 1973 Nasce Marcos
- 1975 Lauro compra açougue
- 1981 Duílio é adotado
- 1985 Suzana muda-se de cidade para estudar
- 1990 Lauro perde o açougue
- 1992 Morre o sr. Adão
- 1996 Marcos vai morar com Suzana

1897 — 1907 — 1917 — 1927 — 1937 — 1947 — 1957 — 1967 — 1977 — 1987 — 1997

1907 — 1917 — 1927 — 1937 — 1947 — 1957 — 1967 — 1977 — 1987 — 1997

Walter e Suzana

- 1996 Marcos vem estudar e fica
- 1996 Bráulio vem temporariamente

1997

Suzana: É, não foi uma coisa premeditada, daí começou um relacionamento forte, bem forte... a ponto de, em setembro, estarmos morando juntos.

Walter: Esperamos legalizar a minha situação para podermos ficar juntos... Faltavam alguns acordos.

Walter: Uma das coisas mais formais do nosso relacionamento foi quando eu tive de pedir ao pai da Suzana para namorá-la.

Suzana: Não foi pedir, foi informar, saber o que ele pensava a respeito. Ele sabia que o Walter era separado. O meu irmão mais velho estava em casa e também participou da conversa. O meu pai é muito brincalhão.

Walter: Eu estava bem nervoso.

Suzana: O casamento não era possível na época.

Walter: Para mim, o que vale é o sentimento, o compromisso que se assume.

Walter: (A respeito da ex-mulher): Na primeira vez, eu dei uma chance, da segunda também, mas na terceira eu falei: "Agora acabou".

Mexeu com a minha moral, com o meu nome... eu perdi casa e carros... ela não se acostumava com o nosso jeito de vida. Ela ficou meio doida, não me deixava ver os filhos, e colocava-os contra mim. Foi difícil... depois tudo foi acertado judicialmente.

Era fria, vivia superficialmente, sem calor humano, e o que eu aprendi com a Su... o carinho...

Eu quero ela junto o tempo todo, meu maior martírio é essa faculdade. Eu fico desesperado quando ela está longe.

Existe uma série de detalhes! Um botão se abrindo, e ela tem de participar disso.

Suzana: Eu dou a minha opinião nesse assunto de filhos, mas quem decide é o Walter. Eu não tenho o direito.

Walter: Mas para tudo é assim, a gente conversa muito.

Suzana: Eu gosto de ajudar com as crianças, tenho conhecimento profissional nos cursos, apesar de ele ser o pai. Agora eles ficam com a gente, de maneira mais espontânea, só não gostam de me chamar pelo nome.

Famílias de origem de Walter

Relato cursivo da história familiar do senhor Mauro (pai de Walter)

O casal se conheceu em uma festa de fazenda quando o sr. Mauro falou a seu pai que havia gostado da filha do senhor Alfredo. Os pais eram conhecidos e passaram a ser intermediários do encontro e do posterior casamento dos dois.

Mauro e Bárbara logo se casaram, mas viveram por pouco tempo nesse local.

Após o nascimento do primeiro filho, Laércio, o casal começou a não viver bem, pois o marido saía para farras, bebedeiras, jogos e mulheres, gastando todo o dinheiro que era da casa. Nasceu o outro filho, Walter.

A mãe passou a trabalhar como operária para sustentar a casa. Os filhos ficaram sozinhos, um cuidando do outro, e passaram por grandes dificuldades econômicas.

Após 13 anos nessa situação, Bárbara cansada, resolveu colocar o marido para fora de casa. Walter tinha oito anos de idade nessa época.

A mãe, além do trabalho na confecção, costurava em casa nas horas vagas e, com muito sacrifício, criava os filhos. Estes, por sua vez, perderam o contato com o sr. Mauro, que se casou novamente, e tem dois filhos.

Enquanto isso, com muita dificuldade, a mãe vendeu a única coisa valiosa que tinha em casa, uma máquina de costura, e comprou o enxoval para matricular o filho adolescente, Walter, em uma escola técnica no interior de São Paulo.

Algum tempo mais tarde, Bárbara foi trabalhar como faxineira numa empreiteira. Logo assumiu outro cargo, passando a ser supervisora do setor.

Há 20 anos, em uma viagem que fez ao Paraná com uma amiga, quando os dois filhos estavam estudando fora, conheceu uma menina carente de cuidados, pobre e muito maltratada pelo pai. Resolveu adotá-la. Maria, a menina, tinha oito anos na ocasião.

Atualmente, Bárbara é aposentada, portadora de câncer, tem sofrido muito. A sua família de origem pela primeira vez tem-se unido para ajudá-la, mora com a filha adotiva, que está separada do marido, e os dois filhos desta.

Eventos críticos

1949 — Mauro e Bárbara moram em outro estado, conhecem-se em um baile. Resolvem casar-se, e os pais concordam com a união. Casam-se e mudam para São Paulo.
1950 — Nasce Laércio, o primeiro filho.
1953 — Nasce Walter, o segundo filho.
1961 — Bárbara coloca o marido para fora de casa.
Walter ingressa em colégio técnico.
1963 — Bárbara adota Maria.
Walter termina os estudos e vai para São Paulo.
1979 — Walter se casa e volta para o Interior.
1990 — Bárbara adoece.

Relatos significativos

Walter: *O casamento dos meus pais foi meio esquisito.*
Quando meu pai pediu a mão de minha mãe em casamento, meu avô disse o seguinte: "Meu cargueiro está cheio, não me leve uma abóbora e depois me traga duas". Meu pai era boêmio, minha mãe teve de trabalhar, ela não gostava do meu pai... não teve convivência.
Quando meu pai saiu de casa, aí as coisas começaram a melhorar... eu senti um alívio. Ele bebia e queria enforcar a minha mãe... eu até dei uma vassourada na cabeça dele.
Um dia, eu não tinha nada na minha casa para comer, nada mesmo. Era Natal. Parei numa casa de portugueses que tinham de tudo; enchiam uma mesa linda, e eu do lado de fora de barriga roncando de fome. Eu jurei que iria vencer e ter tudo aquilo.
Eu não só queria sobreviver, mas vencer, ter dinheiro, carro e casa, ter um nome respeitado, principalmente um nome... acima de tudo... a minha palavra, acima de tudo.
Eu ficava sozinho com meu irmão. A gente fazia tudo em casa... Não tinha ninguém pra cuidar da gente. A gente se virava, às vezes quase desmaiava de fome.

Minha mãe era a integridade, era um exemplo. E a gente convivia com marginais, no lugar onde a gente vivia.

Com dez anos de idade, eu já trabalhava o dia inteiro... Nessa época, meu avô era muito pobre, também não podia ajudar.

Quando eu quis entrar na escola, aquilo era um paraíso, tinha de ter enxoval. A minha mãe vendeu o único bem da família para isso.

Quando me formei, fui para São Paulo. Vi meu pai algumas vezes antes que ele voltasse para o Interior. A gente jogava no mesmo time, mas não tinha muito papo. Só conversávamos para saber um do outro.

Então, voltei para o Interior. A minha mãe estava com apartamento em São Paulo e um bom emprego.

A minha mãe é força, trabalho, dignidade, honestidade. Com uma vontade incrível de vencer. Preguiça é uma palavra que não existe no dicionário dela. Ela é uma pessoa perfeita.

Relato cursivo da história familiar do senhor Eduardo

Família de origem paterna (pais de Mauro, avós de Walter)

Uma família do Interior do estado de São Paulo, lavradores que tinham uma pequena propriedade, "pouco se conhece a respeito dessa família", eram descendentes de portugueses.

O casal, Eduardo e Manuela, moravam na fazenda, e seus pais também eram do sítio. Casaram-se, tiveram três filhos. Manoel, Mauro e Tereza. Todos os filhos trabalhavam com o pai na lavoura.

Eventos críticos

1900 — Nasce Eduardo.
1920 — Casam-se Eduardo e Manuela.
1924 — Nasce Manuel.
1933 — Nasce Mauro.

Relatos significativos

> Walter: *Meu avô era alto, magro, de nariz fino. Meu tio também. Eu o vi uma única vez em uma festa. Ele me disse: "Eu sou seu tio". Aí eu falei: "Que legal, tchau, tchau". Não sei nada deles. Não convivi com eles, e a minha mãe não se interessava em falar.*
>
> *Eu acho que meu pai saiu porque ele achava que não servia para aqueles serviços pesados.*

Relato cursivo da história familiar do senhor Alfredo

Família de origem materna (avós de Walter)

O senhor Alfredo nasceu em 1903, filho de pai português e mãe espanhola. Residiu no Interior do estado de São Paulo.

Aos 18 anos, perdeu a mãe e oito irmãos vítimas da gripe espanhola. Ele não se contaminou porque estava em outra cidade, morando com a irmã mais velha.

Em 1924 ele se casou com Maria, brasileira e descendente de índios.

Como tinha um pouco de dinheiro, depois de casado, Alfredo se embrenhou pelo mato e começou a abrir fazendas. Assim, formava as fazendas e as vendia por um preço melhor.

Alfredo estava muito bem-colocado quando a família foi atingida por uma doença da época, a varíola. Os empregados, e todos na família, contraíram a doença. O único que não se contagiou foi ele. Os empregados não podiam trabalhar e os gastos se acumulavam. Alfredo teve de vender a propriedade, perdeu quase tudo. Como as filhas já estavam crescidas, decidiu ir para São Paulo, tentar uma vida nova.

Ao chegar, toma posse de uma "terrinha" em um bairro da periferia que não tinha dono. Ele planta, cria galinhas, constrói uma casa e fica muitos anos nesse lugar. Até o dia em que apareceram os herdeiros e o tiraram do lugar. Então, ele começou a ficar muito doente.

As filhas se casaram muito bem. Algumas delas começaram a trabalhar no comércio.

O senhor Alfredo, já idoso, foi morar com Aurora e logo veio a falecer.

Eventos críticos

1903 — Nasce Alfredo.
1913 — Nasce Maria.
1921 — Alfredo perde mãe e irmãos vítimas da gripe espanhola.
1924 — Alfredo e Maria se casam.
1934 — Nasce Bárbara.
1940 — Mudam-se para São Paulo.

Relatos significativos

Walter: *Meu avô era filho de imigrante e a minha avó já era uma mistura de português com índio, meio caboclo.*
A minha avó é uma mulher sacudida, está com oitenta e sete anos, e só não conhece mais o valor do dinheiro.
O meu avô era um cara que abriu muitas fazendas, ele chegou a ter três fazendas no Paraná, mas aconteceram as doenças.

Suzana: *Ele era um desbravador.*

Walter: *Ele era pioneiro, arrojado, gostava de abrir fazendas. Aí ele perdeu tudo e se mudou para São Paulo.*
Todo mundo pegou essa doença, os empregados, todos da família e o único que não pegou foi ele.
Ninguém mais produziu, e aí foi-se perdendo tudo.
E os filhos foram se casando... e muito bem.

Suzana: *Todas são muito fortes, vistosas, grandes, altas.*

Walther: *Cada um que subia, era o bom e desprezava o resto. A mais humilde de todas era a minha mãe. Ela preferiu se afastar para não ser humilhada.*
Nessa família quase todos são separados. Apenas três vivem juntas, e os filhos delas também.
O meu avô e a minha avó viveram juntos a vida toda e viviam muito bem.
Agora estão mudando um pouco as coisas, com a minha mãe doente... as pessoas se achegaram mais.
Eu sempre me identifiquei demais com o meu avô, gostava muito dele, de suas histórias. Eu o ajudava

quando pequeno na venda da pipoquinha quando ele estava bem velhinho, em São Paulo.

Famílias de origem de Suzana — Ramo feminino

Relato da história familiar do senhor Lauro — (pai de Suzana)

Lauro e Eliana se conheceram em uma procissão da Sexta-feira Santa, em uma pequena cidade do Interior do estado de São Paulo. Começaram a namorar e se casaram um ano e oito meses depois. Fixaram residência em um sítio, no bairro dos P., próximo ao sítio dos pais de Lauro. Passaram a cultivar café, e conseguiam o sustento da casa com o que produziam na propriedade.

Têm dois filhos: Carlos e Suzana. Mudaram-se para uma cidade próxima, pois o filhos estavam em idade escolar e precisavam estudar.

Nessa época, Naná, uma afilhada do casal, foi morar com a família e permaneceu com eles durante dez anos.

O sr. Lauro arrendou o sítio e passou a trabalhar na cidade como açougueiro. Nasceu o terceiro filho do casal, Pedro.

Em 1967, o sr. Lauro fez sociedade com um amigo, sofreu um golpe financeiro e foi obrigado a vender o sítio para saldar as dívidas. Alguns anos depois, comprou um bar. Nessa mesma época, nasceu o último filho, Marcos.

Decorridos cinco anos, vendeu o bar e comprou um açougue, mas seus negócios acabaram não dando certo. Então, passou a cuidar de fazendas, a fazer churrascos para casamentos e festas.

Em 1981, nasceu Duílio, filho de uma sobrinha, que era mãe solteira e não tinha condições de cuidar da criança. A família decidiu cuidar da criança e, mais tarde, a adotou.

Durante todo esse tempo, dona Eliana cuidou do lar, da educação dos filhos, costurou para fora e ajudou-os nas horas difíceis.

Eventos críticos

1928 — Nasce Lauro.
1935 — Nasce Eliana.
1953 — Casam-se Lauro e Eliana.
1955 — Nasce Carlos.
1958 — Nasce Suzana.

1960 — Mudam-se para outra cidade.
1965 — Golpe financeiro, perde o sítio.
1971 — Nasce Pedro.
1973 — Nasce o último filho, Marcos.
1975 — Lauro compra um açougue.
1981 — Nasce Duílio, e vem morar com a família.
1985 — Suzana sai de casa para estudar e trabalhar fora.
1990 — Perde o açougue, começa a trabalhar como administrador de fazenda e churrasqueiro.
1992 — Morre o senhor Adão.

Relatos significativos

Suzana: *Papai sempre foi muito festeiro, gostava muito de dançar. Minha mãe trabalhava no sítio... se conheceram assim, na festa dos Santos.*
Todos eram muito católicos. Eles eram proprietários de pequenos sítios, que ficavam próximos, onde tinha uma área comum para festas. Terminava o sítio de um começava o do outro.
Cada um tocava sua lavoura, mas num caso de emergência, por exemplo, na época da colheita do café, todos iam para lá, faziam o rodízio.
As famílias, tanto do lado do papai quanto da minha mãe, eram muito apegadas.
Se você chega e não beija nem abraça todo mundo, parece que você não chegou... é como se estivesse com algum rancor...
Houve um tempo em que vieram outros primos morar com a gente. Na minha casa sempre moraram pessoas da família.
Meu pai fez um empréstimo... muito dinheiro... isso foi em 1967... mas eu não sei o que aconteceu, que o negócio não foi para a frente... meu pai passou maus bocados, teve que vender o sítio.
O Marcos... eu cuidei dele, porque a mamãe costurava... ela adora costurar... A diversão dela é isso... Sempre tem muita gente em casa... eles ajudam todo mundo...

*É, de patrão ele virou empregado. Nossa! Ele não se
perdoa até hoje por isso.
Mas meu irmão deu a casa pro meu pai.
Ele é o churrasqueiro da cidade.*

Relato cursivo da família do senhor Manoel

Família de origem paterna (avós de Suzana)

Manoel é filho de imigrantes portugueses, nasceu quando os pais chegaram ao Brasil. A família se estabeleceu no cultivo do café.

Todos os filhos trabalharam na lavoura. Manoel conheceu Eva ainda jovem, com 20 anos, em um bailinho na fazenda, e passaram a namorar. Mais tarde, casaram-se com a aprovação das famílias.

O casal continuou a morar na fazenda dos pais de Manoel, trabalharam todos juntos na fazenda. Eva veio a falecer, vítima da "doença da bexiga". A bisavó Ana veio morar junto para tomar conta da casa, o que fez com a ajuda da irmã mais nova, Neila.

À medida que os filhos se casaram, moraram junto ou em propriedades próximas da do pai. Os sítios formaram o Bairro dos P.

Após alguns anos. Manoel morreu. Neila se casou, mas continuou morando com a bisavó.

Eventos críticos

1902 — Nasce Manoel.
1905 — Nasce Eva.
1922 — Casam-se Manoel e Eva.
1940 (Aproximadamente) — Morre a senhora Eva.
1950 (Aproximadamente) — Morre o senhor Manoel.
1970 — Morre Ana (a bisavó).

Relatos significativos

*Suzana: Os sítios eram pertinho... e os meus avós se conheceram
em festinhas de Santos, pois isso era muito comum.
Até hoje eles têm o sítio.
Eu não cheguei a conhecer meus avós, só a bisa, que
uma época ficou em casa.*

Relato cursivo da história familiar do senhor Adão

Família de origem materna (avós de Suzana)

Adão, filho de pai português, conheceu Estela, descendente de italianos, em uma festa junina. Casaram-se após alguns meses, pois as famílias se conheciam e aprovavam o casamento.

O casal passou a trabalhar na fazenda do pai de Adão, onde recebeu uma porção de terra. Têm sete filhos, com pouca diferença de idade entre eles, mas todos ajudaram nos cuidados com a propriedade.

A família era muito católica e comemorava todas as festas santificadas. As moças eram "Filhas de Maria".

As moças se casaram e foram morar na cidade, onde seus maridos trabalham.

Adão e Estela também se mudaram e fixaram residência para ficarem próximos das filhas.

Atualmente uma filha viúva mora com a mãe. Todos cuidam dela e a sustentam. Moram no mesmo bairro e estão sempre juntos.

Eventos críticos

1908 — Nasce Adão.
1912 — Nasce Estela.
1931 — Adão e Estela se casam.
1935 — Nasce Eliana.
Década de 70 — Mudam-se para a cidade.
1992 — Morre o sr. Adão.

Relatos significativos

Suzana: Eles se conheceram numa festa junina. É muito divertido. Até hoje é marcante, é muito forte, e todos vão.

Sempre trabalharam na lavoura. Quando se casaram foram morar na fazenda do meu bisavô, pois era costume o homem ir morar junto com o pai, e as mulheres acompanhavam os maridos. Eles se preocupavam em cuidar uns dos outros, principalmente dos mais velhos.

As filhas foram se casando e mudando para o sítio dos maridos. Eles foram ficando praticamente sozinhos e

começaram as dificuldades. Então, venderam o sítio e vieram para a cidade.
No Natal e no Ano Novo, toda a família se reúne. Muitas vezes é na casa dela, um dos meus tios toca violão e uma tia toca sanfona, a gente faz bailinho no sítio, pois isso é sagrado. É interessante. Na família, nunca vinha ajuda externa, era sempre a família... na época da colheita.
A fazenda ficava dividida entre os filhos, mas ao mesmo tempo ficavam juntos...

Os mitos e sua influência na família

Ramo masculino

Na família de Walter encontramos duas famílias que vivem da propriedade e da manutenção da terra. Vê-se, porém, o pai de Walter, o sr. Mauro, romper com o mito e afastar-se completamente dessa família por toda a vida.

Na família de dona Bárbara, a mãe de Walter, encontra-se fortemente mantido o "Mito da Conquista", que teve sua origem assegurada pela presença da figura mítica do avô materno, uma pessoa extremamente significativa para a família.

Na família de origem de Walter, o rompimento do pai com sua própria família de origem e a distância de moradias, uma em São Paulo e outra no interior, garantem a dificuldade de convivência, inviabilizando a transmissão mítica de uma geração para outra.

O casal Mauro e Bárbara apresenta problemas conjugais desde o início do casamento; esse conflito dificulta a aproximação entre pai e filhos.

Na família de origem da mãe nota-se uma família com interesses voltados para a terra, não com o objetivo apenas de conservação, mas para a manutenção do poder. Configura-se o "Mito da Conquista", pois o avô abria fazendas. Onde não havia nada, ele chegava com sua família e montava uma tapera no meio da mata.

Com o passar do tempo, ele tomava posse da terra, implantava uma infra-estrutura e vendia por um preço maior. O avô Alfredo torna-se figura mítica, do qual se rememoram os feitos, a coragem e o trabalho.

A malha mítica do Mito da Conquista se destaca e, como Mito Auxiliar, que funciona como complementar ao "Mito da Honestidade", em que os valores da honestidade, da retidão e da dignidade devem ser obrigatoriamente respeitados, tornando-se obrigatórios.

No seu ciclo de vida, essa família defronta-se com várias dificuldades. Doenças que atingem a coletividade, danos materiais e pessoais, perda de pessoas queridas. Sua estrutura se abala com o aumento de estresse. Aparece um progressivo desligamento entre seus membros. Quando decidem mudar de cidade, diante da diversidade de situações encontradas, cada membro se separa e vai em busca de sua própria sobrevivência e do seu sucesso.

Após o casamento de Bárbara e Mauro, os conflitos se repetem, pois ele queria ver os seus direitos masculinos assegurados e compreendidos, confrontando-se com as expectativas de Bárbara quanto à independência e à conquista.

Esse conflito aumenta o estresse, em virtude do rompimento do marido com a família de origem. Falta-lhe qualquer sistema de apoio, e aumenta a insegurança de Bárbara em relação à sorte dos próprios filhos, condições estas que vão favorecer o rompimento do casal.

Na separação nota-se que a mulher assume o lugar do homem da casa — "Minha mãe nunca se casou, detesta ser mandada" —, enquanto os filhos se revezam nos trabalhos domésticos. Ao mesmo tempo, a mãe passa uma imagem masculina ideal, a do próprio pai, "Contando histórias" a seu respeito.

A Estrutura de Lealdade nessa família mostra-se muito forte e determinada para as mulheres, uma das filhas assume o cuidados dos pais na velhice.

Atualmente, a ansiedade em relação à doença e à morte, faz com que, pela primeira vez, em muito tempo, a família se una nos cuidados com Bárbara, que está doente.

Nota-se que, o Mito da Conquista não mantém como complementar o Mito da União, pois gradativamente os membros foram se distanciando uns dos outros, não manifestando nenhum momento de aproximação, fato agravado nas novas gerações, o que favorece perdas em relação a essa força mítica. Contudo, suas pautas mostram-se ainda vivas na família de origem de Walter, quando Bárbara e os filhos têm de enfrentar a vida, unindo-se diante das adversidades e lutando para conquistar seu espaço.

No ramo feminino — Família de Suzana

Encontramos uma configuração fortemente norteada pelo Mito da União, completado pelo Mito da Propriedade. O que é nítido nas próprias condições de moradia, pois as pessoas moram em sítios próximos e formam um "Bairro dos P.", constroem juntos toda a infra-estrutura de cidade, doam terras para a vendinha e para o "lugar dos bailinhos", que passam a ser de posse e uso comum da família.

As pessoas que chegam, porque se casam com membros da família, são acolhidas e passam a fazer parte dela de acordo com uma Estrutura de Lealdade, previamente estabelecida: "Participam de tudo, da semeadura e da colheita, da alegria e da tristeza".

Quando os filhos se casam, ganham um pedaço de terra e ali fazem o seu sítio, com o auxílio dos outros. Formam-se alianças sempre que aparece alguma dificuldade. Ajudam-se mutuamente.

As festas dos Santos sempre eram oportunidades para toda a família se reunir. Além dos rituais religiosos, sempre havia festas e danças.

Por outro lado, a Estrutura de Lealdade é diretamente relacionada com as pessoas e não com a propriedade. No relacionamento conjugal, as funções são definidas em relação ao gênero masculino e feminino, cabendo aos homens diretamente o trabalho com a terra, e às mulheres o cuidado com a casa.

Os casamentos são de longa duração. Os conflitos muitas vezes são citados, mas não ocasionam rompimento dos casais.

Um outro mito importante para a estrutura familiar é o da "Religião". A família se apresenta mantenedora de todos os rituais e festas religiosas, sendo esses momentos importantes para a união e a vida familiar: "A minha mãe era puxadora do terço". "O meu pai sempre ficava no coreto. Hoje ele é o festeiro da cidade".

Nas gerações anteriores, a preocupação com os filhos era em relação a um pedaço de terra, e algumas cabeças de gado. Na família de origem de Suzana, já se vê os pais profundamente preocupados com a educação dos filhos, tanto que arrendam a terra e vêm morar na cidade, para os filhos poderem estudar.

A casa de Lauro e Eliana se transforma em lugar de moradia para os sobrinhos que, periodicamente, precisam ficar ou morar na cidade.

Nascimentos e casamentos são longamente festejados e o novo membro é sempre bem-vindo à família. Era muito comum atribuir aos filhos o nome de santos de devoção, numa homenagem à crença religiosa, o que também denota a presença desse mito auxiliar.

As crianças são cuidadas por todos. Os avós, pais e tios participam da educação e tornam-se figuras significativas para elas. "Eu sempre dormia no colo do meu tio", assim como são todos afetivos uns com os outros: "Quando a gente se encontra é uma beijação que não pára mais". "E como falam, querem saber tudo".

Em idade avançada, o senhor Adão e dona Estela mudam-se para a cidade para ficar perto dos filhos e serem cuidados por eles.

A morte na família, assim como a doença, é muito sofrida e a Estrutura de Lealdade é acionada para superar essa falta ou minorar o sofrimento decorrente dela, o que se verifica quando Estela perde seu marido Adão. Todo domingo os filhos a visitam e leva presentes.

O mito se faz presente em um acontecimento especial que se transforma em um ritual familiar; todos da família ajudam o senhor Lauro a fazer um churrasco na festa da padroeira da cidade.

Os mitos na construção do casamento

Quando Walter reencontrou Suzana, teve de fazer uma opção dolorosa. Não podia suportar perdas em relação aos mitos que trazia consigo: "O nome é o que eu mais valorizo. Lutei muito para chegar a isso". Perdeu a casa que tanto queria e se encontra longe dos filhos que ama.

Suzana surge como uma relação antiga, que lhe traz lembranças de uma fase de conquistas e de muita luta, chama-o pelo apelido carinhoso usado pelos amigos do colégio.

É possível visualizar o início do processo do apego e afeição que é estabelecido repentinamente entre os dois jovens, assegurado pela capacidade de compreensão de Suzana, e pelas experiências comuns que podem ser rememoradas.

A jovem oferece-lhe a mão amiga para caminhar pela cidade e a afetividade que lhe falta, mostra-se a ele como alguém que também conquista, vive sozinha, tem o seu sustento pelo seu trabalho, estuda para ter uma profissão para poder ajudar as pessoas.

Neste momento o casal atravessa o *Primeiro Período do Encaixe Mítico*, pois Walter tem expectativa em relação à afetividade e à união da família de Suzana, e a jovem se maravilha com os ganhos da experiência de Walter. Nota-se que Suzana responde com as pautas de ajuda e cuidado às necessidades do rapaz, enquanto as trocas afetivas se tornam mais intensas, nas quais ocorre um processo de alinhamento das expectativas.

Ao mesmo tempo, Walter, vindo de uma família com muitas perdas em relação às forças míticas, por intermédio da mãe consegue a identificação com o avô materno. "A pessoa com a qual eu mais me identifico é o meu avô." Essas forças míticas favorecem a construção da "visão de mundo"[1] do "mapa individual"[2] norteado pela necessidade de vencer. "Não só vencer, mas sobretudo conquistar", pois os momentos de intenso sofrimento, como a experiência de fome pela qual passou, servem como marco, do qual se constrói a malha mítica do que podemos chamar de Mito Individual.

A "Jura", quando acontece, se transforma em marco referencial da "Malha Mítica". "Eu jurei que um dia ia ter tudo aquilo." Esse mito, da maneira como é tecido, por meio dos seus Mitos Complementares, vai nortear a escolha da profissão. Walter escolhe a profissão de técnico agrícola, no cuidado e manutenção da terra, "Mito da Propriedade", que funciona como "Auxiliar" do "Mito da Conquista".

O Mito da União, presente como Mito Espinha Dorsal na família de Suzana, por sua configuração, é estreitamente permeado pelo "Mito da Ajuda e Cuidado", que fornece elementos para o seu Mito Individual, assim como para a escolha da profissão. Atualmente, ela é responsável por exames altamente especializados em um laboratório médico. Possivelmente aí ela encontre elementos motivadores, pois continua estudando para ser assistente social. Também encontra os subsídios para a base de sustentação de seu relacionamento com Walter.

Para Walter, faltou união tanto na família de sua mãe como na de seu pai. Ele sofreu a separação dos próprios pais, estabelecendo-se a necessidade, em sua família de origem, da união entre a mãe e os filhos para vencer as adversidades da vida.

Essa necessidade se acentuou quando o seu casamento fracassou: "A minha ex-mulher nunca quis morar junto comigo. Eu quase sempre viajava, ela não queria sair da cidade", torna-se assim uma lacuna sentida, principalmente quando tem de se separar dos próprios filhos.

---

1. Sluzki, C. Terapia familiar como construcción de realidades alternativas. *Sistemas Familiares*, 1985, pp. 1-5.
2. Elkaim, Mony. *Se me amas não me ames: abordagem sistêmica em psicoterapia familiar e conjugal*. Trad. Nelson da Silva Jr. Campinas, Papirus, 1990.

A maneira como a necessidade da união foi sentida por Walter durante toda a sua vida, pontuada por dificuldades e lutas, lhe propiciaram sentimentos profundos, sustentaram suas necessidades e expectativas no decorrer do tempo.

A afetividade e a união conhecidas da família de Suzana facilitam a aproximação de Walter, ao mesmo tempo que o Mito da Conquista, a possibilidade de diferenciação e os ganhos da experiência de Walter, fascinam Suzana.

O contrato de união se estabelece pela participação, no início, o partilhar da companhia, a situação de moradia, a casa que é tão importante para Walter, que lhe dá segurança e intimidade, que é tão sonhada por Suzana.

O casal atravessa o *Segundo Período do Encaixe Mítico*, por meio do qual se aprofunda em outras dimensões do relacionamento.

Com a possibilidade de comunicação, o casal alcança significados comuns, inicia uma realidade compartilhada; um é capaz de tomar para si a perspectiva do outro. Suzana assume os problemas de Walter como se fossem seus, e o auxilia a lidar com as situações difíceis. Nesse período, há uma incorporação das mitologias que vão ser reorganizadas.

O sofrimento de Walter e sua luta para conseguir a visita dos filhos os aproxima mais; os planos se tornam comuns para atrair e ganhar a simpatia das crianças.

Por outro lado, as conquistas materiais se fazem presentes: "Não fico um mês sem comprar nada". Ela também participa, pois ajuda a decidir o que comprar: indícios de pautas determinadas pelo Mito da Conquista.

A participação determina pautas na divisão dos trabalhos domésticos: "Eu cuido do quintal, da roupa, do carro, também cozinho e ela cuida do resto... mas a gente se ajuda". A experiência é valorizada nos arranjos financeiros, pois é Walter quem aplica o dinheiro de Suzana.

No lazer, há respeito em relação à diversidade do grupo de amigos: "Um dia fazemos uma festa para os meus amigos, no outro, para os amigos dela" (...), "nos damos bem com todos".

Ajustando-se ao Mito Individual de Conquista, encontra-se no momento o Mito da União, perfeitamente complementado pelo Mito da Ajuda e Cuidado, em que cuidar e adotar é uma pauta comum nas duas famílias.

O casal afirma de comum acordo: "Gostaríamos de ter as crianças conosco", numa tentativa de refazer novamente a família partida, ao mesmo tempo criando uma maneira mais satisfatória de funcionamento.

Ao mesmo tempo, nota-se em Suzana, quando repete: "Já tenho mais de 30 anos", expectativas de realização que, de alguma maneira, estão sendo ameaçadas. Não se fala na possibilidade de um filho comum, lugar que Suzana parece garantir com a presença da cachorra "Teca", que preenche essa função.

Pode-se perceber, nos padrões de interação recíproca, a presença do movimento de triangulação de Suzana com a cachorra, que mostra um conflito não-resolvido no relacionamento.

Relato da apresentacão do genograma

Foi proposto para o casal rever o trabalho anterior, de reconstrução de suas histórias familiares. Para isso, foi oferecido e colocado à disposição algum material para possibilitar essa construção, tal como círculos e quadrados em cartolina, já com os nomes das pessoas da família, e tiras soltas para os encaixes. O casal foi orientado para organizá-los, deixando a escolha livre do local onde gostariam de fazê-lo, se gostariam de realizar ou não a tarefa, ou mesmo se precisariam de ajuda para isso.

1ª Etapa

Suzana: Que legal!
Walter: Bom, então vamos começar. Eu acho que na parede fica melhor.
Suzana: Eu gostaria de começar pela família dos avós, eles viveram primeiro.
Puxa! Mas essa construção é gostosa.
Walter: Espera aí, bem, estou pegando os parentes, como é mesmo o nome do seu avô paterno? E os filhos?

Obs.: O casal foi construindo gradativamente as famílias de origem paterna e materna e ao mesmo tempo, do ramo masculino e feminino. O espaço da parede foi dividido em dois.

Suzana: Olha, está prontinho.
Walter: É, vamos deixar aí para as crianças verem no fim de semana.

2ª Etapa

Suzana: Mas ficou tão bonito e gostoso de ver.
Walter: É, a gente conhece no visual, o que é a família da gente. A gente vê como é a evolução da coisa, quem juntou com quem, quem ficou com quem, até chegar em você.

Obs.: Walter fala a respeito de sua família; do ramo masculino:

Walter: Eu me pareço demais com o meu avô materno Alfredo: minucioso, detalhista e organizado; eu quero fazer tudo certo. Ele tinha o mundo dele, que ele conseguiu.
Meu avô conseguia abrir espaço conquistando. Eu acho que sim, eu consigo me recuperar rapidamente, porque é essa força que tenho dentro de mim, que me faz conseguir muita coisa.
Quem olhasse para minha mãe, veria o pai dela, principalmente na honestidade, na moral, isso sempre foi preservado... Se a gente conseguir um pedaço de pão seco para comer, sendo pouco, mas com honestidade, ele vai parecer um banquete. Eu conquistei... eu fui buscar.
Eu quero que quando as pessoas se dirijam a mim, o façam com respeito Isso eu conquistei, e isso é muito importante para mim.

Obs: Suzana a respeito de sua própria família:

Suzana: A união é tão presente, você sente isso, está presente nas lembranças, no afeto que essas pessoas me trazem, no carinho, sempre são afetivas; existe também o espírito de luta, as pessoas lutam, passam força, mas lutam para ficar juntas, isso é mais forte, assim como a emoção... eu acho que somos movidos pela emoção...

Muito afeto, muita beijação, é um negócio gostoso, as pessoas lutam, mas lutam porque têm apoio.
O objetivo é de todos. Se alguém põe uma coisa em primeiro plano, todos acompanham. Consegue-se alguma coisa por causa da união.
Isto eu trago da minha família, a necessidade de estar junto, de ficar pegando, de agradar.

3ª Etapa

Suzana: *Eu acredito que estou aprendendo a conquistar, enquanto ele está aprendendo a se unir...*

Walter: *Não que eu dê valor só à parte material, mas ela é que dá mais valor à parte sentimental da coisa... eu consigo batalhar porque sei que ela valoriza, ela dá valor às coisas que a gente consegue... ela transmite pra mim essa parte familiar que eu não tive, pois na minha família ninguém é movido pelo sentimento.*
Muitas vezes, tenho de ir às festas, mas quando não quero ir, a gente conversa, e eu acabo indo e gostando.

Suzana: *É, eu respeito. Tecendo considerações a respeito dos arranjos e da organização da casa.*

Walter: *Era uma casa grande e espaçosa, como nós queríamos... Consegui um espaço para minhas rosas. Como você viu, estão lindas!*

Suzana: *E criamos um espaço para as crianças.*

Obs.: Foi pedido para que refletissem a respeito dessa colocação.

Suzana: *É, nós criamos um espaço para as crianças na nossa vida.*

Obs.: Foi pedido que ela visse essa mesma situação utilizando a ótica trigeracional e, depois, que também a visualizasse no futuro.

Suzana: *No passado, isso era muito natural. Na minha família a adoção, e também em sua família, né, Walter? No futuro eu vejo uma criança vivendo com a gente, quem sabe a P. (filha mais velha de Walter), que vai ter de estudar fora, aqui nesta cidade há muito mais futuro.*

4ª Etapa

Obs.: Pensando a respeito de possíveis problemas futuros. Nessa prospecção, vocês vêem só essas duas crianças?

Suzana: Sim, o Walter é vasectomizado, acho difícil.
Walter: A verdade é que ela não quer; esse problema não é tão complicado.

Obs.: Você falou de uma cachorrinha e disse que ela fazia parte da família, você poderia me dizer como você a vê?

Suzana: É o filho que eu não tive.

Obs.: Há necessidade de aprofundamento nesse raciocínio. Que você não teve, é... no passado...

Suzana: Ela está no lugar do filho, no presente, mas que no futuro deverá ser preenchido por uma criança.

Obs.: Então, existe uma Suzana mãe?

Suzana: Uma mãe que precisa de um espaço.

Obs.: Você não quer falar a respeito desse espaço?

Suzana: Existe um ponto ainda em desacordo. Nós não temos um contrato; já tentamos fazê-lo e não deu certo.
Walter: Não há necessidade de que seja assim, nesses termos; ela já tem todos os direitos, adquiridos. Eu só não quis fazer o contrato de casamento porque o cara do clube exigiu, para que pudéssemos ficar sócios.

Obs.: Vocês acreditam que isso pode ser discutido?

Walter: Sim, certamente.
Suzana: Deveremos fazê-lo com calma...

Obs.: Reavaliando o trabalho.

Suzana: A parte da nossa história eu já conhecia, mas quanta coisa eu ainda não sabia... Foi muito bom.
Walter: Eu vou mais além. Acho que a parte mais importante foi a nossa família, porque tocou em vários pontos que depois a gente vinha a conversar, e a gente foi trabalhando nisso, então, além de relembrar, nos trouxe coisas para pensar. É, podemos prestar atenção no que está acontecendo e no que poderia acontecer... porque a gente tem de pensar em tudo isso.
Suzana: É, nós não somos iguais, temos de ajeitar as diferenças.

Comentários

Foi possível o envolvimento do casal no trabalho proposto, houve o reconhecimento dos conteúdos míticos nessa estrutura de família, e aproveitou-se a oportunidade tanto para fazer o seu reconhecimento como para assumir a sua influência.

Percebeu-se a vivência emocional nos conteúdos míticos clarificados, nas histórias rememoradas, assim como houve maior compreensão de aspectos de histórias não conhecidas.

Houve a oportunidade de se reconsiderar problemas não clarificados, abriu-se oportunidade de reflexão a respeito.

Acompanhamento com o casal

Após um ano da realização do primeiro trabalho com o casal, foi verificada a possibilidade de uma entrevista de acompanhamento.

O objetivo foi verificar as mudanças que ocorreram no ciclo de vida da família, que poderiam estar diretamente relacionadas com os conteúdos míticos.

A entrevista foi informalmente separada em etapas, enumeradas a seguir.

Obs.: Quando fui recebida pelo casal, eram visíveis as modificações na residência. Outras pessoas estavam presentes. A menina Paula estudava em seu quarto, Breno assistia a um jogo de futebol com a porta entreaberta, e Marcos, o cunhado, passou pela sala, cumprimentou-me e foi trabalhar com o computador, no mesmo quarto onde estava Breno.

1ª Etapa: Verificar mudanças na família

Suzana: *Você viu como cresceu essa família? Éramos dois e já somos cinco.*

Walter: *As coisas começaram a se modificar uma semana antes do Carnaval. Nós viajamos o mês de janeiro inteiro, as crianças não quiseram viajar conosco. Quando chegamos, Paula ligou pra mim, disse que queria ir para a praia, que gostaria de um ambiente neutro para conversar comigo.*

Aí disse que ela não estava se relacionando bem com a mãe, principalmente por causa do namorado dela, e que já ventilava a possibilidade de vir morar conosco. Aqui tem escola melhor... bom, é lógico que eu disse que escolhesse o que seria melhor para ela, que eu a ajudaria no que pudesse.

Quando a menina veio foi difícil o acompanhamento nos estudos. Tivemos de largar tudo e me dediquei a ela para ajudá-la. Ela veio de escola estadual para uma particular, e as mudanças foram muitas.

Suzana: *A Paula nos solicita o tempo todo, quer que a gente participe de tudo. Se chego em casa pra fazer almoço, todo mundo vai conversar, querem contar tudo, a minha cozinha, que é grande, fica pequena.*

Walter: *Quanto ao menino, o caso foi mais movimentado, foi muito difícil.*

A mãe deles foi piorando, e resolveu se internar. Atualmente, faz dois meses que está internada, e como o menino não tinha quem cuidasse dele direito, e porque ele quisesse, ele veio conosco, mas quisemos que ficasse pelo menos esse tempo para não perder o ano de escola.

Suzana: *Nós os levamos para visitar a mãe deles, e eles escrevem muito para ela. Eu acho que ela está sentindo necessidade de sarar para reaver os filhos.*

Walter: *Agora, no final do ano, se ela se recuperar e o Breno quiser voltar a viver com a mãe ou ficar com a gente, vamos pensar novamente sobre isso. A mãe tem liberdade para ver as crianças quando quiser. Eu não posso levá-las toda hora, pois ainda estou pagando a pensão das crianças, assim como pago toda a assistência médica que ela utiliza.*

Suzana: *Sobre o Marcos, o meu irmão, o que aconteceu foi que ele estava desempregado em S., cidade pequena que não tem emprego, estava muito chateado, inclusive sem a possibilidade de continuar estudando.*

Walter: *Então, eu propus o seguinte: "Eu custeio um mês em B. até você arrumar emprego, depois mais um mês até você receber...", é a única coisa que posso fazer por ele no momento. Eu gostaria de ter muito dinheiro, pra mantê-lo em uma escola, ele é muito estudioso, já está indo muito bem, já conseguiu estágio remunerado, só está esperando para ser chamado, está fazendo curso técnico, faz monitoramento para pagar menos a escola. Está se virando.*

2ª Etapa: Acordos presentes no relacionamento

Suzana: *Nós abrimos mão de uma série de coisas, até nos esquecemos um pouco de nós.*

Walter: *É que não dava para conciliar as duas coisas. Ou você parte para aquilo que quer realmente, ou você não consegue. O que aconteceu é que eu e a Suzana ficamos um pouco separados. A gente está unido em objetivo comum, porque tem "nego" que vai dormir junto com a gente quando tem pesadelo, então fica muito difícil.*

Suzana: *Tem uns períodos em que o menino ficava excitado por causa da situação da mãe, pegava o travesseiro e dizia que queria dormir lá para se acalmar. Agora ele melhorou bastante.*

Walter: *Eles já tinham até o quarto deles, já estava tudo pronto. A gente se preparava para este momento.*

É, parece que agora estamos só cuidando das pessoas, mas devagarinho vamos conseguir o espaço da gente.

3ª Etapa: Prospecção do casal com o passar do tempo

Walter: *Até eu ia cometer uma loucura e não cometi pelas crianças; eu queria ir embora, começar a vida em um lugar distante, perto do mar, porque com esse risco de privatização, eles (a firma em que trabalha) estão oferecendo muitas vantagens para quem se aposenta, daria um bom dinheiro, daria para comprar terras e montar um camping ou um restaurante num lugar bem selvagem, perto do mar. Você sabe que eu estava na estrada para ir ver esse lugar, acabei ligando, chorando e voltei ...*

Suzana: *A gente nunca pensou assim, no que vai acontecer... mas a gente acredita que pelo menos daqui a uns três ou quatro anos a situação vai se modificar. A menina quer entrar numa faculdade estadual, fazer jornalismo, isso vai ser um rompimento, mas diferente. Já o Breno, não sabemos como vai ser a convivência dele com a gente, talvez no fim do ano ele volte a morar com a mãe, pois ele é muito apegado a ela.*

Walter: *Se for o desejo dele, tudo bem.*

4ª Etapa: A relação com os conteúdos míticos já reconhecidos

Walter: *Eu já tinha essa coisa da união com os meus filhos.*

Suzana: *Aquela coisa de conquista continua, mas diferente, não está mais voltada para coisas materiais, mas para o relacionamento.*

Walter: *Estamos investindo mais em educação e cuidado. Compramos as coisas pensando neles. A última aquisição foi um computador, porque eles precisam aprender; o projeto era trocar de carro, mas, afinal, nosso carro ainda está muito bom.*

Uma coisa me parece muito importante agora, não só conquistar é necessário, mas sobretudo manter as conquistas feitas, e isso a gente consegue com carinho e união.

5ª Etapa: Resolução dos possíveis pontos conflitivos

Suzana: Nós dois amadurecemos muito no relacionamento. Aquela fase de paixão passou, está uma convivência mais tranqüila e serena, a gente nunca mais discutiu, nós mudamos muito.

Walter: Antes era uma paixão desenfreada, eu era ciumento. A Suzana conversa com todo mundo, as pessoas gostam dela, ela é muito comunicativa. Agora as coisas estão mais balanceadas.

Suzana: Sabe, agora, a filha dele é muito parecida comigo, faz muita amizade com as pessoas.

Walter: É, a gente está respeitando mais as nossas diferenças.

Suzana: Com o garoto estamos na fase da acomodação, ainda somos pai e mãe.

Walter: Entre outras coisas, tudo foi fluindo naturalmente, para um melhor relacionamento. Existem vários acordos para regularizar a situação.

Suzana: Ele fez assim: fez seguro de saúde em meu nome, muitas coisas que compramos estão todas em meu nome.

Walter: Para dar mais consistência e estabilidade à nossa relação.

Suzana: Eu não cobrei isso, foi natural. Fomos conversando, eu sempre fui muito independente.

Walter: Mas havia a necessidade... agora só falta fazer o seguinte: a minha ex-mulher ainda usa a minha fundação, que lhe dá assistência médica que é ótima. Eu quero transferir isso para a Suzana, pois a dela é muito ruim. Eu já entrei com o processo para essa retirada, pois a minha ex-mulher também trabalha. Quando isso for resolvido, automaticamente, tenho de fazer o contrato de união para incluí-la na minha fundação.

Reconstrução da malha mítica

As mudanças no ciclo vital do casal foram numerosas, respondendo diretamente às perspectivas traçadas pelos conteúdos míticos presentes nessa estrutura de família.

Ao mesmo tempo encontram-se acordos no relacionamento em relação a problemas não clarificados anteriormente. As necessidades individuais se fizeram presentes; à medida que Suzana assume a necessidade de maior segurança, Walter usa a oportunidade para traçar novos acordos.

Nota-se, nesse ciclo evolutivo, que o casal começa a negociar, flexibiliza as pautas ligadas às mitologias familiares e promove espaço para construção da nova realidade.

Na fala inicial de Suzana nota-se a realização de uma expectativa longamente acalentada; "Você viu como cresceu essa família", desde o momento em que, ao preparar a casa para moradia, reservaram um quarto para os filhos de Walter, evidencia-se o espaço psicológico assegurado pelos mitos presentes no relacionamento, principalmente o Mito da União.

Por um lado, a mãe das crianças luta contra essa direção, por outro, Suzana assegura o seu fortalecimento, executa pautas de cuidado e carinho com as crianças, propicia um bom clima emocional para a manutenção dessa malha mítica.

A vinda de Paula para a família se torna uma conquista em relação a um problema de difícil solução. Ao mesmo tempo, representa um ganho para o Mito da União e da Conquista, assegurando o fortalecimento de suas pautas.

A mãe das crianças fica adoentada, e o menino Breno, não tendo com quem ficar, vem temporariamente para a casa do pai. Este momento é significativo e fortalece condutas de maior aproximação entre os familiares, intensificando a participação nos problemas.

A vinda de Marcos, irmão de Suzana, denota a presença de um acordo tático entre a díade. "Você cuida dos meus, e eu cuido dos teus", mostra-se entremeado nessa malha mítica.

Ao mesmo tempo, no subsistema conjugal se estabelece uma hierarquia de prioridades, num projeto comum do próprio relacionamento: "Nós abrimos mão de nossas coisas... Ou se parte para aquilo que se quer ou não se consegue. Estamos é cuidando das pessoas, mas devagarinho vamos conseguir o espaço da gente".

O casal cria a potencialidade para um novo tipo de relacionamento. O *background* de apego, de afeição e de habilidades de comunicação é assegurado.

Nos momentos de crise e de tomada de decisão, evidenciam-se tanto a configuração mítica como a sua própria força: "Eu ia cometer uma loucura... a gente demorou tanto para unir todo mundo, e agora ia se separar...", mostrando a presença e a força do Mito da União.

Quando o casal estabelece o encaixe entre os conteúdos míticos, mostra-se presente a intensidade da expectativa de Walter quanto às pautas no Mito da União, quando relata como tentou estabelecer certas formas de agir em sua família anterior, mas não conseguiu o respaldo ou os acordos com sua ex-mulher para sua manutenção: "Eu já tinha essa coisa de união com os meus filhos". À medida que Suzana assume a função materna, a família idealizada se completa.

As mudanças na malha mítica se evidenciam no Mito de Conquista: "Aquela coisa de conquista continua... Não está mais voltada para as coisas materiais, mas para o relacionamento". Em contato com o Mito da União, o Mito da Conquista adquire valores presentes nessa construção mítica e passa a incorporá-los.

Nota-se que, neste momento, o casal passa pelo *Terceiro Período do Encaixe Mítico* pois o ajuste já está se consolidando nas duas mitologias familiares. Ocorre aprofundamento na relação, existem rituais específicos do casal, os acordos são claros, prenuncia-se uma malha mítica própria.

Os aspectos de enriquecimento e aprofundamento no relacionamento com familiares são mais fortalecidos: "Uma coisa me parece importante... manter as conquistas feitas... que se consegue com carinho e união". O encaixe entre os mitos aparece claro, o ajuste se evidencia: "Conquistar Unidos", que serve como sustentáculo e norteador dessa construção.

Por outro lado, à medida que há maior reconhecimento da capacidade e da potencialidade do outro, parece haver certo cuidado para lidar com as necessidades internas do outro.

Ao mesmo tempo que tentam um alinhamento e uma reorganização diante das novas circunstâncias (os dois filhos atualmente morando juntos), o casal se oferece como apoio ao irmão mais novo de Suzana, numa determinação das pautas presentes no Mito da União, tanto a visão de seus potenciais individuais como de suas próprias dificuldades.

O relacionamento sofre perdas na intimidade, justificadas pela hierarquia de valores negociada no momento; o que é importante ser resolvido agora. O assunto do filho desejado foi colocado a distância, pois, para pensar sobre ele seria necessário reverter a vasectomia de Walter e reorganizar o espaço, e agora existem outras prioridades para o casal.

A história de Tadeu e Célia

Sabemos que podemos contar um com o outro.

Tadeu

Relato cursivo da história familiar de Tadeu Neto

Família nuclear

O casal se conheceu por intermédio de amigos comuns. Após alguns meses de amizade, começaram a namorar. Nessa época, Célia estudava e Tadeu já estava formado. Ele tentava um emprego que o satisfizesse e morava em outra cidade.

O namoro durou dois anos, durante os quais Tadeu envidava forças para se estabelecer profissionalmente. Surge a oportunidade de Tadeu voltar para a cidade natal e trabalhar com o pai em sua firma.

O dois se casam e passam a residir em uma casa cedida pela mãe de Célia, até que o casal conseguiram construir sua própria moradia.

Durante os primeiros anos de casamento, Célia tenta engravidar, com expectativa de toda a família.

Tadeu trabalha com o pai, onde nada é dividido; eles assumem juntos as contas e as responsabilidades. No mesmo período, o casal começa a construção da casa própria.

Célia engravida e a família descobre que o pai de Tadeu está com câncer.

Todos se mobilizam durante a doença. Essa ocorrência envolve as pessoas em situações difíceis, de muita ansiedade.

O neto nasce, alegra toda a família, especialmente o senhor Tadeu (o pai), que logo vem a falecer. A firma passa a ser tocada por Tadeu, auxiliado pela mãe e pelo irmão mais novo.

O casal continua a construção da casa idealizada, que se encontra em fase final de acabamento.

Tadeu assegura que está em vias de rever a forma como está montada a sua firma familiar, pretende a divisão dos bens e maior autonomia a cada um.

Eventos críticos

1986 — Tadeu Neto muda-se de cidade e vai trabalhar com o pai.
1988 — Casamento de Célia e Tadeu Neto.
1989 — Célia se forma.
1990 — Célia começa a cursar pós-graduação.
1992 — Célia termina o mestrado e começa o doutorado.
1992 — Começam a construir a casa própria.
1993 — Nasce Dário.
1994 — Morre o sogro, o senhor Tadeu F. (pai).
1995 — Célia consegue o emprego almejado.

Relatos significativos

Célia: *Nós nos conhecemos por causa da Su..., o namorado dela era teu amigo... ele nos apresentou, já falavam de você e eu estava interessada em te conhecer.*

Tadeu N.: *É, nós nos encontramos um dia na pizzaria, não deu pra conversar com você, o pessoal já estava com outro papo.*

Célia: *O namoro começou logo após.*

Tadeu N.: *Eu vinha a cada quinze dias para vê-la. Enquanto isso, trabalhei em São Paulo e mudei várias vezes de emprego, em busca de coisa melhor. Quando surgiu a possibilidade, voltei para cá, para trabalhar com o meu pai.*

Genograma

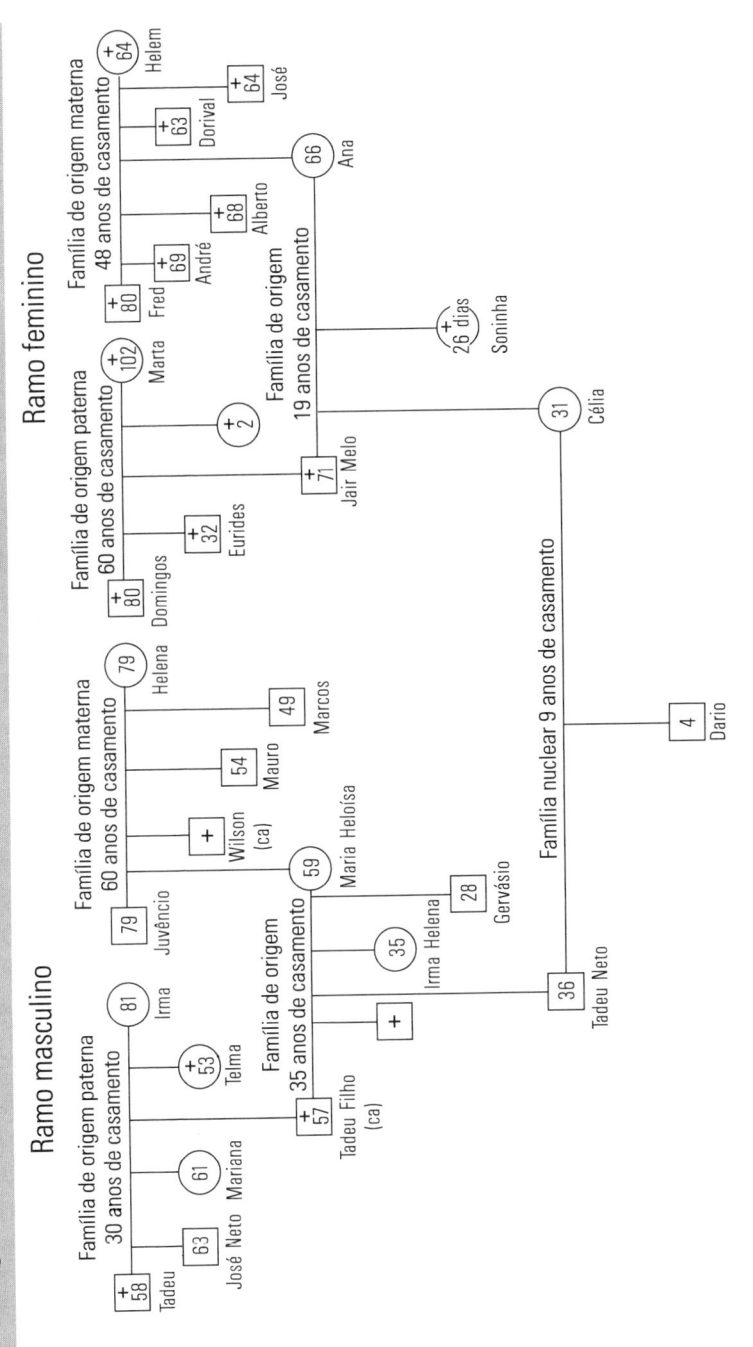

Caso 4

Ramo feminino

Família de origem materna
48 anos de casamento

- +64 Helem
- +63 Dorival
- +64 José
- +80 Fred
- +69 André
- +68 Alberto
- 66 Ana

Família de origem paterna
60 anos de casamento

- +102 Marta
- +2
- +80 Domingos
- +32 Eurides
- +71 Jair Melo

Família de origem
19 anos de casamento

- 31 Célia
- +26 dias Soninha

Ramo masculino

Família de origem materna
60 anos de casamento

- 79 Helena
- 79 Juvêncio
- + Wilson (ca)
- 54 Mauro
- 49 Marcos
- 59 Maria Heloísa

Família de origem paterna
30 anos de casamento

- +58 Tadeu
- 63 José Neto
- 61 Mariana
- 81 Irma
- +57 Tadeu Filho (ca)
- +53 Telma

Família de origem
35 anos de casamento

- +
- 35 Irma Helena
- 28 Gervásio
- 36 Tadeu Neto

Família nuclear 9 anos de casamento

- 4 Dario

Ciclograma*

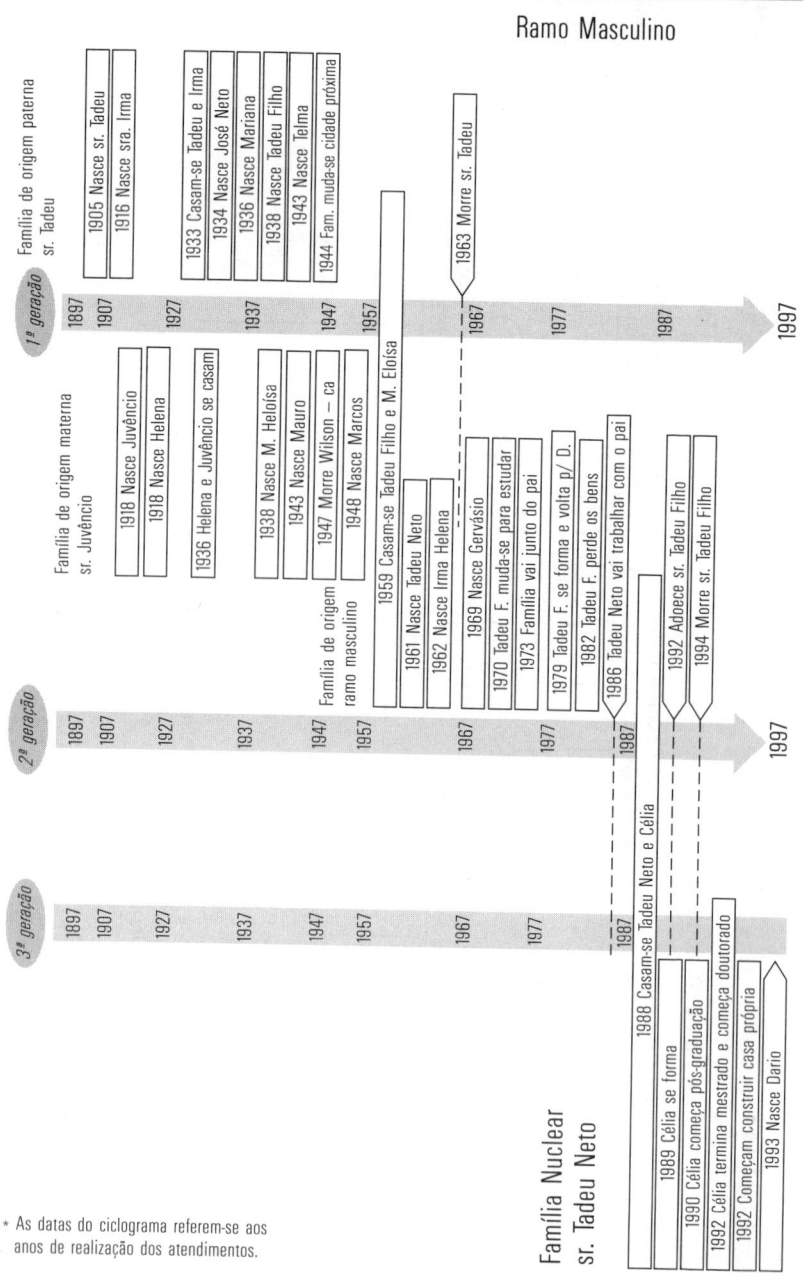

Ramo Masculino

1ª geração

Família de origem paterna sr. Tadeu
- 1905 Nasce sr. Tadeu
- 1916 Nasce sra. Irma
- 1933 Casam-se Tadeu e Irma
- 1934 Nasce José Neto
- 1936 Nasce Mariana
- 1938 Nasce Tadeu Filho
- 1943 Nasce Telma
- 1944 Fam. muda-se cidade próxima
- 1963 Morre sr. Tadeu

2ª geração

Família de origem materna sr. Juvêncio
- 1918 Nasce Juvêncio
- 1918 Nasce Helena
- 1936 Helena e Juvêncio se casam
- 1938 Nasce M. Heloísa
- 1943 Nasce Mauro
- 1947 Morre Wilson – ca
- 1948 Nasce Marcos

Família de origem ramo masculino
- 1959 Casam-se Tadeu Filho e M. Eloísa
- 1961 Nasce Tadeu Neto
- 1962 Nasce Irma Helena
- 1969 Nasce Gervásio
- 1970 Tadeu F. muda-se para estudar
- 1973 Família vai junto do pai
- 1979 Tadeu F. se forma e volta p/ D.
- 1982 Tadeu F. perde os bens
- 1986 Tadeu Neto vai trabalhar com o pai
- 1992 Adoece sr. Tadeu Filho
- 1994 Morre sr. Tadeu Filho

3ª geração

Família Nuclear sr. Tadeu Neto
- 1988 Casam-se Tadeu Neto e Célia
- 1989 Célia se forma
- 1990 Célia começa pós-graduação
- 1992 Célia termina mestrado e começa doutorado
- 1992 Começam construir casa própria
- 1993 Nasce Dario

* As datas do ciclograma referem-se aos anos de realização dos atendimentos.

Ramo Feminino

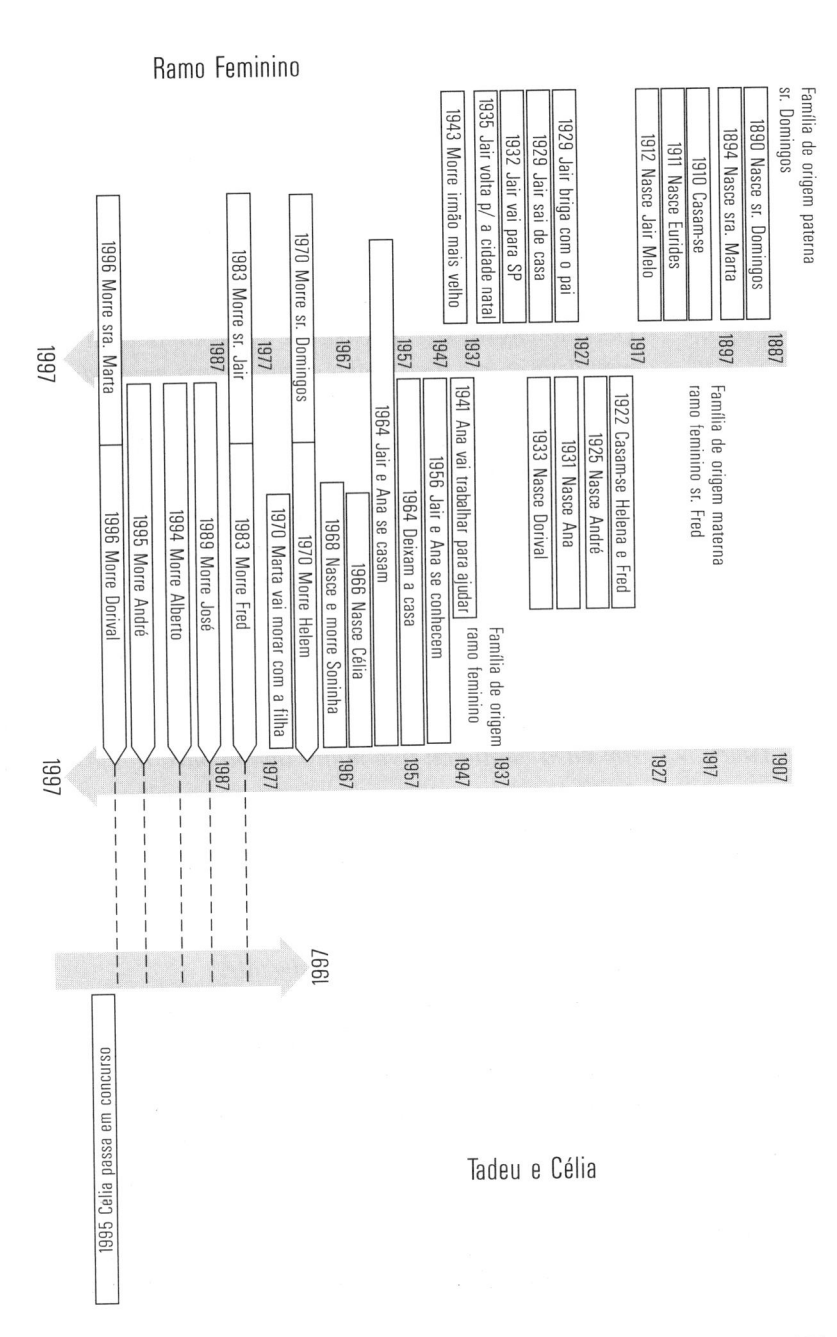

Família de origem paterna sr. Domingos
- 1887
- 1890 Nasce sr. Domingos
- 1894 Nasce sra. Marta
- 1910 Casam-se
- 1911 Nasce Jair Eurides
- 1912 Nasce Jair Melo
- 1929 Jair briga com o pai
- 1929 Jair sai de casa
- 1932 Jair vai para SP
- 1935 Jair volta p/ a cidade natal
- 1943 Morre irmão mais velho
- 1964 Jair e Ana se casam
- 1970 Morre sr. Domingos
- 1977
- 1983 Morre sr. Jair
- 1987
- 1996 Morre sra. Marta
- 1997

Família de origem materna ramo feminino sr. Fred
- 1907
- 1917
- 1922 Casam-se Helena e Fred
- 1925 Nasce André
- 1927
- 1931 Nasce Ana
- 1933 Nasce Dorival
- 1937
- 1941 Ana vai trabalhar para ajudar
- 1947
- 1956 Jair e Ana se conhecem
- 1957
- 1964 Deixam a casa
- 1966 Nasce Célia
- 1967
- 1968 Nasce e morre Soninha
- 1970 Morre Helen
- 1970 Marta vai morar com a filha
- 1977
- 1983 Morre Fred
- 1987
- 1989 Morre José
- 1994 Morre Alberto
- 1995 Morre André
- 1996 Morre Dorival
- 1997

Família de origem ramo feminino

Tadeu e Célia

- 1995 Célia passa um concurso
- 1997

	Eu o ajudava muito, no tempo de estudante, desenhando plantas. Eu já estava acostumado a trabalhar. Costumávamos discutir muito.
Célia:	*No início do casamento foi difícil, eu não estava acostumada. E o Tadeu não falava muito.*
Tadeu N.:	*Eu nunca tive muito tempo para ajudar.*
Célia:	*Então, comecei a querer um filho. Eu queria engravidar de todo jeito e não conseguia; chorava bastante, fiz tratamentos médicos.*
Tadeu N.:	*Eu pedia pra ela ter paciência.*
Célia:	*Quando engravidei, peguei um champanhe e fui comemorar com o meu sogro. Senti tanto a morte dele!*
Tadeu N.:	*Na época que ela engravidou, descobrimos a doença de meu pai. Eu me sentia ganhando um filho e perdendo um pai, foi difícil pra mim.*
Célia:	*E para mim também, porque todo mundo estava preocupado com o seu pai, e eu me sentia muito só. Eu só consegui entender melhor após a gravidez, quando tudo passou.*
Tadeu N.:	*Desde quando vim pra B., ajudei o meu pai em vários projetos e fomos levantando a firma.*
Célia:	*Sempre foi essa luta de trabalho.*
Tadeu N.:	*Em casa eu nunca tive muito tempo para ajudar.... A Célia sempre reclama do horário de trabalho; como dono a gente não tem.*
Célia:	*A gente nunca pode ficar muito tempo junto, o que é pior é não ser ouvida nas coisas da firma.*
Tadeu N.:	*Ela é ouvida, é que tem outras pessoas envolvidas na firma, eu é que tenho que decidir.*
Célia:	*Eu tenho que separar a minha vida profissional da dele, e a nossa vida conjugal, acho que é a única maneira de vivermos juntos. Eu sempre escuto o que ele diz, mas a gente discute e tenta se acertar, mas é difícil quando eu quero fazer do meu jeito.*
Tadeu N.:	*Eu tenho que explicar muito, tem coisas do ponto de vista técnico.*
Célia:	*Por exemplo, nessa fase de construção da nossa casa, surge muita discussão, pois somos muito dife-*

	rentes, e gostamos de coisas diferentes também, daí a gente tem de conversar muito para ser do meu jeito.
Tadeu N.:	Mas às vezes você concorda que eu tenho razão.
Célia:	É, às vezes, sim, e depois você faz do meu jeito. Um ponto de honra para mim é o meu trabalho e a minha independência financeira.
Tadeu N.:	Ela diz muito "as minhas coisas".
Célia:	É que eu não faço parte da sua firma.
Tadeu N.:	Essas são coisas que a gente resolve. Eu acho que logo dá pra dividir as coisas que cabem a cada um na sociedade e eu e a Célia poderemos rever esses acordos.
Célia:	Espero por isso.

Família de origem de Tadeu Neto — Ramo masculino

Relato cursivo da história familiar do senhor Tadeu M. Filho (pai de Tadeu)

Tadeu Filho conheceu Maria Heloísa na pequena cidade do interior do Estado de São Paulo, onde viviam.

O jovem era filho de família mais abastada financeiramente, e M. Heloísa de família de operários, que lutava com grandes dificuldades financeiras. Essa diferença social nunca prejudicou o namoro, e os sogros e a família admiravam muito Maria Heloísa.

Namoraram por aproximadamente oito anos. Casaram-se com a casa já pronta, doada pelo sogro. Maria Heloísa teve dificuldades para engravidar, teve um aborto, mas dois anos depois conseguiu ter o primeiro filho, Tadeu Neto.

Quando nasceu o terceiro filho, o marido, Tadeu Filho, resolveu voltar a estudar e promover uma mudança na vida da família, contando com o apoio da mulher.

Acumulou dinheiro vendendo seus bens, mudou de cidade, mas só depois que voltou a estudar é que levou toda a família para morar com ele. Para aumentar a renda familiar, nessa época, montou um negócio e enquanto sua mulher trabalhava, ele administrava.

Após a formatura, voltam novamente para a cidade onde moravam anteriormente, e montam uma pequena firma.

O filho mais velho ingressa na mesma profissão do pai.

Tadeu Filho sofre um rombo financeiro e, gradativamente, consegue se reerguer. Logo o filho vem ajudá-lo e a firma obtém a estabilidade desejada.

Tadeu Neto se casa, mas continua trabalhando com o pai. Em um ano e meio Tadeu Filho adoece e morre. Tadeu Neto assume a direção da firma familiar juntamente com os irmãos e a mãe.

Eventos críticos

1937 — Nasce Tadeu Filho (pai, 2ª g.).
1959 — Casamento de Tadeu Filho e Maria Heloísa.
1961 — Nasce Tadeu Neto (F. N. 3ª g.).
1962 — Nasce Irma Helena.
1969 — Nasce Gervásio.
1970 — Tadeu N. (2ª g.) muda-se para estudar fora.
1973 — A família vai junto com o pai, enquanto o mesmo estuda
1978 — A família vem para (cidade natal).
1979 — Voltam para D., Tadeu Filho já está formado.
1982 — Tadeu Filho (2ª g.) perde tudo o que conseguiu até então, restam-lhe um telefone e dívidas.
1992 — Adoece o senhor Tadeu Filho.
1994 — Morre o senhor Tadeu Filho.

Relatos significativos

Tadeu: *Ele contava que, na época, vinham namorar na cidade, ficavam no jardim e nos bailinhos. Meu pai ajudava nos negócios do meu avô e depois tomava conta do empório.*

Eles moravam na casa que meu avô construiu, ao lado da sapataria. Moramos nessa casa durante aproximadamente dez anos, até o meu pai decidir ir para São Paulo. Eu nasci depois de dois anos; e minha irmã nasceu um ano depois. No mesmo dia que eu.

O meu pai participava de tudo, da criação dos filhos, de tudo.

Célia: *É, ele ajudava a trocar criança, cozinhava muito bem.*

Tadeu: *Meu pai administrava os negócios, e ainda hoje o cartório que foi dele está com um primo meu. Quando meu pai resolveu estudar, vendeu tudo, repartiu o dinheiro. Ele fez o colegial, o cursinho e prestou o vestibular. Nós só fomos para São Paulo e, depois, para uma cidade do interior, onde ele terminou a faculdade.*
Ele comprou um armazém, e a minha mãe cuidava do armazém, enquanto ele estudava, e nós ajudávamos conforme dava.
Em 1982, ele perdeu tudo. Ocorreu uma crise financeira, cessaram os empréstimos.
Eu sempre ajudei o meu pai, mesmo estudando, fazia as placas, serviço de prefeitura etc. A escolha da minha profissão foi influência dele, mas era o que eu queria.
Sempre tivemos muitas discussões. Ele era uma pessoa muito difícil, sempre queria ter razão, mas era agarrado comigo, eu estava sempre ao seu lado.

Célia: *Sabe o que eu acho? Eles são unidos mas frios um com o outro, o pai do Tadeu sempre foi topa-tudo, e eu também sempre falei o que pensei. Outras pessoas da família são quietas, e a minha sogra sempre foi "Amélia". Mas eu gostava muito dele. Quando eu chegava de viagem lhe dava um beijo, ele gostava.*

Tadeu: *O meu pai sempre se queixou, mas nós somos unidos. Só não costumamos demonstrar.*

Célia: *Mas agora eu vejo que o Tadeu com o filho já é diferente.... Ele é muito agarrado com o menino.*

Tadeu: *A gente não dava demonstrações de afeto, mas eu tenho vontade de abraçar a minha mãe, então a gente se inibe, eu não sei onde parou isso.*
A minha mãe sempre foi carinhosa. Às vezes ela quer nos abraçar, mas eu sinto que ela tem receio.

Célia: *A minha sogra vivia em casa, fazia tudo o que o marido mandava, e baixava a cabeça. Hoje ela tem dificuldade de fazer as coisas sem alguém direcionando-a.*

Tadeu: *O meu pai tinha esses repentes de discussão. Ele teve uma infecção e quase morreu. Então, ficou com esses repentes de discussão e nervosismo.*

Célia: Ele era espontâneo, nos deu um videocassete antes de ter um, ele gostava demais da gente.

Tadeu: Ele sempre tinha uma história para contar, era emocionante. Não tenho do que me queixar. Até agradeço por ele ter feito toda essa mudança de vida.

A gente sempre ia à missa aos domingos, e depois íamos na casa da minha avó para jantar.

O meu pai foi coroinha da Irmandade dos Vicentinos, e sempre colaborava com a igreja nas quermesses. Na casa da minha avó a gente convivia com padre o tempo inteiro, pois o pessoal que vinha visitar a igreja ia almoçar lá.

De repente, ele deixou de ir à missa. Dizia não concordar com o que os padres diziam, mas continuava a ter uma ligação religiosa, era uma pessoa crente.

Relato cursivo da família do senhor Tadeu (avô)

Família de origem paterna

Família de imigrantes espanhóis, que habitava uma pequena cidade do interior do Estado de São Paulo.

O senhor Tadeu (avô) mostrava-se um homem culto, lia e assinava jornais na época, era proprietário do cartório local.

Quando a estrada de ferro que cortava o local onde moravam foi desviada, e a pequena cidade começou a desaparecer, o senhor Tadeu (avô) transferiu seus bens para a cidade mais próxima e lá se instalou. Adquiriu outros bens, prosperou e manteve um bom nível de vida, com os filhos estudando em colégios particulares.

Mostra-se pessoa honesta e rígida em seus princípios, determina as regras, e o filho mais velho o ajuda nos negócios.

O senhor Tadeu adoeceu repentinamente e morreu ainda jovem, com 59 anos.

Eventos críticos

1905 — Nasce o senhor Tadeu (avô, 1ª g.).
1916 — Nasce Irma.

1933 — Casam-se Irma e Tadeu (avô).
1934 — Nasce o primeiro filho, José Neto.
1936 — Nasce Mariana.
1937 — Nasce Tadeu Filho (pai, 2ª g.).
1943 — Nasce Telma.
1944 — A família sai de L. e muda-se para a cidade mais próxima.
1963 — Falece o senhor Tadeu (avô).

Relatos significativos

Tadeu: *O meu avô sempre foi bem de vida. Todos na família usavam terno de linho. Segundo o meu pai, estavam sempre bem-arrumados, e os filhos estudavam em colégios de religiosos, o que na época era um luxo.*

Meu avô tinha um cartório, lojas de comércio, propriedades.

Meu pai tinha um irmão que dava problemas. Bebia, era farrista, pulava a janela para sair à noite, tudo o que o meu avô não gostava ele fazia. Meu pai sempre foi correto nos negócios, no namoro.

O meu avô não admitia que ninguém se retirasse da mesa antes que tivessem terminado a refeição. Ele tinha costumes rígidos. Ele procurou passar isso para as outras pessoas da família e todo mundo passa o Natal junto. Acredito que o meu avô passou isso para os filhos dele e eles o seguem.

Célia: *Minha sogra conta que ele sempre a tratou muito bem, inclusive mandou que ela escolhesse o melhor tecido para o vestido de casamento.*

Tadeu: *O meu avô faleceu quando eu tinha um ano e meio, e tudo o que escuto até hoje de pessoas que o conheceram é que ele sempre foi muito correto, muito honesto.*

Meu pai me conta que, naquele época, quase ninguém tinha jornal e meu avô tinha assinatura de jornal, que vinha pelo trem. A cidade era longe. Depois mudaram o trajeto do trem e a cidade desapareceu. Hoje só existe a história.

> *Ele tinha cartório lá, e o armazém, que acabou transferindo para cá, quando meu pai tinha sete anos.*
> *Ele conseguiu muitas coisas. O cartório, fazendas, chácaras, casas de comércio e dois açougues.*

Relato cursivo da família do senhor Juvêncio (avô de Tadeu N.)

Família de origem materna

Casam-se Helena e Juvêncio, descendentes de italianos, cujos pais eram imigrantes e trabalhavam como colonos.

O senhor Juvêncio veio de família numerosa, com onze irmãos. Todos trabalhavam fornecendo lenha para a ferrovia, para os trens a vapor. A família toda trabalhava na ferrovia. Com Helena teve quatro filhos. Maria Heloísa é a primeira filha. O segundo filho, aos sete anos de idade, morreu vítima de câncer.

Passaram por dificuldades e por vários episódios de doença. A mãe tinha epilepsia e constantemente estava internada.

O senhor Juvêncio aposentou-se ainda novo, pois sua carreira teve início aos quatorze anos de idade. Passou a fazer apenas alguns "bicos" em casa, enquanto os filhos trabalhavam como operários na ferrovia.

Eventos críticos

1918 — Nasce Juvêncio.
1918 — Nasce Helena.
1936 — Casam-se Juvêncio e Helena.
1938 — Nasce Maria Heloísa.
1940 — Nasce Wilson.
1943 — Nasce Mauro.
1947 — Morre Wilson com câncer.
1948 — Nasce Marcos.

Relatos significativos

> *Tadeu: Esta família sempre lutou com dificuldades financeiras, teve uma vida difícil.*

Minha mãe sempre teve responsabilidade em casa, cuidava dos irmãos menores, pois minha avó sempre estava doente. A minha avó foi internada muitas vezes.

Família de origem de Célia — Ramo feminino

Relato cursivo da família do senhor Jair Melo (pai de Célia)

Ana e Melo conheceram-se e ficaram amigos durante aproximadamente cinco anos. No decorrer desse período, Melo ficou noivo duas vezes, mas continuava amigo de Ana. Esse relacionamento aos poucos foi evoluindo para namoro, até que um dia o casal resolveu "acertar a vida". A família de Ana começou a interferir, mas o casal se casou mesmo assim.

Passaram a morar com os pais de Melo, que estavam idosos, necessitando de cuidados. Melo continua viajando a negócios, enquanto Ana auxiliava dona Marta, a sogra, em casa. Os sogros viajavam muito, pois tinham moradia na praia onde passavam longas temporadas.

Ana assume também o cuidado de sua própria família, pois a mãe adoece e necessita de assistência constante. Assim ela se divide entre a família do marido e a sua.

Por sua própria insistência, fica grávida, pois Melo se achava com certa idade para ter filhos e não permanecia muito tempo em casa devido a sua profissão. "Ele foi o pai mais feliz do mundo", mas só passou a conviver com a filha quando ela estava com oito anos, e ele havia se aposentado.

Célia ainda era pequena, estava com dois anos, e Ana fica grávida novamente, tem uma filha que morre com alguns dias. Esse acontecimento tornou-se doloroso para toda a família.

O casal reformou uma casa no fundo do quintal da casa de Melo, na qual os sogros moravam, e passou a morar no local.

O sogro morre e a avó Marta (mãe de Melo) continua a morar com Ana. O casal passa a morar na casa do fundo do quintal enquanto reforma a outra. Constroem entradas independentes para as casas e alugam a casa da frente.

Melo aposenta-se e vai para casa, mas também não permanece muito tempo, pois constantemente está na praia, e todo fim de semana pesca com os amigos. A convivência com ele torna-se difícil para toda a família, pois o mesmo adoece e começa a se alcoolizar.

Melo morre abruptamente, em 1983. Logo depois, Célia casa-se e passa a morar na casa da mãe, até construir a sua própria casa.

Eventos Críticos:

1956 — J. Melo e Ana conhecem-se.
1964 — Casam-se.
1966 — Nasce Célia.
1968 — Nasce irmãzinha de Célia que morre.
1983 — Morre sr. Melo.
1988 — Casam-se Célia e Tadeu.

Relatos significativos

Célia: *A minha mãe conta que tinha esperança de ser escolhida pelo meu pai. Ela se casou com 33 anos, e ele com 52.*
O meu pai sempre foi muito mulherengo. Antes de se casar sempre teve muitas namoradas e amantes. A família da minha mãe não gostava dele por isso.
Contam que ele era uma pessoa muito boa na época, que ele administrava o hospital, cuidava de muita gente.
Ele sempre falava pra minha mãe que ela valia o que pesava.
A minha mãe insistiu mesmo pra se casar com ele, ficou esperando... Ela veio morar com a minha avó e com meu avô pra cuidar deles. O meu pai viajava muito na época, e a minha avó era muito mandona.
Acho que na época era normal morar com a sogra.
Depois que eu nasci, minha mãe reformou a casa do fundo e foi morar lá.
Quando meu avô morreu, a minha avó veio morar conosco. Reformamos a casa da frente para alugar e foram construídas entradas independentes.
A casa nova foi um marco para mudar. O relacionamento com a minha avó já era diferente e meu pai se aposentou, mas era muito difícil viver com ele.
Ele saía muito ou ia pra praia pescar no fim de semana, e nós duas sempre ficávamos sozinhas.

Daí meu pai morreu. Eu me casei e fui morar na casa que minha mãe alugava, até a gente construir a nossa casa.

Relato cursivo da história familiar do senhor Domingos Melo

Família de origem paterna

Domingos Melo e Marta casaram-se. Ele era descendente de italianos e ela de espanhóis.

Tiveram três filhos. Perderam um com dois anos de idade. O filho mais velho se chamava Eurides, e o outro, Jair Melo.

A família de D. Melo já chegou ao Brasil com terras adquiridas por intermédio da embaixada, e logo enriqueceu. Domingos, como filho único, vivia de renda. Conta-se que era muito mulherengo.

Na época, exportavam café, compravam e vendiam fazendas, ele e um sócio. Depois de casado, mudava constantemente de fazenda, realizando todo tipo de negócio.

Nessa época, ia para São Paulo com outros fazendeiros e torrava o dinheiro com mulheres, acabando com todos os bens da família. Ficou apenas com um terreno na praia onde construiu uma casinha.

J. Melo saiu de casa com quinze anos, para trabalhar com um tio no Paraná, pois discutia muito com o pai e com a mãe, que era autoritária.

Aos dezoito anos vai para São Paulo para trabalhar, mas alguns anos depois é convidado a voltar para a cidade por um político local.

Assume o cuidado dos próprios pais. Quando Domingos morre, Marta vai morar com o filho já casado. Dona Marta morre com 102 anos, na casa de uma sobrinha, com a qual estava morando.

Eventos críticos

1890 — Nasce Domingos Melo.
1894 — Nasce Marta.
1910 — Casam-se.
1911 — Nasce Eurides.
1912 — Nasce J. Melo.
1929 — J. Melo desentende-se com o pai e sai de casa.

1932 — Melo vai para São Paulo trabalhar com dezoito anos.
1935 — Melo volta para a cidade natal.
1943 — Morre irmão mais velho em acidente.
1970 — Morre o sr. Domingos, e dona Marta vai morar com o filho.
1996 — Morre dona Marta.

Relatos significativos

Célia: *Minha mãe conta que era filha de imigrantes. Meu avô é que foi filho único. A família adquiriu terras por meio da embaixada.*

A minha avó conta que a família dele logo ficou rica, e meu avô tinha até hotel, mas era safado, de mulherada, como o meu pai.

O meu avô tinha fazendas, exportava café, fazia muitas mudanças, vendia e comprava fazendas, perdia-se muito dinheiro.

O meu avô era muito descabeçado e aventureiro. Nessas aventuras foi envolvendo mulheres e ficando sem dinheiro. Acabou sem nada. Ficou só com a casa na praia e o filho é que passou a sustentá-lo.

Meu tio que morreu foi estudar fora, enquanto o meu pai desentendeu-se com o meu avô e foi morar com um outro tio, até ir para São Paulo.

Mais tarde meu pai voltou para a cidade, começou a trabalhar no cinema, e a cuidar dos pais. Meu pai acabou ajudando os pais, pois o meu tio já tinha morrido.

Parece que a relação do meu pai era melhor com a mãe. Ele a protegia mais.

Eu tenho boas lembranças do meu avô, eu gostava dele, da minha avó lembro que quando dava trovão, eu ia dormir na cama dela, ela segurava a minha mão.

Eu queria ter uma casa porque meu avô, pai da minha mãe, precisava da gente, e a vó (mãe do pai) morava junto, estava muito ausente. Até hoje eu sinto um vazio de família.

Relato cursivo da família do senhor Fred Kaw (avôs de Célia)

Família de origem materna

Em uma pequena cidade do interior do Estado de São Paulo, Helem e Fred se conheceram em uma festa religiosa. Ela com 16 anos de idade e ele com 22.

Casam-se, apesar da oposição dos pais da noiva, pelo fato de Fred ser de descendência alemã, filho de imigrantes.

Logo nasce o primeiro filho, André, e logo após, Alberto. Fred, buscando vida melhor, deixa o emprego no interior e parte com a mulher e os dois filhos para a "cidade grande". Vai trabalhar em uma fábrica de sal, em péssimas condições. O dinheiro que havia levado acaba e a família retorna à cidade natal.

Após a chegada, Fred se emprega na estrada de ferro. Mais tarde, nascem mais três filhos: Dorival, Ana e José.

Os filhos eram incentivados a estudar para se preparar para uma profissão. Ana, porém, foi preparada para cuidar da casa e dos irmãos.

A vida era difícil, a família vivia com simplicidade. A avó, Caren, vem morar junto com o filho após a perda do marido, e fica com eles até sua morte. Eles gastavam muito com remédios, com a avó e com o filho mais velho, que era doente.

Ana vai trabalhar com o dono da venda para quitar uma dívida do armazém do seu pai. Mora com essa família durante três anos, era bem tratada, e diz que foi muito bom, pois aprendeu a conviver num ambiente melhor.

Os homens da família casaram-se cedo, em torno de 21 anos de idade. Ana ficou solteira por mais tempo.

O pai Fred constrói, juntamente com dois filhos, uma casa onde passam a morar.

Helem se torna espírita, e o tempo todo cuida das pessoas, dedicando-se à atividade caritativa de dar passes. Torna-se uma espécie de "curandeira".

Mais tarde, na casa ao lado da qual moravam, ela constrói e passa a dirigir um centro espírita, atendendo aos que necessitam. Torna-se uma figura muito marcante na família, envolvendo alguns filhos que a auxiliam nessa atividade.

Um dos filhos, dono da casa, se casa e pede a residência para morar, pois era dono do terreno. Este fato choca toda a família. A mãe adoece, os pais vão morar em uma casa doada por um tio já viúvo, na condição de que cuidem dele até sua morte.

Após alguns anos, esse tio morre. Helem adoece e morre. Fred mora com o filho José, separado, e vem a falecer treze anos depois.

Eventos críticos

1922 — Casam-se Helem e Fred.
1925 — Nasce o primeiro filho, André.
1931 — Nasce Ana.
1941 — Ana vai trabalhar para pagar a dívida da família.
1964 — A família deixa a casa para o filho, e sai da casa que construíram juntos.
1970 — Morre Helem.
1983 — Morre Fred.
1984 — Morre José, com 44 anos.
1994 — Morre Alberto.
1995 — Morre André.
1996 — Morre Dorival.

Relatos significativos

Célia: *Parece que a minha avó se casou cedo, e como meu avô era de família alemã, eles não gostaram do casamento.*

O meu avô foi para São Paulo, mas não deu certo, ele acabou voltando, foi trabalhar na estrada de ferro que, na época, era um emprego muito bom.

Os homens foram estudar, enquanto as mulheres precisavam ter prendas domésticas.

A minha mãe trabalhou, na época de mocinha, como auxiliar numa casa pra pagar a conta do pai no armazém, que era descontado do salário dela, mas ela gostou da convivência com essa família.

A minha mãe fez curso profissionalizante e aprendeu a costurar, o que sempre fez muito bem.

Não lembro muito da minha avó. Eu era muito pequena quando ela morreu. Lembro-me mais do meu avô.

A minha mãe conta que tinham de comer juntos, e na época que a minha avó era viva, eram aqueles banquetes nas festas.

O que parece ter influenciado a família foi a atividade espírita da minha avó, ela ajudava muita gente.

Relato cursivo da família de Albert Kaw (avô de Lúcia)

Família de origem do avô materno

Na época da Primeira Guerra Mundial, a família emigrou para o Brasil em busca de melhores condições de vida.

Albert e Caren vieram casados da Alemanha. Nunca falaram português, adquiriram terras que, posteriormente, acabaram perdendo.

Um filho vai trabalhar fora e se "perde no mundo".

A partir da morte do senhor Albert, dona Caren vai morar com Fred, o filho mais novo.

Eventos críticos

1936 — Morre o senhor Albert (bisavô materno de Célia).
Francisco sai para o mundo.

1943 — Morre Caren (bisavó materna de Célia), quando Ana está com 14 anos.

Relatos significativos

Célia: *Parece que essa família tinha quatro irmãos. Eles vieram para o Brasil em conseqüência da Guerra.*

A minha mãe conta que o mais velho era o Paulo. Tinha ainda o Francisco, o Oton, e o Fred foi o único que nasceu no Brasil.

Dizem que tinham um livro da história da família, onde anotavam quando os filhos nasciam, as terras que tinham, tudo em alemão.

O forte dessa família era trabalhar com madeira. Trabalhavam em serralheria, nas grandes fazendas.

Relato cursivo da família de origem do senhor Padua

Família de origem da avó materna (avó de Célia)

Imigrantes italianos, vieram para o Brasil para trabalhar na lavoura. Tinham uma família numerosa. Helem filha "temporona", nasce quando os sobrinhos já estavam grandes.

Com 16 anos, Helem começa a namorar Fred, jovem seis anos mais velho, de família de imigrantes alemães. A família dela discorda do casamento, pois "na época os alemães eram muito malvistos". Diziam que ela ia se casar com um homem ruim. Após o casamento, ela não conviveu muito com sua família.

Eventos críticos

1906 — Nasce Helem (filha temporona).

Relatos significativos

Célia: *A minha mãe conta que a família da minha avó se afastou dela por causa do meu avô, que era alemão. A minha mãe e os irmãos dela cresceram longe dessa família.*

O mito e sua influência na família

De Tadeu Neto — No ramo masculino

Ao pensar no aspecto trigeracional desta família, na primeira geração, verifica-se filhos de imigrantes italianos lutarem pela sobrevivência no cultivo da terra.

Ao buscar outras alternativas de sucesso profissional, além do cuidado à pequena propriedade, a família de Tadeu (avô, 1ª geração) no ramo masculino, mantém um cartório em uma pequena cidade do interior.

Tadeu destaca-se como pessoa marcante e significativa na comunidade. "Naquela época, ninguém tinha assinatura de jornal. Ele mandava vir o dele pelo trem". Quando a rota do trem é desviada, essa pequena cidade tende a desaparecer, então ele se muda com toda a família para a cidade mais próxima, dando continuidade e expandindo os seus próprios negócios.

Alcança aí maior sucesso, tornando-se figura próspera e marcante na comunidade e na família, como figura mítica, demarca na mitologia familiar o "Mito do Sucesso Profissional", como espinha dorsal. Mantém os filhos unidos em torno da manutenção dos bens adquiridos e incentiva-os a lutar pelo sucesso profissional. Haja vista ter colocado os filhos para estudar nos melhores colégios particulares, e incentiva uma das filhas a cursar medicina.

Nessa família, vê-se a presença das "Lealdades Invisíveis", na maneira como se repete o nome dos antepassados. O filho José Neto prossegue com o nome do avô, talvez, já preservando alguma mitologia que se perdeu nesta memória familiar.

Na continuidade, pode-se observar Tadeu Filho (pai, ramo masculino) receber o nome do pai. As expectativas mostram-se firmemente delineadas em relação à atuação masculina, tanto para manutenção da estrutura patriarcal como da mitologia do "Sucesso Profissional". Tadeu Filho responde quando parte em busca de seu sonho, determinando o cumprimento dessa mitologia. Vende a sua parte da herança e vai demarcar o seu próprio caminho, investindo tudo, juntamente com a família (já com mulher e filhos), em busca dessa realização.

Por outro ângulo, Maria Heloísa (mãe de Tadeu N.), vinda de uma família que percorre uma trajetória de muitas dificuldades econômicas, além de doenças, o que a faz assumir papel de guarda e ajuda aos irmãos menores.

Ela traz em sua mitologia pautas precisas de ajuda e cuidado aos familiares, visando a manutenção da união, o que se encaixa perfeitamente com as expectativas de Tadeu F. (2ª geração, pai de Tadeu N.) em relação a uma companheira para auxiliá-lo e incentivá-lo no seu trabalho no cuidar da prole.

Encontra-se, portanto, secundando esta família, como mito auxiliar, o "Mito da União", que se encaixa no mito do "Sucesso Profissional", dando-lhe sustentação e garantindo as suas pautas. O que se verifica, pois a família acompanha Tadeu Filho em sua trajetória, participando e auxiliando.

Todos se mantêm unidos em busca do sucesso profissional do pai. Ao terminar os estudos, Tadeu Filho volta para a sua cidade de origem, onde vai atuar no espaço demarcado geograficamente pelo seu próprio pai.

Quando Tadeu Neto nasce, recebe a incumbência de dar continuidade a essa estrutura de lealdade. Tem o nome do avô, e escolhe a mesma profissão do pai. Mais tarde, ao se formar, apesar de procurar emprego em outra cidade, o que faz durante algum tempo, volta para a cidade natal para somar esforços e ajudar o pai em sua firma.

Quando o pai morre e deixa um espaço vazio, Tadeu Neto o ocupa. A família de origem se reorganiza novamente; ele, o irmão que prossegue na mesma profissão e a mãe se auxiliam mutuamente para dar continuidade e garantir o sucesso da firma familiar.

De Célia — Ramo feminino

Esta família, na 1ª geração, ao fugir das condições difíceis da guerra, na Alemanha, vem para o Brasil em busca de melhores condições de vida para manter a integridade e a união familiar.

Neste país, lutam com muitas dificuldades, próprias da condição de imigração. Aqui se encontra o sentimento presente em quase toda a Europa, de repúdio ao racismo. Quando o filho Fred (avô de Célia) namora uma moça descendente de imigrantes italianos, sofre o preconceito. O jovem é visto como uma "pessoa má", o que faz a família de Helem se opor ao casamento. Apesar dessa restrição, eles se casam. Assim, há perdas no relacionamento e conseqüente afastamento da família dela, situação qual todos os filhos se ressentem mais tarde.

Após o casamento, já com dois filhos, Fred e Helem (avós de Célia) vão em busca de emprego melhor em outra cidade. Mas retornam novamente à cidade de origem, onde conseguem se estabelecer profissionalmente, indo trabalhar na ferrovia que serve a cidade.

A partir do nascimento de vários filhos, lutam com dificuldades pela subsistência. As doenças de familiares, o primogênito e a avó sempre doentes, acionam as pautas de ajuda e cuidado que permeiam todas as áreas de funcionamento da família.

Afirma-se o "Mito da Ajuda e Cuidado", como espinha dorsal na família, ao qual o "Mito da União" se encaixa de maneira bem próxima. A única filha pontua a importância dessa mitologia ao ir trabalhar em casa de família para pagar a dívida do armazém.

Destaca-se a marcante presença de Helem que, tornando-se espírita kardecista, distingue sua vida de ajuda e cuidados às pessoas necessitadas e carentes, o que amplia e demarca a atuação dessas pautas na mitologia familiar.

Sua presença pontua e indica o "Mito da Religião", que assegura formas precisas pelas quais deve prosseguir o mito familiar, pois os filhos continuam futuramente a palmilhar esse caminho que, com o passar do tempo, se torna extremamente encaixado no mito espinha dorsal "Ajuda e Cuidado".

Na saga familiar nota-se perda em relação ao mitos, principalmente no "Mito da União", pois o conflito familiar se estabelece quando Dorival pede a casa (que construíram juntos) aos próprios pais. A família se afasta dele e concentra-se para ajudar os próprios pais.

O jovem Jair Melo encontra Ana, moça determinada e prestativa. Tornam-se amigos durante um bom tempo e se casam. Ela se encaixa perfeitamente aos seus propósitos pessoais e às suas necessidades familiares.

Este mito da "Ajuda e Cuidado" marca a vida de Ana (mãe de Célia na 3ª geração), pois ao se casar com Jair Melo assume o cuidado dos pais. Logo, sua mãe adoece e morre, e seu pai cardíaco necessita de cuidados constantes, o que faz com que sua vida seja totalmente voltada à execução das pautas determinadas por esta mitologia.

Por outro lado, quando Domingos, sogro de Ana, perde os seus bens, ficam ele e a mulher (pais de Melo) aos cuidados do filho e da nora.

Mais tarde, tornam-se presentes os conflitos no casamento. O marido sempre ausente, após a aposentadoria, fica doente e começa a se alcoolizar, o que dificulta e tolhe mais o relacionamento do casal (Ana e J. Melo), repercutindo negativamente na filha Célia.

Ao mesmo tempo, Ana anseia por autonomia e por uma carreira profissional. Célia (F. Nuclear) cresce, portanto, acionada nesta mitologia de "Ajuda e Cuidado", mas envolvida pelas expectativas maternas de realização pessoal.

Os mitos na construção do casamento

Célia encontra Tadeu Neto, jovem formado recentemente, em busca de realização profissional, que mostra seriedade, é sincero e honesto em seus propósitos.

Ao mesmo tempo, Tadeu vê em Célia o estímulo e o apoio de que necessita para prosseguir seu percurso, isto é, ir ao encontro das pautas determinadas pelo "Mito do Sucesso Profissional".

A jovem, por outro lado, executa as pautas determinadas pelo "Mito da Ajuda e Cuidado", considerado espinha dorsal em sua família. Responde também às expectativas maternas quanto à sua realização pessoal. Ocorre, portanto, um encaixe inicial entre elementos míticos.

Com expectativas mútuas e da identificação dos mitos familiares, é possível verificar o contrato de união que se estabelece no início do relacionamento: "eu conquisto o sucesso e você me ajuda; eu o ajudo e você conquista o sucesso".

Nesse momento, é possível perceber que o casal percorre o *Primeiro Período do Encaixe Mítico*, em que há atração, aproximação das mitologias e alinhamento das expectativas do casal. O ajuste pode vir a ocorrer no casamento, mas vai depender de outras aquisições.

Este modelo de afeição e o contrato subjacente ao relacionamento está sendo determinado pela configuração mítica das duas famílias, respondendo ao modelo anterior da família de origem de Tadeu. Maria Heloísa, sua mãe, durante toda a sua vida, ajuda o marido, Tadeu Filho, a conseguir o almejado sucesso profissional.

O jovem Tadeu Neto volta mais tarde para a cidade natal, repete o modelo determinado por seu pai, Tadeu Filho, responde à lealdade familiar, onde o homem deve dar resposta às expectativas de sustentação e prosseguimento das atividades paternas.

Os dois se casam e vão morar na propriedade da mãe de Célia. Enquanto isso, Tadeu trabalha na firma da família. Os jovens ligam-se com as famílias de origem, com um alto grau de fusão, considerados como sistemas emocionalmente imaturos ou "massa do ego familiar indiferenciada"[1].

Os acontecimentos familiares, a vida sofrida, o fato de ter somente uma filha e a necessidade de ajudá-la levam Ana a querer a filha perto de si. Por outro lado, o percurso da família do ramo masculino garante um forte movimento das forças homeostáticas desse sistema, visível na rigidificação de determinadas pautas míticas, como se resiste à mudança, e se rejeita qualquer interferência, como as sugestões de Célia a respeito do trabalho do marido.

---

1. Bowen, M. *op. cit.*, 1978.

Enquanto isso, Célia se forma em Farmácia, escolhe uma profissão que lhe garanta o cuidado e a ajuda às pessoas. Inicia-se em busca da sua vida profissional e, consecutivamente, o casal efetua projetos para o futuro.

No *Segundo Período do Encaixe Mítico*, o casal já desenvolve habilidades relacionais, alcança significados comuns, toma a perspectiva do outro, desenvolve rituais e projetos a serem realizados.

Por meio da comunicação iniciam uma realidade compartilhada. O casal viabiliza um esforço para diferenciar-se da fusão inicial, no reconhecimento das diferenças, formam uma definição estável e especializam-se nas áreas de proficiência.

Ao mesmo tempo, Tadeu Filho (pai de Tadeu) adoece, permanece durante um ano necessitando de cuidados constantes, e toda a família se mobiliza. As tensões provindas no sentido vertical, que percorrem as gerações em virtude dos conflitos e dificuldades familiares dos dois ramos, masculino e feminino, encontram-se neste ponto com o estresse ocasionado pela doença e a ameaça de morte. Essa situação torna difícil a resolução dos conflitos presentes no relacionamento.

Célia termina o mestrado e começa o doutoramento em busca de sua realização profissional. Nasce o filho idealizado, que responde tanto às próprias expectativas como às da família, que se concentra em torno dos cuidados com a criança. Logo o sogro morre e a família torna-se mais unida em torno do trabalho.

O casal, ao morar ao lado da mãe de Célia, e pelo fato de Célia precisar da ajuda constante da mesma para cuidar do seu filho, tem dificuldade em conseguir espaço de privacidade para garantir a sua diferenciação e resolver o seu problema de união.

Neste momento, o casal percebe tanto as áreas de satisfação como as de incompatibilidade no relacionamento. Mas ao mesmo tempo, esse processo torna-se difícil, pois Célia sente-se excluída. Ocorrem, então, áreas sobre as quais não se conversa, compromete-se a comunicação, pois muitas vezes aí as opiniões divergem.

A negociação é tolhida, o casal necessita rever acordos em relação ao próprio casamento. Tadeu cobra de Célia um distanciamento de sua própria mãe, ela cobra dele maior autonomia nos seus negócios para que ela possa participar.

O casal se esforça para percorrer o *Terceiro Período do Encaixe Mítico*, pois já contam com certo amadurecimento na relação, e sentem-se tolhidos. A falta da diferenciação das famílias de origem paralisa o relacionamento do ponto de vista evolutivo, ao mesmo tempo que se gasta considerável energia gerenciando as questões dali decorrentes. Não se cria espaço para uma nova construção das mitologias e da realidade familiar.

Ao mesmo tempo, a díade continua a construção da casa idealizada que promete ser, tanto para Célia como o foi para sua mãe, um marco divisório em sua vida, um espaço neutro de negociação, o afastamento de suas famílias de origem, o encontro com a união e com a identidade do casal.

A apresentação do genograma

Reflexão a respeito dos mitos

1ª Etapa

Foi proposto para o casal rever o trabalho anterior de reconstrução de sua históricas familiares. Para isso, foi oferecido e colocado à disposição algum material para possibilitar essa construção. O local escolhido pelo casal foi o quarto do filho.

Célia: Assim teremos mais espaço.
Tadeu: Parece que na sua família tem mais gente.
Célia: Eu achei que eram poucos. Na minha família as pessoas têm mais idade.
Tadeu: Na minha, tem só meu pai e meu tio falecido. Em geral são todos vivos.
Célia: Como a nossa memória é curta, eu me lembro da minha avó pegar o álbum e mostrar o pessoal mais antigo, os jovens não dão valor a isso.

2ª e 3ª Etapas

Tadeu: Da minha família, passou o ser honesto, trabalhar, conviver com a família.

Obs.: O que exatamente você quer dizer quando fala em trabalho?

Tadeu: Progredir, se projetar, ter que estudar. Isso foi passado do meu avô para meu pai e pra mim, no ramo dos meus primos também foi passado isso, não se pode acomodar tem que estar lutando.

Obs.: Como você vê a união na sua família?

Tadeu: A minha mãe e os filhos, num esforço conjunto, se uniam para conseguir as coisas. A gente tem um conflito de idéias dentro da família, mas já vivemos assim durante 25 anos. Então, é uma característica de divergirmos nas idéias e atitudes, mas estamos sempre juntos, sempre lutando.

O nosso convívio é no escritório. A gente vive isso. noventa por cento dos nossos assuntos são profissionais e dez por cento, familiares.

Célia: Eu acho que na minha família, a minha mãe sempre passou que se um parente precisar da gente, por mais longe que esteja, tem de ajudar, tem de estar junto.

Minha mãe passou muito o que ela não conseguiu, ela queria que eu conseguisse, apesar da geração dela ter sido criada para o casamento, ela não me criou para o casamento. Ela trabalhou desde cedo e tinha o dinheirinho dela. E ensinou-me o valor da independência, e eu tinha que ser sempre a melhor na escola.

De positivo, é que minha mãe me criou para o mundo, ficou como conhecimento na época, porque ela queria resolver tudo pra mim, então, ela me sufocou, eu queria passar isso para o meu filho, mas eu vejo que, às vezes, o estou sufocando.

Tadeu: De negativo, na minha família, eu acho que a gente luta, o sacrifício é grande, não sei se eu aconselharia isso, o custo é muito grande e deixa na gente certas mágoas e ressentimentos, mas o balanço é positivo.

4ª Etapa

Tadeu: *No casamento as coisas são complicadas, porque eu não concordo com essa idéia de independência da Célia, acho que as coisas têm que ser em conjunto... agora pela firma que tenho que ponderar, analisar tudo, junto com a minha mãe e o meu irmão, mas por outro lado aceito, embora muitas vezes eu não concorde.*

Obs.: Como você gostaria que as coisas fossem?

Tadeu: *De perguntar, de estar à parte, de não criticar, de tentar ajudar, ela pode dar a opinião aqui em casa, tudo é uma questão de tempo, logo quero trabalhar e ir dividindo tudo na firma, pra cada um ficar com as suas coisas.*

Célia: *O pior é que não interessa a opinião que eu dê, porque não vai servir, nunca vai mudar nada, a minha opinião não pesa. Eles é que acabam decidindo. Eu me interesso, mas não dá pra participar. Eu não sinto aquilo como meu.*

Tadeu: *Ela está sempre desinteressada, mesmo em relação à casa.*

Célia: *Mas sabe, porque eu não dou muita opinião, porque se eu digo que eu quero assim ele dificilmente muda, ele é radical, então arranjei uma maneira de continuar vivendo com ele, de continuar casada, porque do jeito que eu sou, vira briga.*

Tadeu: *Mas não é do jeito que eu quero, eu discuto com você o que eu acho.*

Célia: *Eu tenho muita dificuldade de me sentir junto do Tadeu, como casal, eu atribuo isso à vida dele, se ele tivesse a firma dele, eu me desdobraria e participaria mais, eu ajudaria.*

Obs.: O que vocês acham de um momento para falar sobre isso?

Célia: *Às vezes acho que, num tempo atrás, eu nunca ia chegar até onde estou. Senti muita insegurança. Agora o pai dele morreu. Eles eram muito ligados, mas ainda sinto que ele está distante de mim.*

Tadeu: *Eu estou consciente de que são necessárias algumas adaptações, e que precisam ser revistas, mas vamos chegar a isso, além de buscar o sucesso, tem esse outro lado, que é preciso ir adaptando. Espero mudar. Acho que vai ser muito melhor quando a gente mudar de casa.*

Obs.: Como vocês acreditam esse espaço de vocês?

Célia: *Porque o espaço da gente é a nossa casa.*
Tadeu: *Porque nós estamos numa casa dela, que é dela, mas não é dela, pois é da mãe dela.*
Célia: *Mas a minha mãe quer ajudar, enquanto a sua mãe não ajuda.*

Obs.: Se utilizarmos agora a história dessas famílias para entender o comportamento dessas pessoas, será que não vamos compreender mais?

Célia: *São coisas diferentes, famílias diferentes, com valores diferentes.*
Tadeu: *Aí a gente sente diferente. Esta semana precisei almoçar fora duas vezes e ela ficou me atormentando. E antes estava tão bom.*
Célia: *O que ele não entende é que eu quero ele perto.*
Terapeuta: *Nos parece que a cola necessária a este casamento está presente, o que acham?*
Tadeu: *É, foi interessante! Ajudou-nos a perceber o que temos de fazer para continuar nesta linha.*

Comentários

Foi possível corroborar as análises dos conteúdos míticos das famílias, o que se confirma na fala inicial de Tadeu, que assegura o significado atribuído ao trabalho e à sua necessidade de progredir profissionalmente. Confirma, portanto, o "Mito do Sucesso Profissional" em sua família.

Consecutivamente, Célia comprova a posição da união, no sentido de alcançar o sucesso profissional, os conteúdos fortes de ajuda e as expectativas maternas a seu respeito.

A rigidificação de pautas da mitologia familiar e a dificuldade de diferenciação desses jovens de suas famílias de origem, já citadas anteriormente, estão tanto promovendo como dificultando a resolução de conflitos no casamento.

Por meio deste espaço, deve-se assegurar a conscientização de conteúdos e desacordos, atuar preventivamente, na tentativa de deter a evolução desses conflitos; operar terapeuticamente na resolução desses problemas ao buscar viabilizar acordos e alternativas de funcionamento mais satisfatórios ao casamento.

Há a conscientização das dificuldades, como abrem-se possibilidades de novos acordos. O casal percebe as mudanças que são necessárias e estabelece como marco, para que aconteçam, a mudança para a casa própria, local onde possivelmente se assegura espaço psicológico para que estas possam realmente ocorrer.

Acompanhamento do casal

Após um ano da realização do trabalho com o casal, foi verificada a possibilidade do acompanhamento.

A entrevista foi separada em etapas:

1ª Etapa: verificar mudanças na família

Célia: *Aconteceram aquelas coisas do caminhão, acidente com perda de dinheiro... a firma.*

Tadeu: *Mas isso faz parte do negócio da gente; é superável, no outro dia a gente vê o que dá para recuperar.*

Em relação à nossa família, tudo o que a gente programou está indo bem.

Já fizemos algumas reuniões na firma e as mudanças já estão acontecendo, para que cada um tenha maior autonomia.

Célia: Cada um vai ter uma retirada e vai ficar melhor. O irmão dele quer casar e precisa da sua casa e de sua vida.

Tadeu: Antes não dava para realizar essas mudanças, mas agora até as condições da firma propiciaram.

Célia: Agora que fui contratada, estou mais segura financeiramente, posso contribuir e o Tadeu não interfere. Faço o que quero com o meu dinheiro, mas peço a opinião dele, como agora, que estou comprando coisas para nossa casa.

2ª Etapa: acordos presentes no relacionamento

Célia: Tivemos uma crise feia no relacionamento. Pensamos em separação, mas vimos que isso a gente não queria; balançou muito a nós dois.

Tadeu: Daí conversamos bastante e acertamos uma série de coisas.

Célia: Você pegou a gente numa fase difícil, mas agora estamos tentando fazer tudo de novo. A gente se acertou. Até como não perder dinheiro, ter a nossa vida.
Quanto ao meu trabalho, às vezes peço sugestão a ele. A gente está participando mais e dividindo as coisas.

Tadeu: Nós sabemos que, se precisarmos, podemos contar um com o outro.

3ª Etapa: prospecção do casal com o passar do tempo

Célia: A casa está quase pronta. Estou fazendo os armários com o meu dinheiro.

Tadeu: A gente está assumindo. Agora vamos fazer jardim, tem a churrasqueira, vai dar pra convidar os amigos e ter uma vida social.
A nossa casa vai ser do nosso jeito, um lugar só nosso.

Célia: A gente vai viajar junto, só nós.
Foi difícil acertar dias comuns, mas parece que deu certo. A gente já está se arrumando e está ficando mais fácil fazer acordos.

4ª Etapa: a relação com os conteúdos míticos já reconhecidos

Tadeu: Eu estou numa fase de direcionamento dos meus pensamentos, estou mudando e valorizando mais a minha família.
Fazer mais o que eu quero, o que me dá mais satisfação.

Célia: A história da bicicleta, faz muito tempo que ele queria, mas não comprava, daí eu perguntei o que ele queria no Natal. Ele quis a bicicleta mesmo sem ter lugar para colocar e está todo feliz.

Tadeu: E o cachorro. Sempre quis ter um e agora resolvi comprar um do meu jeito.

Célia: A gente resolveu tudo junto. Estamos cuidando do relacionamento.

5ª Etapa: questionando a respeito de possíveis pontos conflitivos

Célia: A independência financeira me deu liberdade, me fez sentir mais segura, e saber que o Tadeu me dá autonomia é muito bom.

Tadeu: A gente respeita a vida profissional um do outro, mas se ajuda quando precisa.
Com a família, cada um fica na sua, sem muita interferência. Acho que a gente está mais forte.

Reconstrução da malha mítica

Após viver uma crise no relacionamento, o casal se questiona a respeito. Revêem as expectativas pessoais, analisam os pontos conflitivos e negociam novos acordos.

Tadeu, ao refletir sobre sua vida no antigo modelo familiar, estabelece metas de ação profissional e necessidades de diferenciação. O irmão está com casamento marcado, também quer mais autonomia. Os eventos do ciclo de vida da sua família de origem solicitam mudanças.

O rapaz se reorganiza, pensa em si mesmo, movimenta-se para diferenciar-se das famílias de origem, preocupa-se com o espaço para sua família e faz projetos para a casa que está quase pronta. Por outro lado, Célia sente-se mais segura profissionalmente, aproxima-se do marido, ajuda com o seu dinheiro no acabamento da casa idealizada. Fazem planos de participação conjunta.

Observa-se o casal percorrer de maneira mais tranqüila o seu ciclo de vida e conseguir estabelecer acordos, resolver o problema de união e lidar de maneira mais harmoniosa com as diferenças.

O casamento passa pelo *Terceiro Período Mítico*, pois se consolidam o estabelecimento de pautas comuns e rituais específicos do casal. Muitos se mostram presentes nos acordos que estabelecem para a sustentação da malha mítica neste momento do seu ciclo evolutivo na vida conjugal.

A formação e a repetição dos problemas na família

> *Na minha história, no meu reencontro*
> *Do passado, ao presente*
> *Para um futuro em que se possa*
> *Escolher...*

A família, em seu contexto mais amplo, recebe constante influência dos fatores culturais, históricos, econômicos e sociais atuantes em todas as sociedades. As famílias de origem influenciam poderosamente na configuração das novas famílias que vão se formando com o passar do tempo.

Há vários conteúdos que fazem parte da comunicação não dita e se encontram atuantes na vida familiar. O tipo, o teor e o clima emocional gerado e mantido por esses elementos pode ser responsável por criar um ambiente[1] estressante para todos os membros desse grupo.

Em cruzamento com esses determinantes, são encontrados os aspectos evolutivos do crescimento e do desenvolvimento dos indivíduos que, em seu ciclo de vida, atravessam fases diferenciadas.

A maneira como as pessoas percorrem as suas fases de vida, dão conta de suas funções e tarefas, e os recursos que utilizam para

---

1. Segundo McGoldrick e Carter, *op. cit.*, 1980, o aumento de ansiedade na família pode ocorrer em duas direções: na vertical, que inclui tabus, mitos, segredos e expectativas; e na horizontal, em relação às transições evolutivas.

gerenciar essas façanhas podem indicar o agravamento, a diluição ou a resolução desses conteúdos, de geração a geração.

Assim, a habilidade da família para manejar as transições em seu ciclo de vida pode ser afetada pelo grau de ansiedade vindo de ambos os lados. O entrecruzamento desses vários aspectos apontados pode ser propício para o aparecimento de várias sintomatologias e de problemas familiares.

A partir do momento que usamos a ótica intergeracional e a Leitura Instrumental Mítica, tivemos a oportunidade de acompanhar muitas famílias. Por intermédio de suas histórias — cerca de oitenta a cem anos —, a nova compreensão de suas vidas fez com que nos deparássemos com a amplitude e a diversidade de conflitos e problemas que se repetem nas gerações.

Pudemos verificar o que já é conhecido. As dificuldades no relacionamento entre pais e filhos, marido e mulher e com as famílias de origem se perpetuam no tempo. Além dessas, outras se somam, tais como: a repetição das várias modalidades que vão desde a violência doméstica, a drogadição e a depressão. Temos encontrado comportamentos típicos de algumas famílias, tais como a gravidez na adolescência ou a exposição freqüente a fatores de risco, que têm ocasionado várias mortes trágicas.

Atualmente, com freqüência, tenho trabalhado com a repetição de doenças tais como câncer, alopecia e psoríase, entre outras.

Num retrospecto histórico, nas primeiras concepções a respeito dos Mitos Familiares, relacionava-se a presença dos mitos, as forças homeostáticas pertencentes a cada família.

Uma situação muito comum é aquela que, ao suceder um conflito conjugal, "o meu marido foi visto conversando com uma mulher de má fama, eu acho que ele já teve esse comportamento outras vezes... mas eu tive que passar por cima por causa da minha família. Onde já se viu gente separada...? nesta família não tem" a família toda interfere para minorar a crise.

O sentido da união entre essas pessoas é muito forte e não deve ser questionado. Não existe flexibilização das alternativas diante das crises. Quanto mais rígidas as pautas, mais complicadas são as situações para qualquer mudança e negociação na família.

A experiência revela que, nos momentos difíceis, a estrutura da família fica a descoberto. Tornam-se visíveis tanto as normas e as pautas familiares como também a sua força de sustentação.

Aí, exatamente, podemos começar a avaliar tanto o tipo de mitos como a sua força.

De acordo com os meus estudos, essa ligação que o mito tem com as forças homeostáticas parece equivaler à mesma do Mito, com todo o sistema familiar. Pois o mito envolve tudo, sendo visto como o próprio sentido que a família atribui à sua vida.

Em uma família com a qual tive a oportunidade de trabalhar, a mãe trazia uma queixa muito específica: "É um horror lidar com esses adolescentes. Para eles nada está bom". Ela não conseguia dialogar com os dois filhos na faixa etária dos 14 e 16 anos. Eles retrucavam: "Não adianta conversar com a minha mãe, pois a última palavra é do meu pai, e ele nunca concorda".

O jovem já usava ocasionalmente a maconha e a garota apresentava dificuldade nos estudos. Ao adentrarmos nas histórias familiares pudemos verificar famílias em que a adolescência dos filhos se apresentava como a fase mais problemática. Norteando essa família o "Mito do Poder", as famílias envolvidas com "a política" adotavam o estilo dos coronéis e mantinham a disciplina de todos a duras penas.

Na juventude, os próprios pais haviam se rebelado contra o autoritarismo dos seus progenitores, mas mais tarde aderiram ao modelo anterior, preservando as regras familiares do patriarcado e restringindo a autonomia dos filhos, o que nesse momento estava dificultando o relacionamento com os adolescentes.

A marca familiar determina o nível de diferenciação alcançado futuramente pelos seus membros. Nossos dados comprovam que os mitos, como eixo de organização familiar, asseguram o estilo de funcionamento da família, que vai determinar a marca familiar, influenciando diretamente a diferenciação dos filhos.

As triangulações, quando presentes, se mostram responsáveis por verdadeiros pontos notais, que indicam conflitos de difícil resolução, favorecendo a disfuncionalidade familiar.

Além das exigências evolutivas no processo do adolescer, que reclama do jovem maior participação e compromisso com a própria vida, pudemos encontrar a forte atuação dos fatores externos, tais como: grupo de amigos, pressões sociais, mudanças nos papéis sociais masculino e feminino, e um modelo de relacionamento mais aberto e cooperativo entre pais e filhos. Acrescidas da instabilidade política e social, que podem atuar como estressores externos, essas exigências suscitam movimentação no jovem e na família, provocando mudanças. Além dessas dificuldades inerentes às crises de passagem de um ciclo de vida para outro, pudemos constatar, em nossa experiência, a mútua interdependência de todos os membros de uma mesma família.

Podemos apontar como os pais se sentem afetados e envolvidos pela problemática do adolescente, à medida que, nesse momento, se reaviva a sua própria adolescência e a maneira como lidaram com as questões centrais a ela, como sexo, autonomia e escolha da profissão.

O jovem freqüentemente questiona o estilo e os mitos familiares. Quando estes se chocam com as suas expectativas e necessidades, a situação se torna estressante. O sintoma ou o problema na família pode se apresentar como uma busca de maneiras alternativas para lidar com questões antigas. As crises e os conflitos, quando solicitam uma reorganização, facilitam a flexibilização na família, gerando uma movimentação mítica.

Os conflitos na família podem responder à ampliação do estresse, acumulado nas gerações, tanto no sentido horizontal (da família atual) como no vertical (a herança multigeracional e cultural) como já vimos, na adolescência. Podem se configurar também a repetição de modelos e padrões e, devido à rigidez de determinadas pautas, do sentido na família.

Em uma família, os pais queixavam-se de seu filho de 27 anos: "Ele não dá certo em nada. Começou Engenharia e largou, começou Jornalismo e abandonou, fora os negócios que ele montou e deram errado... só jogou dinheiro fora". Essa família tem, em sua história, pessoas bem-sucedidas, que vivem numa pequena cidade do interior, morando todos próximos em dois quarteirões, onde sabem de tudo: "palpitam na vida de todo mundo".

Encontramos esse jovem num movimento de sair e voltar para a família, montando negócios e fracassando, lutando em sua tentativa de diferenciar-se, com dificuldade extrema de estabelecer espaço e condições para tanto, diante das pautas rigidificadas do "Mito da União".

O alcoolismo pode estar caracterizado nas gerações como um padrão de uso do álcool, como saída diante das situações de estresse, recurso passado pelos modelos relacionais e que se repete em momentos de instabilidade e crise: "O meu pai também sempre bebia quando ficava nervoso".

Certa ocasião, recebemos uma senhora que justificava o marido alcoólatra: "Ele sempre foi um bom pai e nunca deixou faltar nada em casa... meu pai já bebia e a minha mãe suportava, pois ele era um bom pai". Encontramos, com relativa freqüência, o padrão de tolerância à drogadição como uma pauta "rigidificada" do Mito da União.

A drogadição pode ser repetida em suas diferentes formas numa mesma família. "A minha mãe tomava todo tipo de remédio, meu irmão sempre fumou maconha, acabou usando cocaína, e eu acabei experimentando a droga, afinal, já estava acostumado com isso". O jovem, em sua fala, mostra tanto o padrão de repetição como a tolerância ao uso na família.

Na supervisão de um caso, ao analisar a queixa trazida por uma cliente, uma mulher de 31 anos apresentava comportamento compulsivo e auto-agressivo. Envolvia-se em situações de risco em relacionamentos sexuais com pessoas grosseiras e violentas.

Tratava-se de mulher bonita, com bom nível de escolaridade e de entendimento. Verificamos que a depressão se repetia nas gerações: "Nós nunca esperamos nada da vida". Uma família vivendo sob o autoritarismo dos homens, permeada por acontecimentos trágicos. Algumas mulheres saíram de casa e acabaram caindo na prostituição. Encontramos a presença do "Mito do Poder" com o abuso da autoridade e a presença da violência doméstica: "meu pai nos surrava, e o meu irmão abusou de mim", o que promoveu a ruptura e o distanciamento entre as gerações.

Os segredos sendo mantidos promovem a manutenção e o acúmulo do estresse, dificultando os relacionamentos e a afetividade entre os membros da família. Alguns se afastam para tentar a sobrevivência longe da família. A culpa e o rebaixamento da auto-estima nessa mulher favoreceram o aparecimento da depressão e permitem compreender os seus comportamentos.

As perdas não-resolvidas podem dificultar o estabelecimento de vínculos. Mário, um homem de 44 anos de idade, em seu terceiro casamento, queixa-se de suas dificuldades afetivas, no sentido de dar continuidade aos seus relacionamentos: "Já é o terceiro casamento em que invisto tudo e não dá certo". Ao olhar sua história, encontrei, na primeira geração, o relato do abandono de sua mãe, que foi criada em orfanato. Na segunda geração, nos primeiros anos de vida Mário perde a mãe, que morre, e cresce sem desfrutar do amor materno.

Em sua fala, ele denota a sua falta e a sua procura: "Eu queria que elas parecessem pelo menos um pouco com a minha mãe". A mãe é idealizada e procurada nas mulheres com as quais se envolve, numa tentativa de resgatar este afeto, o que dificulta o estabelecimento dos vínculos com seus pares.

Os mitos podem ser identificados como *nocivos ou desorganizadores*, uma vez que possibilitam condições para aumentar o estresse familiar, provocam ansiedade, rupturas, cisões, coalizões, distanciamentos físicos, condutas depressivas, alienamento e drogadição, entre outras. Com freqüência, criam condições para o estabelecimento de estigmas e profecias familiares.

Em uma família com vários antecedentes de doença mental, com episódios de internação, o marido fala da família da mulher: "Eu sabia! Ali todos são meio loucos... eu acho que ele (o filho) pode ter puxado essa gente". Aí encontramos o fantasma da doença presente no sentido que se atribui à família de origem da mulher.

Hoje sabemos que uma geração pode ser violenta por pertencer a uma família violenta. O padrão agressivo pode mostrar-se repetitivo numa família, pois infelizmente as pessoas repetem a violência em um círculo vicioso: "A minha avó foi abandonada, nunca teve mãe, cresceu na casa de patroas que a exploravam. Minha mãe se casou com o meu pai, que era um aproveitador, abusava de todas as mulheres e nos espancava. Agora, eu me casei com um homem que bebe e me insulta...".

Quando olhamos através das gerações, a violência mostra as suas diversas faces. O sentido que existe está diretamente relacionado à questão da violência. A família se identifica como *"violenta", "má"* ou se desqualifica *"não presta",* o que mostra o seu estigma ou a impossibilita de deixar de cumprir a profecia da repetição.

As separações, os rompimentos e os cortes bruscos dão origem a muito sofrimento, que ecoa nas próximas gerações, enfraquecendo os vínculos afetivos e dificultando a comunicação: "Por causa da divisão da propriedade, os meus avós se separaram de suas famílias e viveram sós. Agora a minha irmã foi embora pra longe com seu marido, pois ele é de família mais rica, e a gente não se fala mais. Quando nos encontramos, só discutimos". É estabelecida a dificuldade de resolução dos conflitos e o aumento de tensão no clima familiar.

Atualmente, tenho me dedicado à pesquisa de doenças que, em sua etiologia, envolvem predisposições emocionais comprovadas. Acompanhei um caso atendido por uma aluna: Uma senhora portadora de psoríase. No olhar intergeracional foi verificada em três gerações a presença da violência doméstica. Inicialmente, a violência física, praticada contra a mulher e os filhos na 1ª geração; na 2ª geração, o assédio sexual contra as próprias filhas, tendo o alcoolismo como agravante. "Meu pai entrava no quarto das minhas irmãs, quando bebia, e passava a mão nelas". No processo de reconstrução de suas histórias essa senhora conseguiu lembrar-se de que também era assediada pelo pai. Conservava as marcas da psoríase, onde a mão paterna tinha deslizado.

Em uma outra família, da qual orientamos o atendimento, um garoto de oito anos de idade apresentava alopecia de repetição. Na história familiar, as pessoas se norteavam pela "luta pela sobrevivência", enfrentando muitas mortes, perdas e muito sofrimento.

Encontrei nessas pessoas a dificuldade de comunicação e de expressão de sentimentos. O adoecimento da criança relaciona-se diretamente à morte da avó materna: "Começou quando ela morreu. Não deixamos ele participar do enterro". A avó era pessoa importante para o menino. A dificuldade de vivenciar o luto das pessoas queridas, a falta de recursos da família em lidar com as perdas propiciaram o estabelecimento da doença.

Conflitos podem surgir quando no casamento os mitos se encaixam, mas não conseguem se ajustar. Os casais não avançam por meio dos processos afetivos e relacionais que ocorrem na construção do casamento. Muitas vezes, são necessários acordos que não são passíveis de ser negociados. Surgem os conflitos que freqüentemente paralisam ou criam rupturas no casamento.

Podem-se estabelecer algumas situações em que os conflitos ocorrem no casamento. Como nos casos relatados anteriormente, pontuados pelos eventos cruciais em seu ciclo de vida, as pessoas acumulam determinadas expectativas míticas.

A escolha no casamento é mesclada e acionada por essas determinações, como já vimos, com alguns casais que tive a oportunidade de acompanhar. Quando o outro integrante do par não responde a essas solicitações, os conflitos se estabelecem e os problemas podem começar a ocorrer.

Sob a ótica mítica, pode-se tanto aprofundar a compreensão a respeito da formação dos conflitos ou percebê-los, como na família de Marta, que se casa com Pedro, homem conservador, proprietário rural, com história de patriarcado e poder nas gerações anteriores, que quer ver seus direitos masculinos assegurados e compreendidos. Ele se confronta com as expectativas de independência e de sucesso da jovem que, em seu trabalho, viaja muito e convive com diferentes tipos de pessoas. "Ele não entende que quero minha independência e autonomia". Fica difícil para Pedro entender a necessidade da mulher. Ele diz: "Ela tem tudo em casa, não sei por que tem de viajar tanto".

Torna-se necessário ampliar a ótica para compreender os diferentes referenciais que se encontram em suas histórias pessoais e das famílias de origem, assim como estabelecer espaço de negociação de acordos para que o relacionamento prossiga seu curso.

No primeiro casamento de Waldomiro se estabelece um conflito de grandes proporções, porque o jovem se casa com expectativa de constituir uma família unida e afetiva. Já havia sofrido provações na infância por conta da morte dos pais, e se depara com uma mulher imatura: "Ela não queria sair da barra da saia da mãe dela".

A mulher não quer se afastar da família de origem para ir morar em uma cidade próxima, e isso faz com que o marido tenha de viver viajando sem poder contar com a possibilidade de usufruir da convivência da mulher, dos filhos e da própria moradia. Esse fato e a impossibilidade de mudar-se vão criando dificuldades para o casal. A união sonhada não acontece e realiza-se a separação: "Eu tinha de ir em busca do meu sonho. Afinal, a vida toda quis um outro tipo de união".

Angela, desde garota, cresceu presenciando brigas e crises de ciúme de sua mãe: "Eles brigavam todos os dias, sempre a mesma coisa, o ciúme, a desconfiança da minha mãe". Mais tarde, ao se casar com Luís, vive alguns anos muito bem, até começar a desconfiar do marido com uma colega de trabalho: "Eu tenho quase certeza, lógico que ele nega".

A partir desse momento, ela se afasta do marido, dedicando-se totalmente aos filhos: "Só meus filhos valem a pena". A descrença no relacionamento afetivo, a dificuldade de fazer o enfrentamento da situação com o marido, a triangulação que se estabelece com os filhos repetem a situação anterior e dificultam qualquer tentativa de resolução do problema.

Em um casamento que já acompanhamos anteriormente, Tina se casa e busca no marido aceitação e reconhecimento social, mas é rejeitada pela cor da pele. Por isso, dirige as filhas em busca de suas expectativas de sucesso e realização, procurando casamentos para elas, com pessoas ricas e de projeção social.

Essa situação faz com que as filhas, durante anos, sigam as determinações maternas, até o ponto de ser difícil conviver com essa falta de espaço e diferenciação. "Um dia eu senti como se tornava insuportável seguir os conselhos de minha mãe". Pode-se aí visualizar a perpetuação de expectativas míticas através das gerações, quando na vida pessoal elas não são realizadas e são projetadas em direção aos próprios filhos, e se viabilizam esforços nesta empreitada.

Uma situação conflitiva que ocorre com certa freqüência é quando as pessoas não conseguem resolver a diferenciação em relação à sua própria família. A dificuldade pode estar associada a algumas pautas "rigidificadas" do "Mito da União". Juliana, jovem casada recentemente, comentava: "A minha sogra se mete em tudo, e quando ela não se mete meu marido pede a sua opinião... Ele ainda não quer morar longe da mãe". As pessoas trazem suas dificuldades não-resolvidas com suas famílias de origem para seus próprios casamentos.

Outra situação geradora de muito estresse é quando alguém "trai" o mito. Jorge, dono de terras, relata a história de sua família: "Todo mundo trabalhava junto na terra; sofria e se ajudava. Até que meu irmão arrumou suas coisas e sumiu por vinte anos. Nunca mais fomos os mesmos. Nunca mais o perdoamos". O corte brusco rompe as pautas míticas, a família sofre uma crise, se reorganiza, se recupera, ou corta os laços afetivos e perde a comunicação.

Os mitos familiares, à medida que envolvem, influenciam e muitas vezes determinam todos os outros conteúdos na família, podem ser utilizados no trabalho preventivo e terapêutico com a família e, individualmente, como complemento e enriquecimento do trabalho psicoterápico.

O poder preventivo e terapêutico dos mitos

Mergulhar em mim...
Em nós... no tempo
Num sentido maior
Seguir pleno...

Ao reconhecermos a importância das influências que perpassam as gerações, é possível realizar o resgate do Mitos Familiares e identificar os conteúdos que organizam, permeiam e atuam nas relações familiares.

A experiência de vida e o significado a ela atribuído pelas pessoas que viveram antes de nós, na perpetuação de nossas famílias e na preservação do sentido de pertencimento que encontraram, representam um potencial inerente a cada um de nós. Em um processo de confrontamento dessas concepções, com as várias maneiras de visualizar nossa experiência, podemos encontrar o nosso próprio sentido de vida e tomar contato com essa verdade: de continuadores e reconstrutores de nossa própria história.

O encontro com o Mito Familiar pode ser utilizado como momento de reflexão, pois representa, no aspecto intergeracional, a nossa história. Esse trabalho pode ser realizado com toda a família, com o casal e individualmente, como ganho pessoal[1] e terapêutico.

---

1. Delinearei, nos Anexos, um roteiro terapêutico que pode ser utilizado para a execução deste trabalho.

Tive a oportunidade de acompanhar muitas pessoas. Em uma família de proprietários rurais, com o "Mito da Propriedade", diante de uma adolescente com necessidade de diferenciação, quando revê a sua história familiar, coloca: "Vi que tem uma pessoa que saiu desta lida do campo, e se deu muito bem, portanto, eu vou me dar bem também". A família consegue rever suas posições abrindo espaço para que a filha se encaminhe para outra atividade.

Uma adolescente, quando se depara com o "Mito da Doença" na família, repetido e ocultado, diz: "Não sei por que vocês esconderam tanto. É bom saber disso, é bom parar com este medo de ficar louco". Ela consegue, com sua atitude, incentivar a família a fazer o enfrentamento dessa profecia.

Em uma família de origem japonesa, com pautas rigidificadas do "Mito da Autoridade", um jovem faz a família refletir: "Puxa, tá certo que pra vocês foi assim, mas por que tem de continuar a ser pra mim?".

Ao acompanhar os casamentos já relatados, foi oferecido aos casais a compreensão da vida em família e reflexão a respeito das pautas interacionais vigentes, com a finalidade de rever a construção do casamento.

Em relação ao casal Sílvio e Lúcia, houve a confirmação dos conteúdos míticos envolvidos; acentuação dos recursos já existentes para lidar com suas dificuldades cotidianas, criação de rituais para preservação de suas histórias, quando se mostram fotos e se contam as histórias para as filhas e outros familiares.

Verificamos no casal Alves e Eloísa que a jovem tem dependência em relação à mãe e, no casamento, tem a possibilidade de se conhecer. Recebe o apoio e a compreensão do marido, se fortalece, é capaz de rever o seu relacionamento com a própria mãe. Essa possibilidade surgiu diante da flexibilização do relacionamento conjugal, pois Alves acompanhou sem interferir. Nota-se como a comunicação e a maneira de se relacionar com o marido foram possibilitando a Eloísa condições propícias para seu amadurecimento pessoal.

Como já vimos anteriormente, o casal Walter e Suzana comprovou o reconhecimento dos conteúdos míticos. Divisou-se a vivência emocional, presente nas histórias rememoradas, maior compreensão a respeito de fatos até então não conhecidos, e a consideração a respeito de problemas não clarificados. Abriu-se oportunidade de reflexão para as negociações, o que foi comprovado quando da entrevista de acompanhamento do casal. Nessa oportunidade, o par fez considerações a respeito da oficialização do casamento, estabeleceu acordos e uma lista de prioridades para a vida em família.

Já com Tadeu e Célia houve conscientização das dificuldades e ligação destas com conteúdos míticos da estrutura familiar. Sua clarificação permite a flexibilização de algumas posturas, como aconteceu após a apresentação do genograma: a necessidade de novos acordos no relacionamento e a demarcação de um tempo e um lugar para que isso ocorra.

Mesmo que os conflitos ou problemas não sejam encontrados no presente, é possível perceber a probabilidade de seu aparecimento e utilizar recursos para sua resolução.

Um aspecto das relações, que serve à sustentação do casal nos Períodos Míticos, refere-se aos *acordos* que foram percebidos nos relacionamentos dos pares.

Quanto ao tempo: alguns acordos se mantiveram presentes, sustentando os mitos familiares, outros mostraram-se transitórios servindo à própria fase do relacionamento, facilitando os ajustes necessários às mitologias familiares ou à resolução de problemas.

Eles podem ser vistos de forma explícita ou oculta, servem para se lidar, muitas vezes, com questões delicadas do próprio relacionamento. Encontramos também acordos gerais, visando manter a saúde e a qualidade do relacionamento; e específicos, que se circunscrevem a determinada área do relacionamento. No casamento os acordos são considerados como verdadeiros rituais, com função de sustentação da flexibilidade na malha mítica.

Em relação direta com os acordos, observamos que alguns na forma de rituais servem à manutenção de um relacionamento saudável: "Nós nunca nos deitamos com problemas"; ou o adquirido após o trabalho de reconhecimento dos mitos: "Agora mostramos o nosso álbum de fotos para as filhas para manter vivos os elos entre o presente e o passado".

É possível observar os rituais sofrendo modificações, colaborando decisivamente para a transformação da malha mítica. Como no "Mito da União", muito freqüente em famílias de imigrantes italianos, em que era preciso estar unidos como forma de garantir a própria sobrevivência, a pauta de morar junto sofre mudanças para morar perto ou na mesma cidade. Assim como o almoço obrigatório aos domingos já pode ser negociado em algumas famílias.

A identificação dos *rituais*, à medida que facilita o reconhecimento da vida interna da família, fornece a oportunidade para se trabalhar terapeuticamente, com a possibilidade de reorganização familiar.

Dessa forma, favorece o arranjo de pautas de funcionamento, as quais podem colaborar para a modificação de aspectos que precisam de mudança, ligados à Mitologia Familiar.

O aparecimento de uma *figura mítica na família* é extremamente enriquecedor, pois favorece o surgimento de uma nova malha mítica, resgata mitos adormecidos no seio da família, e dá conta da realização de expectativas longamente acalentadas.

Quando a vida da figura mítica determina o percurso de mitos que podemos considerar construtivos e saudáveis para a família, isso pode ser um poderoso recurso para as pessoas em momentos de crise. "Sempre me lembro do meu pai quando preciso de força. Ele dizia: 'Não desanime. O sucesso vem se se trabalha'" ou "Minha mãe me ensinou a cuidar assim das pessoas, lembro-me do seu jeito; é ele que me anima".

O reconhecimento dos mitos, quando realizado no trabalho individual, pode proporcionar muitos ganhos. No caso relatado da violência doméstica em que uma jovem mulher desenvolve a psoríase ao deparar-se com a sua própria história reflete: "Tudo isso é muito doloroso, mas não adianta esconder de mim. Tenho que aprender a viver com isso e não me culpar mais".

O adolescente Rodrigo, ao rever a história de luta e sofrimento de sua, mãe declara: "Meu Deus! Como ela sobreviveu? Eu acho que agora posso entender muita coisa". Jonas, homem rude e que trazia muita revolta diante de si, ao deparar-se com as histórias do pai, num desabafo, diz: "Eu acho que agora posso compreender e começar a perdoá-lo por ter sido tão agressivo e violento conosco".

A reconstrução das histórias e a identificação dos mitos apresentam-se como um recurso para as pessoas individualmente, facilitando-lhes a localização no contexto familiar e a compreensão do tipo de relacionamento, visão mais ampla do seu problema, assim como dos recursos pessoais que dispõem para enfrentá-los.

No final de um curso que ministro, os alunos realizam um trabalho de reconstrução de suas histórias e refletem a respeito da relação dos mitos com sua escolha profissional, no caso a psicologia: "A psicologia para mim é a oportunidade de doar e ajudar as pessoas. É o que vi na minha história onde todos se ajudam. Acho que esta foi a ponte para a minha trajetória pessoal e profissional".

Em outro depoimento: "Este trabalho me fez refletir sobre vários aspectos da minha família. Percebi que os processos pelos quais ela passou se refletem em mim. Esta análise foi importante para entender o comportamento dos meus pais, seus valores e sua ideologia. Assim como entender o medo da repetição da doença mental, a necessidade de aceitar este problema. O que deve, de uma maneira oculta, ter-me influenciado, e me feito ir em busca da profissão, para esse entendimento".

No percurso da vida familiar e no ciclo de vida de cada um, as experiências intensas ou repetidas podem ganhar significado, ser organizadas psiquicamente por algum tipo de similaridade e adquirir um sentido único. Assegura-se, aí, a formação de um "*núcleo de sentido*", o que gera determinada concepção de mundo. Quando se assegura uma identidade específica nesse "núcleo de sentido", posso assegurar que se trata de um *Mito Familiar ou Individual*.

Um núcleo de sentido facilmente reconhecido que, com o transcorrer do tempo, pode gerar uma concepção de mundo própria e de uma identidade é a vivência e a prática de determinada religião, que pode abarcar várias dimensões e áreas de funcionamento familiar e ser identificada como um mito familiar que, freqüentemente, auxilia outros mitos ao se tornar um mito auxiliar.

Alguns mitos podem ser encontrados em junção, isto é, não podem ser diferenciados por estarem tão entremeados e inter-relacionados na malha mítica, num determinado momento da vida familiar, que podem ser lidos como único mito. Passado esse momento, podem se diferenciar ou ganhar outra identidade.

Para clarificar essas considerações, deve-se aprofundar a pesquisa nesta área e na própria construção do mito individual, que se organiza com alguns conteúdos dos mitos familiares, mas considera as próprias experiências e responde a expectativas individuais que se formaram com o passar do tempo.

Com o passar dos anos, angariando experiências, aliando atendimento, ensino e pesquisa no uso dessa nossa leitura, estou ampliando cada vez mais a compreensão a respeito de muitas destas questões que, agora, apresento. Muito se tem a fazer. O que se sabe pode ser visto em imagem metafórica como a ponta de um *iceberg*, pois ainda há muito para ser encontrado nesse território pouco explorado. O estudo dos mitos é um campo extremamente enriquecedor, profícuo para a pesquisa e para terapia.

A história não se perde nos mitos. Está nos mitos, assim como os mitos são reencontrados nas histórias. Juntos representam o potencial criador das sociedades e dos relacionamentos, assim como também são, em si mesmos, a sabedoria adquirida através dos tempos.

Roteiro para a prevenção e a terapia

- *Este trabalho pode ser realizado com toda a família, a partir de um problema específico, para o qual tenham procurado ajuda.*
- *Pode ser realizado visando ao reconhecimento dos mitos e à ampliação dos recursos familiares.*
- *Em psicoterapia, individualmente, partindo de um problema apresentado pela pessoa.*
- *Com a pessoa, individualmente, visando ao reconhecimento de seus mitos familiares e aquisições pessoais.*

Entrevista trigeracional: Proporciona à família, ao casal ou às pessoas a oportunidade de reconstruir suas histórias por meio do relato das principais características, atuais e pregressas. O recurso da gravação pode ser utilizado para melhor fidelidade na reprodução dos dados.

A entrevista trigeracional, semi-estruturada, investiga dados a respeito de todos os membros da família, como: nome, idade, escolarização, estado civil, número de filhos, saúde, profissão e expectativas, aspectos marcantes e significativos de personalidade etc.

Mediante essa entrevista trigeracional, é feita uma reconstituição das famílias de origem, no mesmo momento em que se expressam as características e as situações que foram significativas e vividas.

Genograma: Instrumento que, em forma gráfica, apresenta as informações, de maneira a proporcionar uma rápida visualização das complexas normas familiares do ponto de vista clínico; uma rica fonte de hipóteses, de como, por exemplo, um problema pode estar relacionado com o contexto familiar, bem como a evolução, tanto do problema como desse contexto no tempo.

Ciclograma: Este instrumento elaborei para acompanhar, com a ótica mítica, a passagem da família em seu ciclo de vida, e verificar quais influências intergeracionais poderiam estar atuando, para facilitar ou dificultar esse percurso familiar, assim como para verificar quais relações essas influências poderiam ter com os mitos familiares.

Procedimento: Inicialmente, a partir do convite, da família, do casal ou da pessoa, individualmente, pode-se dar início a este trabalho. Após a coleta de dados, inicia-se a execução dos instrumentos que facilitarão a identificação dos conteúdos intergeracionais e o resgate dos mitos familiares. A seguir, pode-se realizar a apresentação do genograma e da reflexão a respeito.

Na pesquisa individual: Além de observar a sugestão do questionário de entrevista trigeracional (Anexo A), observar que, para resgatar as histórias intergeracionais, se pode começar pela família atual. Como as famílias percorrem a sua vida em seu ciclo, início, eventos marcantes, histórias que são interessantes para relembrar. Momentos que foram difíceis individualmente e para a família, e expectativas que se criam. Verificar, ainda, o que era importante, obrigatório e vital. Relacionar a repetição dos problemas com as dificuldades que se têm no momento e com os mitos que podemos identificar. É mais difícil identificar os nossos mitos, pois estão atuantes em nós mecanismos psíquicos que, muitas vezes, ocultam aos nossos olhos. Um profissional competente pode sempre nos auxiliar. Procurar ajuda psicoterápica sempre é importante. Trata-se de oportunidade valiosa, de melhoria e de aprimoramento pessoal. Verificar os recursos da própria história. Refletir a respeito.

Anexo A

Roteiro para entrevista

1) Investigando o problema
   - Fale sobre o problema pelo qual vocês estão procurando ajuda.
   - Quando começou? Está ligado a alguma circunstância específica?
   - Como se desenvolveu o problema com o passar do tempo? Piora ou melhora em relação a alguma situação específica?
   - Como esse problema influi em você?
   - Que pessoas da família têm conhecimento do problema? Como reagem a ele?
   - De que maneira o problema está relacionado com os demais membros da família?
   - Alguém da família tem um problema parecido? Como lidou com ele?
   - Que soluções tentou para esse problema?
   - Quem tentou e o que aconteceu?
   - Como eram as relações familiares antes de o problema aparecer?
   - Que outros problemas existem e como evoluíram na família?
   - O que fazer se o problema continuar? E se desaparecer?
   - Que mudanças são possíveis, no futuro, em relação a esse problema?
   - Que expectativas você tem em relação à resolução desse problema?

2) O relacionamento de cada uma das famílias
   - O que você sente como problema nesta família? (Educação de filhos, problemas conjugais, saúde, ou outros).

- Como se tem lidado com esta dificuldade?
- Como é a comunicação nesta família?
- Quais os aspectos de concordância?
- Quais as ocasiões em que a família está unida?
- Em quais ocasiões a família se encontra separada?
- Quais os aspectos de discordância nesta família?
- Existe algum acontecimento que tenha permanecido oculto na família? (Acidente, adoção, suicídio, problemas legais e outros.)
- O que se faz normalmente, ou o que faz parte da rotina da família?
- Discorra sobre o que é obrigatório nesta família?
- Têm havido mudanças na família? (Nascimento, morte, troca de casa, de emprego, saída de filhos de casa ou outras?)
- Como influenciaram a família? Qual a reação de cada membro?
- Como a família se relaciona com outras pessoas que não são da família, mas que são significativas para a mesma? Qual o papel que desempenham essas pessoas?
- A família tem experiência com profissionais de ajuda? Como tem sido essa experiência?
- Indique algum outro dado que acredite importante em relação a esta família?

3) Os membros de cada família

- Nome completo.
- Data de nascimento, idade atual, se houve morte, qual o motivo e qual a repercussão na família?
- Cidade de nascimento: local de residência. Se houve mudança, qual o motivo?
- Nível de instrução: atividade profissional e situação econômica.
- Doenças físicas, psicológicas, mentais.
- Utilização de álcool, drogas, medicação.
- Religião: outro tipo de prática? Motivo?
- Eventos significativos: adoção, aborto, acidentes.
- Com quem o relacionamento dessa pessoa melhora na família? Por quê?

- É pior com quem? Por quê?
- Com quem essas pessoas se parecem?
- Pais: com qual filho é parecido? Filhos: com qual dos pais ou parentes se parecem?
- Quem sempre ajuda a família?
- Quem sempre perturba?
- Em quem não confiam?
- O que cada pessoa tem como qualidade?
- E como defeito?
- Quem é o forte nesta família? Por quê?
- Quem é o fraco? Por quê?
- Quem é o problemático? Por quê?
- Quem é o doente? Por quê?
- Quem é o fracassado? Por quê?
- Quem é o louco da família? Por quê?
- Quem é o mau da família? Por quê?

Anexo B

Símbolos utilizados nos genogramas

Identificação

☐ Homem

◯ Mulher

(31) Idade

[+] Morte

Status de casamento

Casamento data

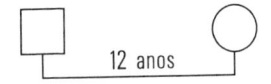

☐—12 anos—◯

Divórcio ou separação

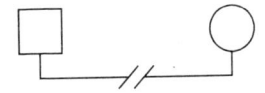

☐—//—◯

Filhos

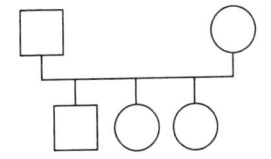

```
    ☐         ◯
    |─────────|
    ├──┬──┐
    ☐  ◯  ◯
```

Gêmeos

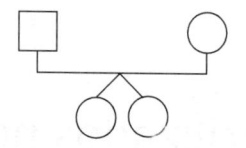

Adoção

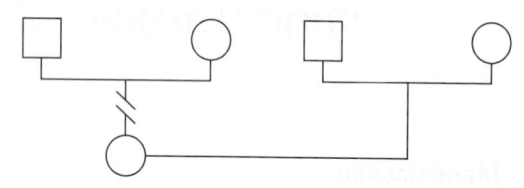

Relacionamentos

Cut-off (distanciamento físico ou emocional)

Desengajado (fraco envolvimento emocional)

Conectado (nível funcional de relacionamento)

Extrema proximidade emocional

Conflito

Ambivalente

Modelo de Genograma

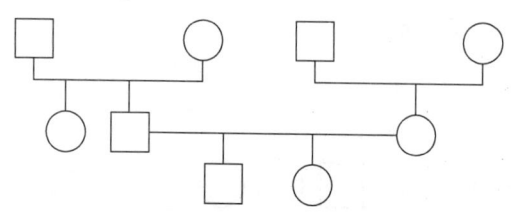

Anexo C

Esboço para execução do ciclograma

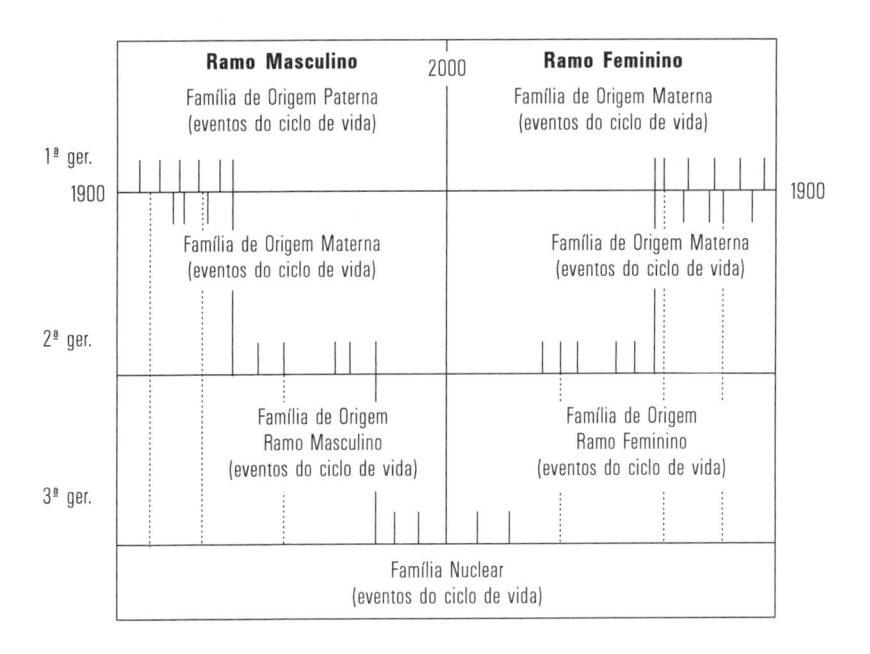

	Ramo Masculino 2000	**Ramo Feminino**	
1ª ger. 1900	Família de Origem Paterna (eventos do ciclo de vida)	Família de Origem Materna (eventos do ciclo de vida)	1900
	Família de Origem Materna (eventos do ciclo de vida)	Família de Origem Materna (eventos do ciclo de vida)	
2ª ger.			
3ª ger.	Família de Origem Ramo Masculino (eventos do ciclo de vida)	Família de Origem Ramo Feminino (eventos do ciclo de vida)	
	Família Nuclear (eventos do ciclo de vida)		

Roteiro para execução do ciclograma

Obs.: Utilizar folha retangular.

- Dividir a Família do Ramo Masculino à direita, e do Ramo Feminino à esquerda.
- Em linhas horizontais, dividir a folha em três níveis referentes às 1ª, 2ª e 3ª gerações. Na primeira linha, pontuar a data do

último evento assinalado nas famílias de origem (data de nascimento ou de casamento dos avós paternos e maternos), que segue na 3ª geração, até a data atual (ano 2000) nas duas direções à direita e à esquerda.

- Assinalar os eventos críticos na linha do tempo, conforme assinalado, tanto na parte acima, família de origem paterna (à direita) ou abaixo (à esquerda), família de origem materna. (1ª geração).
- Do lado direito, proceder igualmente com o Ramo Feminino.
- Seguir até a data que ocorrer o casamento dos filhos das duas famílias. Traçar uma linha perpendicular (2ª geração).
- As duas famílias avançam em direção à data atual, até ocorrer o casamento dos seus filhos (a família atual ou nuclear). 3ª geração traçar outra linha perpendicular.
- A 3ª geração avança em direção à direita.
- Traçam-se linhas pontilhadas perpendiculares até a 3ª geração dos eventos marcantes nas vidas dessas famílias para assinalar as influências intergeracionais.

Apresentação do genograma

"Reflexão a respeito dos mitos"

Este trabalho é realizado visando o reconhecimento, pela família, dos mitos familiares e dos conteúdos que atravessam as gerações.

- Obs.: Todos os membros da família participam ao mesmo tempo dessa vivência, expressando-se, situando-se num contexto intergeracional, promovendo maior aproximação.
- Inicialmente, eu utilizava o desenho gráfico do genograma. Com a experiência, passei a criar situações em que a própria família, após o resgate das lembranças, realizada pela entrevista intergeracional, pudesse construir o seu genograma familiar.
- Alguns recursos foram viabilizados, tais como cartolina e círculos já recortados, com os quais a família ia montando este instrumento.

Este trabalho, tal como o venho realizando, compreende algumas etapas, considerando as especificidades de cada caso:

1ª Etapa — Apresentação do genograma e possibilidade de todos poderem rever suas histórias. Ao mesmo tempo, os pais têm a oportunidade de recontar aos filhos suas respectivas histórias.
(Os dois pais juntos ou separados.)

2ª Etapa — Rever cada história de família em particular, que compõe o genograma, começando pelo ramo paterno ou materno, respeitando as preferências. Alguns aspectos a considerar:

- Quais conteúdos são fortes em cada família?
- Quais conteúdos passaram para a próxima geração?
- O que a família ou a pessoa sente em relação a isso?

3ª Etapa — Avaliar os conteúdos que permearam a família durante esse tempo, verificando seu significado na família nuclear ou na vida das pessoas.

Se alguns conteúdos foram considerados em seus aspectos negativos, avaliar também os positivos.

Avaliar a experiência.

4ª Etapa — Pensar o problema ou as dificuldades que se têm nesse contexto.

Considerar as novas possibilidades que surgem sob esta outra ótica.

Considerar os recursos disponíveis agora.

Bibliografia recomendada

ANDOLFI, M., e ANGELO, C. *Tempo e mito em psicoterapia familiar.* Trad. de Fiorangela Desidério. Porto Alegre, Artes Médicas, 1989.

ARIÈS, P. *História social da criança e da família.* Rio de Janeiro, Zahar, 1978.

AYELMER, C. R. Bowen Family Systems Marital Therapy. In: *Interacción familiar: aportes fundamentales sobre teoría y técnica.* Buenos Aires, Tiempo Contemporáneo, 1980, pp. 164-94.

BATESON, G. *Mente e natureza.* Trad. Cláudia Gerpe. Rio de Janeiro, Francisco Alves, 1986.

_____. *Pasos hacia una ecología de la mente.* Trad. de Ramón Del Calde. Buenos Aires, Carlos Lohlé, 1972.

BERGER, P.; LUCKMAN, T. *A construção social da realidade.* Petrópolis, Vozes, 1974.

BERTALANFFY, L. V. *Teoria geral dos sistemas.* Petrópolis, Vozes, 1973.

BORZORMENYI-NAGY e SPARK, G. M. Invisible Loyalties: Reciprocity. In: *Intergenerational family therapy.* Nova York, Harper & Row, Publishers, 1973.

BOWEN, M. *Family therapy in clinical practice.* Nova York, Jason Aronson, 1978.

_____. *Attachment.* v. 1. Nova York, Basic Books, 1969.

_____. "Attachment and loss", V. III. *Sadness and depression.* Nova York, Basic Books, 1980.

_____. The nature of the chid's tie to his mother. *Internacional Journal of Psichoanalysis,* 39, 1958, pp. 1-23.

BROMBERG, M. H. *A psicoterapia em situações de perdas e luto.* São Paulo, Editorial Psy II, 1994.

BUCHER, J. *Mitos, segredos e ritos na família. Psicoterapia, teoria e pesquisa.* Brasília, 1 (2). mai-ag., 1985, pp. 110-7.

CAMPBELL, J. *The hero with a thousand faces.* 2ª ed. Princeton, Princeton University Press, 1968.

_____. *O poder do mito.* Trad. Carlos Felipe Moisés. São Paulo, Palas Athena, 1990.

_____. *As transformações do mito através do tempo.* Trad. de Heloisa de Lima Dantas. São Paulo, Cultrix, 1992.

CASSIRER, E. *Linguagem e mito.* São Paulo, Perspectiva, 1972.

CERVENY, C. M. O. *A família como modelo: desconstruindo a patologia.* São Paulo, Editorial Psy II, 1994.

COSTA, J. F. *Ordem médica e norma familiar.* Rio de Janeiro, Graal, 1979.

DEAL, J. E.; WAMPLER, S. L.; HALVERSON, F. CH. The importance of Similarity in the Marital Relationships. Family Process, v. 31, 1992, pp. 369-82.

DELL, P. Beyond homeostasis: toward a concept of coherence. *Family Process*, v. 2, 1982, pp. 21-41.

DONZELOT, J. *A polícia das famílias.* Rio de Janeiro, Graal, 1980.

ELIADE, M. *Mito e realidade.* Trad. de Pola Civelli. São Paulo, Perspectiva, 1989.

ELKAIM MONY. *Se me amas não me ames: abordagem sistêmica em psicoterapia familiar e conjugal.* Trad. de Nelson da Silva Jr. Campinas, Papirus, 1990.

ELZUFÁN, C. *El terapeuta como un junco: aplicaciones clínicas de terapía breve.* Buenos Aires, Nadir Editores, 1989.

FALICOV, J. C. *Family transitions: continuity and change over the life cycle.* Nova York, The Guilford Press, 1988.

FERREIRA, A. J., et al. Mitos familiares. In: *Interacción familiar: aportes fundamentales sobre teoría y técnica.* Buenos Aires, Tiempo Contemporáneo, 1971, pp. 154-63.

FLANDRIN, J. L. *O sexo e o ocidente: evolução das atitudes e dos comportamentos.* Trad. Jean Progin. São Paulo, Brasiliense, 1988.

FOGARTY, T. A four dimensional concept of self. *Systems Therapy*, v. 5, 1971, pp. 82-8.

_____. On emptiness and closeness. (Part 2). *The family.* v. 3b, 1976, pp. 3-12.

_____. On emptiness and closeness. (Part 1). *The family*, v. 3a, 1976, pp. 39-49.

FOUCAULT, T. M. *História da sexualidade.* Rio de Janeiro, Graal, 1977.

FRIEDMAN H.; ROHRBAUGH, M.; KRAKAUER, S. The time-line genogram: Highlighting temporal aspects of family Relationships. *Family Process*, v. 27, 1988, pp. 293-303.

GERGEN, K. J.; MCNAMEE, S. *Therapy as social construction.* Londres, Sage, 1985.

GOOLISHIAN, H. A. Taller. Narrativa y Psicoterapia: Nuevas Direciones en Teoría y Práctica. In: *Fundación Interfas.* Argentina, 1991.

_____; ANDERSON, H.; WINDERMAN, L. Problem Determined Systems, *Journal of Strategic and Systemics Therapies*, v. 5, 1986, pp. 1-13.

_____; WINDERMAN, L. Constructivismo, autopoiesis y sistemas determinados por problemas. *Sistemas familiares*, v. 12, 1989, pp. 19-29.

_____; ANDERSON, H. Los Sistemas Humanos como Sistemas Lingüísticos. Implicaciones para la Teoría Clínica y la terapia familiar. *Revista de Psicoterapia* nº II, 1988, pp. 41-65.

_____; DELL, P. Order Through Fluction: An Evolutionary Paradigm for Human Systems. Apresentado à: Junta Científica Anual de la A.K.A. Texas, Rice Institute Houston, 1991.

GUERIN, P.; PENDAGAST, E. Evolution of family systems and genogram. In: *Family Therapy: Theory and Practice.* Nova York, Gardner Press, 1976.

_____ J. Jr. The stages of marital conflict. *The family.* v. 10. 1982, pp. 15-26.

_____ J. Jr.; e FAY, F. The develop of marital conflict: Social context and family factors. *The family*, v. 10, 1982, pp. 3-14.

HOFFMAN, L. Una posición constructivista para la terapia familiar. *Sistemas Familiares*, v. 6, 1989, pp. 41-53.

IMBER-BLACK. *Os segredos na família e na terapia familiar.* Trad. de Dayse Batista. Porto Alegre, Artes Médicas, 1994.

_____; EVAN, I.; ROBERTS, J.; WHITING, R. A. *Rituales terapêuticos y ritos en la familia.* Barcelona, Editorial Gedisa, 1991.

INGERSOLL, B. D.; ARNDT, B. Uses of the Genogram with the Elderly and their families. *Journal of Gerontological Social Work*, v. 15, 1990, pp. 105-19.

JACKSON, D. The question of Family Homeostasis. *Psychiatric Quartely Supplement*, v. 31, 1957, pp. 79-80.

_____, et al. Interacción familiar, homeostasis y psicoterapia familiar conjunta. In: *Interacción familiar: aportes fundamentales sobre teoría y técnica.* Buenos Aires, Tiempo Contemporáneo, 1980, pp. 164-94.

JACOBSON, N. S. & GURMAN, A. S. Clinical handbook of therapy family. Nova York, The Guilford Press, 1987.

JORGENSON, J. Co-constructing the Interviewer. Co-constructing Family. In: STIER, F. Research and Reflexevity. Londres, Sage, 1991, pp. 211-25.

KARPEL, A. M. Family Secrets. *Family Process*, v. 19, 1980, pp. 295-306.

KASLOW, F. W. Divorce and Divorce Therapy. In: GURMAN, A. S. IKNISHER, D. P. *Handbook of Family Therapy*. Nova York, Brunner/Mazel, 1981.

KIRK, S. G. *El mito: su significado y funciones en las distintas culturas.* Trad. Antonio Pigrau Rodrigues. Barcelona, Barral Editores, 1970.

KRAMER, R. J. *Family Interfaces. Transgerational Patterns.* Nova York, Brunner/Mazel, l985.

KROM PACCOLA, M. *O mito nas histórias familiares de adolescentes com problemas.* São Paulo, PUC, 1992, p. 263. Dissertação de mestrado.

_____. *O mito nas histórias familiares de adolescentes.* XXIV Congresso Interamericano de Psicologia, 1993. Santiago Del Chile, Anais... Ponencias Livres, p. 79.

_____. *O mito familiar na escolha da profissão de psicólogo.* III Semana de Iniciação Científica. Bauru, Unesp, 1993, Caderno de Resumos, p. 285.

_____. O mito familiar e sua diferenciação. XVIII Jornada Científica de Botucatu. Botucatu, Unesp, 1993, Caderno de Resumos, p. 40.

_____. *O mito da autoridade na história familiar de duas adolescentes com problemas.* XVIII Jornada Científica de Botucatu. Botucatu, Unesp, 1993, Caderno de Resumos, p. 39.

_____. *O mito familiar e sua relação com a identidade do adolescente.* I Congresso de Terapia Familiar. Anais, São Paulo, 1994, p. 218.

_____. *O mito familiar e a escolha profissional.* I Congresso de Terapia Familiar. Anais, São Paulo, 1994, p. 183.

_____. Leitura e diferenciação do mito familiar. In: *Histórias familiares de adolescentes com problemas.* São Paulo, Summus Editorial, 1994.

_____. *Understanding Family Myths.* VII Congresso Mundial de Terapia Familiar. Guadalajara, Anais... México, 1995, p. 79.

KROM, M. *O encaixe dos mitos na construção do casamento.* São Paulo, Pontifícia Universidade Católica de São Paulo, 1997, p. 164. Tese de doutorado em Psicologia Clínica.

_____, SILVA S. C. Violência sexual doméstica: a necessidade de um atendimento multidisciplinar. *Caderno de Resumos.* II Encontro de Divulgação dos Projetos de Extensão. Campus de Bauru, nov./1997, p. 47.

_____; PERES. M. A; MARQUES, R. M., CAMPOS, S. A M. A inter-relação entre o atendimento individual e a terapia familiar num caso de violência doméstica. *Caderno de Resumos*. II Encontro de Divulgação dos Projetos de Extensão. Campus de Bauru, nov./97, p. 48.

_____ & PAZIANI, R. F. A resolução da Crise de Identidade e a Diferenciação do Meio Familiar. *Caderno de Resumos*. II Encontro de Divulgação dos Projetos de Extensão. Campus de Bauru, nov./97, p. 48.

_____. Os mitos como um sentido na família. *Caderno de Resumos*. II Encontro de Divulgação dos Projetos de Extensão. Campus de Bauru, nov./97, p. 28.

_____. Atendimento à Adolescente Vítima de Violência Doméstica. *Caderno de Resumos*. III Encontro Local para Divulgação dos Projetos de Extensão à comunidade. Centro de Psicologia Aplicada. Unesp, set./98, p. 22.

_____. Reconstrução das Histórias Familiares: em Busca do Sentido na Família. *Caderno de Resumos*. III Encontro Local para Divulgação dos Projetos de Extensão à comunidade. Centro de Psicologia Aplicada. Unesp, set./98, p. 25.

_____ & SILVA, S. C. Família da Criança Deficiente Auditiva: Características e Recursos. *Caderno de Resumos*. I Encontro Científico da Pós-Graduação do HPRLLP da USP. Bauru, USP-Centrinho, nov./97, p. 24.

_____ & Oliveira, N. C. A Família do Portador de Fissura Lábio-Palatal: Características e Recursos. *Caderno de Resumos*. I Encontro Científico da Pós-Graduação do HPRLLP da USP. Bauru, USP-Centrinho, nov./97, p. 12.

_____ & SILVA, S. C. A Família da Criança Deficiente Auditiva. *Cadernos de Resumos*. XII Encontro Internacional de Audiologia, no Hospital de Pesquisa e Reabilitação de Lesões Lábio-Palatais da Universidade de São Paulo. São Paulo, mai./98, p. 34.

_____; JARDIM, P. S.; SIPOLI, A. P. M. O atendimento de um Adolescente Fugitivo numa família de padrões rígidos. Anais do VII Encontro Regional da Associação Brasileira de Psicologia Social (Abrapso), Unesp, out./1998, p. 122.

_____; CREPALDI, L.; TAKATSUKA, K. Atendimento de uma família com repetição de drogadição. Anais do VII Encontro Regional da Associação Brasileira de Psicologia Social (Abrapso), Unesp, out./98, p. 121.

_____; KAWASHIMA, M. M. L.; MARQUES, N. C. O estudo de um caso de repetição de drogadição. *Caderno de Resumos*. I Encontro do Curso de Aprimoramento em Terapia Familiar. FunDeb-Unesp, Bauru, 1998.

_____; MARQUES, N. C.; TAVARES, S. A. P. A Reconstrução das Histórias Familiares: Em Busca do Sentido na Família. *Caderno de Resumos*. I Encontro do Curso de Aprimoramento em Terapia Familiar. Bauru, 1998. FunDeb, Unesp, 1998.

_____; Tavares, S. A. P.; CARVALHO, V. B. A Relação dos Mitos Familiares com a Escolha da Profissão do Psicólogo. *Caderno de Resumos*. I Encontro do Curso de Aprimoramento em Terapia Familiar. Bauru, FunDeb, Unesp, 1998.

_____; SILVA, C. S.; CARVALHO, V. B. A Busca do Sentido através da Reconstrução das Histórias Familiares: O Mito da Ajuda e Cuidado. *Caderno de Resumos*. I Encontro do Curso de Aprimoramento em Terapia Familiar. Bauru, FunDeb, Unesp, 1998.

_____ & SILVA, S. C. O Terapeuta na Busca dos seus Mitos Familiares: O Mito do Trabalho. *Caderno de Resumos*. I Encontro do Curso de Aprimoramento em Terapia Familiar. Bauru, FunDeb, Unesp, 1998.

_____ & TAVARES, S. P. A violência na família em crise e a repetição intergeracional. *Caderno de Resumos*. I Encontro do Curso de Aprimoramento em Terapia Familiar. Bauru, FunDeb, Unesp, 1998.

_____; PERAÇOLI, K. C. M.; BUCCALON, R. M. P. Os Padrões Agressivos na Família e a Repetição de Conflitos. *Caderno de Resumos*. I Encontro do Curso de Aprimoramento em Terapia Familiar. Bauru, FunDeb, Unesp, 1998.

_____; SILVA, S. C.; BEVILACQUA, M. C.; YAMADA, M. O. Família da Criança Deficiente Auditiva: Características e Recursos. Revista *Pro-fono*, Revista de Atualização Científica. mar./99, pp. 47-52.

_____; BORTOLETO, H. R.; PRADO, M. J. M. A construção de uma figura mítica na história da família. *Caderno de Resumos*. II Encontro do Curso de Aprimoramento em Terapia Familiar. Em Busca do sentido na Família. Centro de Psicologia Aplicada. Bauru, Unesp, nov./99.

_____; De SOUZA, C. R.; BERNABE, S. C. J. A adoção como resgate do amor materno, através das gerações. *Caderno de Resumos*. II Encontro do Curso de Aprimoramento em Terapia Familiar. Em Busca do sentido na Família. Centro de Psicologia Aplicada. Bauru, Unesp, nov./99.

_____; SIPOLI, M. P. A.; De SOUZA, C. R. A repetição da violência doméstica e a psoríase na terceira geração. *Caderno de Resumos*. II Encontro do Curso de Aprimoramento em Terapia Familiar. Em Busca do sentido na Família. Centro de Psicologia Aplicada. Bauru, Unesp, nov./1999.

_____ & BERNABE, S. C. J. A alopecia como doença de repetição na família. *Caderno de Resumos*. II Encontro do Curso de Aprimoramento em Terapia Familiar. Em Busca do sentido na Família. Centro de Psicologia Aplicada. Bauru, Unesp, nov./99.

_____ & MICELLI M. R. A dificuldade da diferenciação diante do mito da união. *Caderno de Resumos*. II Encontro do Curso de Aprimoramento em Terapia Familiar. Em Busca do sentido na Família. Centro de Psicologia Aplicada. Unesp, nov./99.

_____; De SOUZA C. R.; SIPOLI M. P. A. O encaixe dos mitos na construção de um casamento satisfatório. *Caderno de Resumos.* II Encontro do Curso de Aprimoramento em Terapia Familiar. Em Busca do sentido na Família. Centro de Psicologia Aplicada. Unesp, nov./99.

_____; MICELI M. R.; PRADO M. J. M. e BRASIL, M. F. A depressão como reação a repetição da violência doméstica na família. *Caderno de Resumos.* II Encontro do CUrso de Aprimoramento em Terapia Familiar. Em Busca do sentido na Família. Centro de Psicologia Aplicada. Unesp, nov./99.

_____; BORLETO H. R.; DARÉ, O. M. A perda materna e a dificuldade do estabelecimento de vínculos através das gerações. *Caderno de Resumos.* II Encontro do Curso de Aprimoramento em Terapia Familiar. Em Busca do sentido na Família. Centro de Psicologia Aplicada. Unesp, nov./99.

_____; BRASIL M. F. & DARÉ O. M. A ansiedade familiar diante da repetição de perdas na família. *Caderno de Resumos.* II Encontro do Curso de Aprimoramento em Terapia Familiar. Em Busca do sentido na Família. Centro de Psicologia Aplicada. Unesp, nov./99.

LIEBERMAN, S. Transgenerational analysis: the genogram as a technique of schizophrenic patients: marital schism and marital skew, *American Journal of Psichiatry*, 1979, pp. 114.

_____. Transgerational Analysis: The genogram as a technique in family therapy. *Journal of Family Therapy*, s.l., 1979, pp.1-5.

MATURANA, H. R. & VARELA, F. *El arbol del conocimiento.* Santiago do Chile, Editorial Universitária, 1984.

_____. *De máquinas e seres vivos.* Santiago do Chile, Editorial Universitária, 1972.

_____. Que pasa en la psicoterapia. XXIV Congreso Interamericano de Psicología, Santiago do Chile: SIP, 1993.

MC GOLDRICK, M. The joining of families through marriage: The new couple. *In*: *The family life cicle.* A framework for family therapy. Nova York, Gardner Press, 1980, pp. 93-119.

_____ & CARTER, E. *The Family Life Cicle. A framework for family therapy.* Nova York, Gardner Press, 1980.

_____ & GERSON, R. *Genogramas en La Evaluacion Familiar.* Buenos Aires, Editorial Celtia, 1984.

MINUCHIN, S. *Famílias, Funcionamento e Tratamento.* Trad. de Jurema A. Cunha. Porto Alegre, Artes Médicas, 1988.

_____ & FISHMAN H. C. *Técnicas de Terapia Familiar*. Trad. de Claudine Kinsch e Maria Efigênia F. R. Maia. Porto Alegre, Artes Médicas, 1990.

MUNHÓZ M. L. P. Implicações das Famílias de Origem na Formação do Casal: Modelos e Padrões. 1996, p. 180, Tese de Doutorado em Psicologia Clínica. Pontifícia Universidade de São Paulo.

PAKMAN, M. Una atualización epistemológica de las terapias sistémicas. Buenos Aires, *Psyche*, v. 21, 1988, pp. 34-37.

_____. *O construcionismo, Epistemologia e Terapia*. Núcleo de Família e Comunidade. São Paulo, Pontifícia, Universidade Católica de São Paulo,1993 (*workshops.*).

PALAZZOLI, S. M. et al. *Paradoja y Contraparadoja*: Un nuevo modelo en la Terapia de la Familia a Transaccion Esquizofrénica. Buenos Aires, Editorial A. C. E., l982.

PETERSON, G. H.; MEHL, L. E. e LIEDERMAN, P. H. The role of some birth related variables in father attachment. *American Journal of Orthopychiatry*, s.l., v.49, 1979, pp. 330-38.

PINCUS, L. & DARE, C. *Psicodinâmica da família*. 2ª ed. Trad. de Clara Rotenberg e Shirley Kleinke. Porto Alegre, Artes Médicas, l987.

PRIGOGIN, ILIÁ. *From Being to becoming*. São Francisco, Reeman, 1980.

PROSKY, P. S. Complementary and Symmetrical Couples. *Family Process*, v. 19, 1992, pp. 215-21.

_____. Marital Life. *Family Therapy*, v. 18, nº 2, 1991, pp. 128-43.

SARQUIS, C. Y., et al. *Introducción al Estudio Psicológico y Tratamiento de la Pareja Humana VI e VII*. Santiago do Chile, Pontifícia Universidade Católica do Chile, vs. I-II, 1992.

SATIR, VIRGINIA. *Terapia do grupo familiar*. Trad. de Achilles Nolli. Rio de Janeiro, Francisco Alves, 1988.

SHOTTER J. El papel de lo imaginario en la construcción de la vida social: *In*: *El conocimiento de la Realidad Social*. Barcelona, Sendai, 1989, pp.135-55.

SLUZKI, C. Terapia Familiar como Construcción de Realidades Alternativas. *Sistemas Familiares* 1, 1985, pp. 1-5.

STIERLING, H. *Psicoanálisis y terapia de familias*. Trad. de Pedro Madrigal. Barcelona, Icaria Editorial. 1979.

STRAUUS, L. *A família. Origem e Evolução*. v. l. Rio de Janeiro, Villa Martha, l980.

_____. *Mito e linguagem social*. Rio de Janeiro, Tempos Brasileiros, 1970.

USSEL, J. V. *Repressão sexual*. Rio de Janeiro, Campus, 1980.

VARELA, F. El círculo creativo: Esbozo histórico natural de la reflexividad. In: WATZLAWICK, P. (comp.). *"La Realidad Inventada"*, Barcelona, Gedisa, 1989, pp. 251-62.

VELHO, G. e FIGUEIRA, S. *Família, Psicologia e Sociedade*. Rio de Janeiro, Campus, 1989.

VON FOERSTER, H. Construyendo una Realidad, In: WATZLAWICK P. (comp.). *La Realidad Inventada*. Barcelona, Editorial Gedisa, 1990, pp. 38-56.

WATZALWICK, P. *et al. La Realidad Inventada*. Trad. de Nélida M. de Machain, *In*: S. de Luque, A. Báez. Buenos Aires, Collecion Mamífero Parlante, Editorial Gedisa, 1989.

_____, WEAKLAND, J. & JACKSON, D. *Pragmática da Comunicação Humana*. São Paulo, Cultrix, 1973.

WYNNE, L. C.; *et al.* Pseudomutuality in the family relations of schizophrenics, *Psychiatry,* v. 21, 1958, pp. 205-20.

WYNNE, L. C & SINGER, M. T. Thought disorder and family relations of. schizophrenics: A research strategy. *Archives of General Psychiatry,* v. 9, 1963, pp. 191-98.

_____. Methodologic and conceptual issues in the study of schizophrenics and their families. *Journal of Psychiatric,* v. 6, 1968, pp. 185-99.

_____. RYCKOFF I., DAY J., HIRSCH S.I. Pseudo-mutualidade en las relaciones familiares de los esquizofrénicos. *In*: *Interacción Familiar*. Buenos Aires, Tiempo Contemporáneo, 1980, pp. 111-53.

_____. The epigenesis of relational systems: a model for understanding family developments. *Family Process,* v. 23, 1984, pp. 297-318.

_____. WYNNE, A. R. The quest for intimacy. *Journal of Marital and Family Therapy,* v. 12, 1986, pp. 383-94.

_____. An Epigenetic Model of Family Processes. In: FALICOV, C. J. *Family Transitions*. Nova York, The Guilford Press, 1991, pp. 81-106.

Para os casais que me contaram as suas histórias:

*Neste momento meu,
Dorido de perdas e descobertas
Poder estar com vocês.
Ao som ameno das histórias
rememoradas,
ir ao encontro de outras vidas.*

*Caminhar sob os passos de outrora
sentindo o movimento permanente
das marés.
Retornar à magia do par.
Compartilhar seus segredos e esperanças,
acreditar num novo rumo para todos nós.*

Para as famílias que me contaram suas histórias:

*Estes...
fragmentos esparsos, perdidos no tempo
da minha memória.*

*São cenas que componho
que ressurgem, nos ritmos loucos,
das emoções que me molham os olhos.*

*Meu coração acelera
faz meu riso doce ou amargo,
no encontro com meus elos, meus eus,
minhas raízes...
Minhas dores, minhas perdas, o meu segredo.*

*Todas as minhas riquezas
Neste espaço, compartilho com você.
Na minha história, no meu reencontro
Do passado, ao presente
Para um futuro em que se possa
escolher...*

Marilene Krom

Mestre e doutora em Psicologia Clínica pela Pontifícia Universidade Católica de São Paulo.

É psicoterapeuta de jovens, casais e famílias. Coordena programas de apoio ao jovem e à família — Espaço Ser — Núcleo Multidisciplinar.

Docente da Unesp, Campus de Bauru. Professora do curso de aprimoramento em terapia familiar "Em busca do sentido na família", FunDeB — Unesp-Bauru.

Professora convidada para o Curso de Especialização em Psicologia Clínica — Centrinho — USP, Bauru.

Membro titular da Associação Paulista de Terapia Familiar.

Autora do livro *Leitura e diferenciação do mito*, Summus Editorial.

IMPRESSO NA

sumago gráfica editorial ltda
rua itauna, 789 vila maria
02111-031 são paulo sp
telefax 11 **6955 5636**
sumago@terra.com.br

GRÁFICA sumago

------ dobre aqui ------

Carta-resposta
2146/83/DR/SPM
Summus Editorial Ltda.
CORREIOS

CARTA RESPOSTA
NÃO É NECESSÁRIO SELAR

O SELO SERÁ PAGO POR

grupo editorial **summus**

AC AVENIDA DUQUE DE CAXIAS
01214-999 São Paulo/SP

------ dobre aqui ------

CADASTRO PARA MALA-DIRETA

Recorte ou reproduza esta ficha de cadastro, envie completamente preenchida por correio ou fax, e receba informações atualizadas sobre nossos livros.

Nome: _____ Empresa: _____
Endereço: ☐ Res. ☐ Coml. _____ Bairro: _____
CEP: _____ - _____ Cidade: _____ Estado: _____ Tel.: (___) _____
Fax: (___) _____ E-mail: _____
Profissão: _____ Professor? ☐ Sim ☐ Não Disciplina: _____ Data de nascimento: _____

1. Você compra livros:
☐ Livrarias ☐ Feiras
☐ Telefone ☐ Correios
☐ Internet ☐ Outros. Especificar: _____

2. Onde você comprou este livro? _____

3. Você busca informações para adquirir livros:
☐ Jornais ☐ Amigos
☐ Revistas ☐ Internet
☐ Professores ☐ Outros. Especificar: _____

4. Áreas de interesse:
☐ Educação ☐ Administração, RH
☐ Psicologia ☐ Comunicação
☐ Corpo, Movimento, Saúde ☐ Literatura, Poesia, Ensaios
☐ Comportamento ☐ Viagens, *Hobby*, Lazer
☐ PNL (Programação Neurolinguística)

5. Nestas áreas, alguma sugestão para novos títulos? _____

6. Gostaria de receber o catálogo da editora? ☐ Sim ☐ Não

7. Gostaria de receber o Informativo Summus? ☐ Sim ☐ Não

Indique um amigo que gostaria de receber a nossa mala-direta

Nome: _____ Empresa: _____
Endereço: ☐ Res. ☐ Coml. _____ Bairro: _____
CEP: _____ - _____ Cidade: _____ Estado: _____ Tel.: (___) _____
Fax: (___) _____ E-mail: _____
Profissão: _____ Professor? ☐ Sim ☐ Não Disciplina: _____ Data de nascimento: _____

Summus Editorial
Rua Itapicuru, 613 7º andar 05006-000 São Paulo - SP Brasil Tel. (11) 3872-3322 Fax (11) 3872-7476
Internet: http://www.summus.com.br e-mail: summus@summus.com.br